县域全域旅游竞争力评价与提升策略研究

林明水　著

科 学 出 版 社
北　京

内 容 简 介

本书将县域全域旅游竞争力评价置于旅游系统分析的背景下，在评价指标选取上不仅体现旅游要素“全”的理念，还突显旅游系统“域”的时空格局，弥补传统旅游竞争力评价体系平面化的不足；采用熵值法确定县域全域旅游竞争力评价指标体系的权重，采用逼近理想解排序法对县域全域旅游竞争力进行评价，避免指标权重赋值的主观性问题；从全时空、全产业、全要素、全管理、全支持五个维度出发，阐释发挥县域旅游业竞争力优势的提升策略；从产业融合视角提出区域经济发展的对策和建议，为地方创建国家全域旅游示范区提供科学依据。

本书可供旅游管理、人文地理等相关学科研究人员、高等院校相关专业师生及相关政府部门决策者、工作人员参考和阅读。

图书在版编目(CIP)数据

县域全域旅游竞争力评价与提升策略研究/林明水著．—北京：科学出版社，2020. 8

ISBN 978-7-03-065695-7

Ⅰ．①县…　Ⅱ．①林…　Ⅲ．①县-区域旅游-竞争力-研究-中国
Ⅳ．①F592. 7

中国版本图书馆 CIP 数据核字（2020）第 125163 号

责任编辑：林　剑／责任校对：郑金红
责任印制：吴兆东／封面设计：无极书装

科学出版社 出版
北京东黄城根北街 16 号
邮政编码：100717
http://www.sciencep.com

北京建宏印刷有限公司 印刷
科学出版社发行　各地新华书店经销

*

2020 年 8 月第　一　版　开本：720×1000　B5
2020 年 8 月第一次印刷　印张：17
字数：340 000

定价：228. 00 元

（如有印装质量问题，我社负责调换）

本书研究及出版获以下项目支持

福建省社会科学研究基地重大项目（FJ2018JDZ004）

福建省自然科学基金项目（2019J01430）

中国博士后科学基金项目（2017M610976）

国家自然科学基金项目（41971261，41871146，41871208）

福建师范大学旅游管理专业国家级一流本科专业建设经费资助

序　言

2015～2016年，国家旅游局（现文化和旅游部）在总结各地旅游业发展经验的基础上，提出发展全域旅游战略，并启动了全域旅游示范区创建工作。一时间，“全域旅游”成为旅游行业的“热词”，引发了旅游学界、业界的广泛关注和讨论，并成为各地方政府发展社会、经济、文化的重心和热点。究其原因，主要是全域旅游呼应了经济新常态下供给侧结构性改革的需要，契合了乡村振兴、脱贫攻坚等国家战略的需求，推动了新时代中国旅游业的转型升级。因此，全域旅游一经提出，就得到党中央和国务院的充分肯定。2016年7月，习近平在宁夏考察时指出，“发展全域旅游，路子是对的，要坚持走下去”，为宁夏乃至全国指明了全域旅游的发展方向和目标。李克强在2018年政府工作报告中明确指出，“创建全域旅游示范区”。在此背景下，文化和旅游部分两批共确定500个全域旅游示范区创建单位，覆盖全国31个省（自治区、直辖市）。全国各地以此为契机，纷纷将发展全域旅游作为地方政府“一把手”工程、“牛鼻子”工程。总而言之，发展全域旅游是继20世纪末国家旅游局组织开展创建“中国优秀旅游城市”之后，又一旅游业的国家战略。

福建省发展全域旅游的条件得天独厚。区位方面，福建省位于长江三角洲和珠江三角洲两个世界级旅游地之间，随着沿海高铁、高速公路等交通条件的逐步改善，与主要旅游地的时空距离大大压缩。资源方面，福建省山海旅游资源兼备，生态“清新”，文化特色鲜明，海峡旅游区位优势明显。政策方面，福建省“十三五”旅游发展规划明确提出要建设“全域生态旅游省”，各地市也纷纷落实相应的发展目标，区域协调机制良好。当前，福建省有15个县（市、区）是国家全域旅游示范区创建单位，9个县（市、区）是省级全域旅游示范区创建单位。2019年9月，永泰县、武夷山市、武平县成为全国首批71个“国家全域旅游示范区”成员，福建省发展全域旅游方兴未艾。

高校科研人员是发展全域旅游的重要智库。林明水博士在参与县域全域旅游总体规划和全域旅游示范区创建过程中发现，创建全域旅游示范区存在两方面难题：①《国家全域旅游示范区验收标准（试行）》评价指标体系存在重“全”轻“域”的评价理念，易导致地方政府全域旅游创建工作缺乏系统性；②各地方政府依照《国家全域旅游示范区验收、认定和管理实施办法（试行）》标准对标，缺乏体现产业融合和区域经济协调发展的基础数据，难以科学评价全域旅游创建成效。因此，如何系统、科学地评价县域全域旅游竞争力，为地方发展全域旅游提供基础数据支撑，成为持续、深入、有效推进全域旅游示范区创建工作的当务之急。林明水博士撰写的《县域全域旅游竞争力评价与提升策略研究》在这方面做出了开创性尝试。

该书的学术价值主要体现在两个方面。一是在理论方面，基于旅游系统理论，首次对县域全域旅游竞争力进行了评价；整合市场观、需求观和资源观等旅游竞争力概念，基于旅游地的系统结构，进一步明确全域旅游不仅要包含旅游要素“全”的过程，还要体现旅游系统“域”的时空理念，从而构建体现县域全域旅游可持续发展特征的指标体系。二是在实践方面，基于县域全域旅游竞争力评价数据，为地方创建国家全域旅游示范区提供科学依据；通过定量为主、定性为辅的研究方法，厘清县域发展全域旅游的优势和短板；同时对标国家全域旅游示范区系列标准，明确县域经济产业融合发展的路径，为地方创建全域旅游示范区，促进区域社会经济的全面发展提供数据支持。

该书结构体系完整，内容翔实。该书按照“提出问题—分析问题—解决问题”的思路展开，结构顺序为“国家全域旅游示范区创建存在的问题—全域旅游竞争力评价指标体系完善—全域旅游竞争力评价—全域旅游竞争力提升策略—国家全域旅游示范区创建要点”。该书内容包括三大方面：一是全域旅游竞争力评价指标体系的构建；二是县域全域旅游竞争力的评价，包括数据来源与研究方法、全域旅游竞争力的具体评价；三是提升县域全域旅游竞争力的策略研究，包括分等级和分地区提升策略、创建国家全域旅游示范区策略和主要结论与建议等。

作为泰宁县曾经的旅游发展决策者和福建省旅游发展的参与者，我深知客观、科学的基础数据对于旅游业科学发展的重要意义。发展全域旅游是个复杂的系统工程，不是旅游行业的孤军奋战，而是产业融合与区域协调发展，其迫切需要第三方评估基础数据的支撑和参考。林明水博士孜孜以求，在几次促膝长谈后，精益求精，几易书稿，冀以为福建省县域发展全域旅游提供基础数据参考，为福建省建设全域生态旅游省尽学者的绵薄之力。当然，全域旅游的学术研究是一个在争议中不断完善的过程，书中全域旅游竞争力评价指标体系和评价方法也有待在实践中进一步修正和完善。

郑维荣

2019 年 11 月于福州市

前　言

随着发展全域旅游成为国家战略，第一批国家全域旅游示范区创建单位的认定工作顺利开展，我国旅游业逐步从“景点旅游”向“全域旅游”转变。全域旅游成为地方“一把手”促进供给侧结构性改革，推动三次产业融合发展和转型升级，以及不断满足人民日益增长的美好生活需要的重要抓手和民生工程。然而，国家全域旅游示范区创建过程中仍存在两方面的难题，一是《国家全域旅游示范区验收标准（试行）》在验收标准和打分上，缺乏全域旅游时空基础和客观评价数据的支撑，过度依赖文字资料和专家的打分，主观性较强；二是各地方在创建国家全域旅游示范区的过程中，依照《国家全域旅游示范区验收、认定和管理实施办法（试行）》标准，很难体现县域产业融合发展的指标。这些难题既不利于国家全域旅游示范区创建工作的科学推进，也不利于各地方有序推进区域经济发展，亟须旅游学界、业界广泛关注并破解。因此，如何基于现行的相关评价标准，系统地构建县域全域旅游竞争力评价指标体系，科学、客观地评价县域全域旅游竞争力，厘清县域发展全域旅游的优势和短板，为各地方的国家全域旅游示范区创建工作提供基础数据和发展方向，成为国家全域旅游示范区创建工作纵深推进的当务之急。

全域旅游概念脱胎于旅游目的地，是指在一定区域内，以旅游业为优势产业，通过旅游业带动和促进经济社会协调发展的一种新的区域协调发展理念和模式，县域则是全域旅游发展的最主要载体。当前，从区域经济发展、产业融合视角等“全”理念系统地研究全域旅游发展成为学者的共识，借鉴旅游目的地竞争力评价方法研究全域旅游竞争力成为国内学者通用的做法，然而如何突显“域”的发展理念，成为全域旅游的理论和实践研究区别于传统旅游目的地的重要特征。

针对当前全域旅游竞争力评价体系尚不完善，县域发展全域旅游路径尚不明确的现状，本书以福建省 84 个县级行政区划单位为研究对象，基于旅游系统理论、比较优势理论、竞争优势理论、产业结构演进理论，构建全域旅游竞争力评价体系；采用文献分析、GIS、熵值法、逼近理想解排序法等方法，评价县域全域旅游竞争力，并依据各县域全域旅游竞争力等级和所处区域特征，有针对性地提出发展全域旅游的对策和建议，为各地方创建国家全域旅游示范区提供思路与科学依据。

本书在理论方面突显旅游系统“域”的时空格局，弥补了传统旅游竞争力评价指标体系平面化的不足；在方法方面采用熵值法确定县域全域旅游指标评价体系的权重，采用逼近理想解排序法评价县域全域旅游竞争力，避免指标权重赋值的主观性问题；在对策方面从全时空、全产业、全要素、全管理、全支持五方面出发，阐释发挥县域全域旅游竞争力优势的提升策略，从产业融合视角提出区域经济发展的对策和建议，为地方创建国家全域旅游示范区提供科学依据。

林明水

2019 年 12 月

目 录

1 绪　论

1.1 研究背景与意义

1.1.1 研究的背景

2018 年，我国旅游业对国内生产总值（gross domestic product，GDP）的综合贡献为 9.94 万亿元，占 GDP 总量的 11.04%，旅游业已融入经济社会发展全局，成为国民经济战略性支柱产业，旅游竞争力也成为区域综合竞争力的重要组成部分①。随着“发展全域旅游”写入政府工作报告并上升为国家战略，第一批国家全域旅游示范区创建单位的认定工作也顺利开展，我国旅游业逐步从“景点旅游”向“全域旅游”转变，全域旅游成为地方政府“一把手”促进供给侧结构性改革，推动三次产业融合发展，以及不断满足人民日益增长的美好生活需要的重要抓手和民生工程（林明水等，2018a）。然而，当前国家全域旅游示范区的创建工作存在两方面的难题：一是《国家全域旅游示范区验收标准（试行）》在验收标准和打分上，缺乏全域旅游时空基础和客观评价数据的支撑，过度依赖文字资料和专家打分，主观性较强；二是各地方在创建国家全域旅游示范区的过程中，依照《国家全域旅游示范区验收、认定和管理实施办法（试行）》标准，很难体现县域产业融合发展的指标。这些难题既不利于国家全域旅游示范区创建工作的科学推进，也不利于各地方有序推进区域经济发展，亟须旅游学界、业界广泛关注并破解。因此，如何基于现行的相关评价标准，系统地构建县域全域旅游竞争力评价指标体系，科学、客观地评价县域全域旅游竞争力，厘清县域发展全域旅游的优势和短板，为各地方国家全域旅游示范区创建工作提供基础数据和发展方向，成为国家全域旅游示范区创建工作纵深推进的当务之急。

---

① 2018 年全国旅游业对 GDP 的综合贡献为 9.94 万亿元. http://politics.gmw.cn/2019-05/20/content_32847167.htm[2019-09-09].

1.1.2　相关研究概况

1.1.2.1　全域旅游竞争力与旅游目的地竞争力

尽管国内学者对全域旅游（comprehensive tourism）概念尚未形成统一的认识（厉新建等，2013），但与国际上的旅游目的地相关概念比较研究后发现，全域旅游概念的内涵与旅游目的地（tourism destination）概念的内涵大体一致，主要区别在于全域旅游概念在新时期深化改革的背景下，被政府部门、管理者、社会各界赋予更多的历史使命、发展愿景和时尚理念，这也是当前国内部分学者诟病全域旅游并非学术概念的争议所在（张辉和岳燕祥，2016）。因此，全域旅游竞争力（comprehensive tourism destination competitiveness）与国际上的旅游目的地竞争力在内涵方面大体一致，但前者在空间上多指县级及以上旅游目的地的竞争力。

旅游目的地竞争力研究一直以来都是国内外学术研究的热点和难点。热点体现在不同国家和地区在旅游目的地竞争力的概念、评价方法和模型、评价案例选择等方面都提出了各自的观点并产出大量研究成果（Mendola and Volo，2017）；难点体现在随着研究视角的转变、研究案例的变化，旅游目的地竞争力的概念、评价方法和模型、评价案例选择等均有所区别（龙江智，2010）。例如，从市场角度分析，有学者认为旅游目的地竞争力是指随着时间的推移，一个旅游目的地能够维持、提高市场地位和份额的能力（d'Hauteserre，2000）；臧德霞和黄洁（2006）认为旅游目的地竞争力是指能够持续为旅游者提供满意的旅游经历，并且能够不断提高旅游目的地居民生活质量及旅游目的地其他利益相关者福利的能力，其表现形式为具有共同目标市场的旅游目的地之间市场占有率的大小和旅游收入的高低；屈妮娜（2016）认为旅游目的地竞争力是指某一区域的旅游产品提供者能够提供并保持其相对于竞争对手高的市场地位，实现可持续发展的能力。

从需求角度分析，有学者认为旅游目的地竞争力是指为到访旅游者提供满意而难忘的旅游经历，吸引更多旅游者来访，提高当地居民的生活质量，并为子孙后代维护好该地自然资产的能力（Ritchie and Crouch，2003）；赵春莲（2016）认为旅游目的地竞争力是旅游目的地为旅游者提供满意的旅游活动体验和经历，提升当地居民的福利和生活质量，实现自身的长久发展，并且能够实现自身及利益相关者获得长远利益的可持续发展的能力。从资源角度分析，有学者认为旅游目的地竞争力应包括旅游资源的可持续发展能力，保证该旅游目的地获得长期优势并使旅游目的地利益相关者均衡地获得回报的能力（Buhalis，2000），以及创造并整合能维持旅游目的地资源可持续利用的增值产品的能力（Hassan，2000）

等；李艺（2018）认为旅游目的地竞争力是指该区域的旅游业在资源、环境、市场、管理等方面与其他区域相比具有明显优势的一种能力，可以解释为一个区域通过在旅游市场上对自身的旅游产品进行销售而体现出来的一种不断发展的能力，最终目的从企业角度而言是通过增加旅游产品的交易量来扩大收益，从政府角度而言则是缓解就业问题、稳定社会秩序；王婧和张松（2019）认为旅游目的地竞争力是指在旅游业本身素质和城市旅游环境的综合作用下，旅游企业通过在市场上销售旅游产品而体现的持续发展的能力。

综上所述，从系统视角分析，旅游目的地竞争力是为促进当地经济增长和生活富裕，旅游目的地各经济主体在为旅游者提供旅游体验产品和服务的过程中，所表现出来的相互协调、不断提升旅游目的地总体形象和支撑产业成长的能力（张春霞，2003）。

1.1.2.2　旅游目的地竞争力评价

（1）不同层级旅游目的地竞争力评价

在旅游目的地竞争力评价体系及模型的构建方面，国家层级（Huang and Peng，2012）、地区层级（Cracolici et al.，2008）、城市层级（Zhang et al.，2011）、旅游景区或旅游业层级（Croes，2011）旅游目的地竞争力的测量与评价是国内外学者研究的热点。

1）国外研究概况

国外对旅游目的地竞争力的研究始于20世纪80年代末，欧美学者通常结合案例对旅游目的地竞争力进行研究。

国家层级方面。Porter（1990）对10个领先贸易国家的竞争成功模式进行了为期四年的研究，结论显示，国家通过创新行为获得竞争优势，且创新能力和推动力受国家的四大属性影响，这些属性构成了国家优势的“钻石”。Go和Govers（2000）采用EFQM模型对4个欧洲国家的7个旅游目的地的全面质量管理业绩进行了比较分析。Gomezelj和Mihalic（2008）将De Keyser-Vanhove模型应用到斯洛文尼亚的旅游目的地竞争力研究中，发现该国在自然、文化及人造旅游资源上具有明显的优势，而在管理能力和需求条件上具有明显的劣势。Gooroochurn和Sugiyarto（2005）讨论了一种创新的方法来衡量超过200个国家的旅游目的地竞争力的价格、开放程度、技术、基础设施、人文旅游、社会发展、环境和人力资源八个主要指标，并通过验证性因子分析得到各主要指标的权重，计算出综合指数，发现社会发展指标和技术指标的权重最高，人文旅游指标和环境指标的权重最低；通过聚类分析方法，根据旅游目的地的性能级别对其进行分组，结果显示美国、瑞典、挪威、芬兰和澳大利亚是最具竞争力的旅游目的地，而布基纳法索、乍得、贝宁、埃塞俄比亚和柬埔寨的竞争力最低。Benedetti 等（2011）分析了旅游目的地竞争力因素对巴西作为荷兰旅游目的地的竞争力的影响，调查结果显示，巴西在一系列旅游目的地竞争力因素中的竞争力表现是不均匀的，巴西与其最接近的竞争对手之间存在着巨大的业绩差距。Huang 和 Peng（2012）将模糊罗氏模型应用于逼近理想解排序（technique for order preference by similarity to ideal solution，TOPSIS）法中，对中国、日本、韩国、马来西亚、新加坡、泰国、菲律宾等亚洲国家和地区的旅游目的地竞争力进行了比较分析，该模型采用 6 项标准和 15 项指标，结果表明，将 TOPSIS 法中的模糊罗氏模型应用于分析亚洲国家和地区的旅游目的地竞争力是可行的。该模型还为应用多准则决策法研究旅游目的地竞争力提供了一种有效的手段。Goffi 等（2019）的研究旨在测试可持续发展是否会影响发展中国家的旅游目的地竞争力，研究结果表明，巴西旅游业的巨大潜力使可持续发展成为旅游业发展的中心问题，可持续发展因素与回归模型中作为因变量的竞争力指标呈正相关，从而支持了可持续发展在提升旅游目的地竞争力中发挥关键作用的假设。但是发展中国家旅游业的增长导致了许多环境和社会经济问题，需要一种新的更清洁的旅游模式，以促进当地经济、环境和社会的和谐发展。

地区层级方面。Dwyer 等（2000）通过对 19 个旅游目的地的价格竞争力进行调查，以澳大利亚为研究样本，通过制定国际价格竞争力指数，对一系列旅游目的地的一揽子旅游商品和服务价格进行了比较，结果显示，往返旅游目的地的旅行费用和旅游目的地的地面费用是有区别的。d'Hauteserre（2000）以福克斯伍兹度假村为例，研究管理旅游目的地竞争力的经验，通过调整市场定位，避免福克斯伍兹度假村在美国东部日益激烈的娱乐、休闲竞争中衰退或消失。Zhu 等（2014）以中国长江三角洲地区 16 个城市为例，采用基于信息熵的权重法，确定了各评价方面的权重，通过建模，评价与分析了旅游目的地竞争力，并观察和分析了旅游目的地竞争力内外不平衡的现象，较好地描述了长江三角洲地区 16 个城市的核心层空间分布特征。Boroomand 等（2019）通过文献综述和定性调查，设计了伊朗旅游目的地竞争力度量模型，该模型包括 9 个主要指标、64 个变量，除旅游目的地库姆外，所有选定旅游目的地的模拟结果与旅游目的地的旅游统计数据一致。

2）国内研究概况

国内对旅游目的地竞争力的研究始于 20 世纪 90 年代。

国家层级方面。叶莉和陈修谦（2013）从显示性因素和分析性因素两方面构建了国际旅游目的地竞争力评价指标体系，运用熵值法对中国和东盟六国的国际旅游竞争力进行了综合量化评价、等级层次划分、影响竞争力的关键因素分析，并在此基础上构建了旅游贸易互动概念模型，提出了促进旅游良性互动的策略。汪侠等（2018）选取全球相对贫困的50个国家，使用极差、标准差、极值比率、变异系数等指标以及雷达图，运用世界经济论坛发布的旅游业竞争力报告中的旅游竞争力评价指标，分析研究了这些国家2007～2018年旅游目的地竞争力的时间变化及其影响因素。

地区层级方面。黄耀丽等（2006）采用多维评价和综合分析方法，分析了珠江三角洲地区城市旅游目的地竞争力空间结构体系。李雪等（2008）系统分析了旅游业发展动力、旅游业发展水平、旅游影响、旅游经济联系及不同城市对城市群旅游业发展的贡献等因素，并在此基础上构建了区域旅游目的地竞争力的评价指标体系，运用系统动力学方法对山东半岛城市群旅游目的地竞争力进行了动态仿真与评价。傅云新等（2012）以全国31个省（自治区、直辖市）为研究对象，从旅游现状竞争力和旅游潜在竞争力两方面构建了包括2个子系统、5个要素和21个基本变量的多层次、多指标旅游竞争力综合测评体系，采用因子分析法分析和比较了全国31个省（自治区、直辖市）旅游目的地竞争力的竞争态势，动态分析了旅游目的地竞争力的时空演变特征。黄燕琳（2013）通过分析区域旅游发展条件、市场竞争态势、旅游产业定位、产业总体布局等相关因素，建立了区域旅游目的地竞争力评价指标体系。时雨晴等（2014）从边境旅游竞争力的概念入手，分析了边境旅游竞争力的影响因素，进而从边境旅游发展基础条件竞争力、边境旅游现状竞争力、边境旅游发展潜力竞争力三方面构建了边境县域旅游竞争力的评价模型，同时运用熵值法支持下的层次分析法（analytic hierarchy process，AHP）对136个边境县域进行了定量分析。周礼和蒋金亮（2015）通过构建长江三角洲地区城市旅游竞争力综合评价体系，运用熵权法、地理信息系统（geographical information system，GIS）空间分析法对长江三角洲地区城市旅游竞争力进行了评价并对其空间分异特征进行了探索。

城市层级方面。董锁成等（2009）从城市群整体及其内部城市单体两个角度构建了旅游目的地竞争力评价指标体系，通过比较分析参照状态空间法，提出了旅游目的地竞争力评价方法。岳川江等（2010）选取旅游资源综合竞争力、旅游发展竞争力、旅游环境竞争力三大指标体系，运用AHP法和TOPSIS法，对5个沿海城市进行了旅游目的地竞争力的评价研究。方法林等（2013）借鉴传统评价指标体系，结合“十二五”期间的旅游业发展政策和旅游供需矛盾的变化，构建了长江三角洲地区16个城市旅游综合竞争力评价模型，通过AHP法得到了城市旅游综合竞争力。把多勋等（2014）通过构建城市旅游竞争力的评价指标，揭示了甘肃省14个城市旅游竞争力差异的成因，并在此基础上提出了提高甘肃省旅游综合竞争力的策略。刘中艳和罗琼（2015）从显示性指标和分析性指标两个角度构建了适合地级城市的旅游竞争力测度指标体系，并运用灰色关联分析法对2011～2012年湖南省14个地级城市的旅游竞争力进行了测度与评价。祝晔（2016）以江苏省为例，基于旅游要素视角，构建了城市旅游竞争力综合评价指标体系，运用AHP法对各城市旅游竞争力进行了评价，同时采用GIS空间分析法探索了竞争力空间分布特征并对其形成机理进行了分析。黄松等（2017）建立了包含5个一级指标、14个二级指标和33个三级指标的智慧旅游城市旅游竞争力评价指标体系，运用反向传播（back propagation，BP）神经网络模型评价和分析了智慧旅游城市的旅游竞争力。郭向阳等（2017）基于旅游现状竞争力、旅游基础环境竞争力和旅游潜在竞争力三大维度构建了旅游竞争力量化测评指标体系，运用因子分析法，对云南省边境地区的城市旅游竞争力进行了研究。陈沛然和张落成（2017）选取经济竞争优势、竞争潜力、基础支撑3方面的19个指标，采用基于熵权法的灰色关联分析方法，评价了广东省各城市的旅游竞争力，并从城市和区域2个尺度为广东省提升旅游竞争力、发展区域旅游提出了建议和对策。

旅游景区层级方面。李九全（2008）基于地方依附感原理探析了景区的旅游竞争力。薛刚等（2018）选取承德市避暑山庄、秦皇岛市北戴河等十大避暑胜地，从盛夏气候舒适度、旅游资源价值、区位可达性三方面，分别对避暑胜地旅游竞争力进行了定量测评，分析了我国避暑胜地的形成机制及旅游竞争力。

旅游业层级。成伟光等（2005）运用迈克尔·波特的竞争力理论并结合旅游业自身的特点，探讨了旅游业的核心竞争力，认为以旅游资源为内核所形成的旅游吸引物是旅游业竞争力的核心，旅游吸引物、旅游设施、旅游服务等共同构成旅游业，旅游设施和旅游服务是围绕旅游吸引物这一核心展开的。程乾和方琳（2015）通过分析影响文化旅游创意产业竞争力的因素，建立了基于生态位视角的钻石模型，构建由生产要素、需求条件、相关产业和支持产业、企业四个维度19个变量组成的文化旅游创意产业竞争力评价指标体系，运用聚类谱系图将长江三角洲地区16个城市的文化旅游创意产业竞争力分为六个梯度，对每个梯度中的城市的文化旅游创意产业竞争力进行分析。许海龙（2015）利用灰色评价理论中灰色关联模型的建构方法评估了欧盟文化旅游产业的观光成果，以文化资源、自然资源、物价水平、消费物价变动率、旅游服务、旅游安全性六项评估指标，衡量了欧盟各国在文化旅游产业上的竞争力，探讨研究了欧盟各国的旅游发展趋势和竞争力优势。赵传松和任建兰（2018）基于耦合协调度模型、探索性空间数据分析法和地理加权回归模型，构建了全域旅游背景下旅游业与区域发展的耦合协调评价指标体系，探讨了中国31个省（自治区、直辖市）的旅游业与区域发展的综合水平及耦合协调度的时空分异特征，分析了影响耦合协调度变化的主要驱动力。

（2）测量和评价方法

在测量和评价方法方面，国外量化研究方法较为多样，主要有方差分析法、回归分析法、动态偏离-份额分析法、因子分析法、模糊罗氏模型等（Enright and Newton，2005）。国内研究方法早期主要借鉴国外的研究成果，以因子分析法为主，并探索出熵值法、元分析方法、系统动力学方法等新方法（钟敬秋等，2013），如表 1-1 所示。

表 1-1　国内代表性研究方法汇总

代表性研究方法	代表性作者
AHP 法、德尔菲法	万绪才等（2001）；苏伟忠等（2003）；朱应皋和万绪才（2005）
因子分析法、系统聚类分析法	周常春和保继刚（2005）；张争胜和周永章（2005）；黄耀丽等（2006）；吴军（2006）；史春云等（2006）；张补宏和伍卓深（2007）；王生鹏等（2009）；汪德根和陈田（2011）；张河清等（2012）；马晓龙和曹杏娟（2013）；李松柏（2014）
TOPSIS 法	岳川江等（2010）；赵蕾（2012）
熵值法	程乾和方琳（2015）；叶莉和陈修谦（2013）；方法林等（2013）；时雨晴等（2014）；张广海和王佳（2013）；周礼和蒋金亮（2015）；孙黄平等（2017）
层次聚类法、系统动力学方法	李雪等（2008）
问卷调查法、专家访谈法	李九全（2008）
柯布-道格拉斯生产函数、比较静态分析法	黄秀娟（2008）；董锁成等（2009）
元分析方法	温碧燕和梁明珠（2007）
结构方程模型	吴姗姗等（2014）
模糊一致矩阵法	王琪延和黄羽翼（2014）；李文龙等（2019）
耦合协调模型、动态偏离-份额分析法	麻学锋和刘雨婧（2015）
灰色关联分析法	刘中艳和罗琼（2015）；陈沛然和张落成（2017）；刘丹丽等（2018）
探索性空间数据分析法	许贤棠等（2015）
BP 神经网络模型	黄松等（2017）
空间主成分分析法、空间自相关分析法	林明水等（2018b）

在旅游目的地竞争力评价模型的建构方面，国内外研究通常是以迈克尔·波特的钻石模型为基础，结合旅游目的地的特点构建旅游竞争力评价指标体系，通

过AHP法确定各指标体系的权重并由此构建一个完整的旅游目的地竞争力评价模型。这种研究方法虽简易可行，但也存在主观性过强的不足。近年来，熵值法、TOPSIS法等客观评价和确定指标权重的方法被广泛采纳，弥补了指标体系权重过度依赖专家打分确定的不足，具有较强的实用价值。

1.1.2.3 研究述评

全域旅游概念脱胎于旅游目的地这一概念，是指在一定区域内，以旅游业为优势产业，通过旅游业带动和促进经济社会协调发展的一种新的区域协调发展理念和模式，县域则是全域旅游发展的最主要载体。目前，借鉴旅游目的地竞争力评价方法研究全域旅游竞争力，从区域经济发展、产业融合等“全”理念视角系统研究全域旅游发展成为学者的共识，然而如何突显“域”的时空发展理念，成为全域旅游的理论和实践研究区别于传统旅游目的地的重要特征。

近十年来，国内外有关旅游目的地竞争力的研究成果大量涌现，如何构建旅游目的地竞争力评价指标体系、如何确定指标体系权重、如何基于评价的结果提出不同地区旅游业的发展对策和建议，是旅游目的地竞争力研究的三大核心问题。

在研究内容方面，学者通常针对国家级、地区级、旅游产业级、城市级、旅游景区级的特征，结合典型案例对旅游目的地竞争力进行研究，研究聚焦在旅游目的地竞争力评价体系及模型的构建、旅游目的地竞争力的测量与评价、旅游目的地竞争力的提升策略等方面。早期研究侧重国家、区域、旅游产业等宏观层级的旅游目的地竞争力比较；近年来随着旅游业态的多元化和全域旅游等战略的提出，旅游城市、县域等中观层级的旅游目的地竞争力逐渐得到关注和重视，并成为旅游目的地竞争力研究的热点；较少学者关注旅游景区微观层级旅游目的地竞争力的研究。

在研究方法方面，如何确定旅游目的地评价指标体系的维度和权重成为国内外旅游目的地竞争力评价的核心和焦点。在指标体系维度确定方面，相关研究主要采用因子分析法，通过降维的思路对旅游目的地竞争力评价指标体系进行分类，近年来空间主成分分析法、灰色关联分析法逐渐成为主流的降维研究方法；在旅游目的地评价指标体系权重确定方面，早期研究主要采用问卷调查法、德尔菲法、AHP法等定性方法，通过专家对旅游目的地评价指标体系的比较确定权重，主观性较强；近年来，熵值法、TOPSIS法、BP神经网络模型等相对客观的权重确定方法得到学者的广泛认可和使用，提高了评价过程的科学性和客观性。

1.1.3 研究意义

1.1.3.1 理论意义

本书将进一步完善全域旅游的概念和全域旅游竞争力评价指标体系。从旅游系统的视角出发，整合从市场角度、需求角度和资源角度等定义的旅游目的地竞争力概念，进一步明确全域旅游概念不仅包含旅游系统“全”过程，还体现旅游系统“域”的时空理念，从而进一步深化钻石模型，构建符合县域全域旅游可持续发展特征的全域旅游竞争力评价指标体系，为完善全域旅游竞争力评价指标体系提供理论支撑。

1.1.3.2 实践意义

本书将科学、客观评价县域全域旅游竞争力，为地方发展全域旅游提供基础数据。通过熵值法确定影响全域旅游发展的全域旅游竞争力评价指标体系权重，基于 TOPSIS 法评价县域全域旅游竞争力，厘清各县域发展全域旅游的优势和短板，并提出提升全域旅游竞争力的对策和建议，为县域进一步明确第一、第二、第三产业融合发展路径，创建国家全域旅游示范区，以及促进地区社会经济的全面发展提供基础数据。

1.2 研究目标、内容与方法

1.2.1 研究目标

1）县域全域旅游竞争力评价指标体系构建；
2）县域全域旅游竞争力评价；
3）县域全域旅游竞争力提升策略研究。

1.2.2 研究内容

1.2.2.1 县域全域旅游竞争力评价指标体系构建

基于旅游系统理论、比较优势理论、产业结构演进理论，采用文献分析法，梳理竞争力评价概念、旅游目的地竞争力评价概念、全域旅游竞争力评价概念的内涵和外延；采用专家访谈法和问卷调查法等方法，识别全域旅游竞争力评价指标体系的框架和指标；采用因子分析法，确定全域旅游竞争力评价指标体系维度，为县域全域旅游竞争力评价做好基础。

主要研究内容包括：①竞争力评价研究进展；②旅游目的地竞争力评价研究进展；③全域旅游竞争力评价框架与指标构建。

1.2.2.2 县域全域旅游竞争力评价

采用熵值法、TOPSIS 法，从全时空、全产业、全要素、全管理和全支持五个方面系统地评价福建省县域全域旅游竞争力，为县域全域旅游竞争力提升策略研究做好铺垫。

主要研究内容包括：①县域全域旅游竞争力评价指标体系权重确定；②县域全域旅游竞争力评价。

1.2.2.3 县域全域旅游竞争力提升策略研究

针对县域全域旅游竞争力的分类特征，分等级、分地区提出提升县域全域旅游竞争力的对策和建议；对标国家全域旅游示范区的相关标准，结合提升县域全域旅游竞争力的对策和建议，对福建省县域创建国家全域旅游示范区做出分层、分类，提出创建工作的对策与建议。

主要研究内容包括：①旅游+：1+N+X 模式；②+旅游：X+1+N 模式。

1.2.3 研究方法

1.2.3.1 数据收集方法

数据收集方法主要包括专家访谈法和统计数据收集法。

(1) 专家访谈法

确定最优访谈对象（如政府官员、研究人员、新闻媒体等)，咨询访谈对象对构建全域旅游竞争力评价指标体系的对策和建议。访谈内容包括：①访谈对象的人口统计学特征；②全时空、全产业、全要素、全管理和全支持五个维度内容；③五个维度具体评价指标体系的选择；④数据来源的选择。

在访谈过程中，对访谈内容进行录音，以便资料整理。

(2) 统计数据收集法

前往福建省文化和旅游厅，收集 2018 年福建省县域旅游景区、旅游收入、旅游人次数、饭店床位数、旅行社数量等统计数据。

前往福建省旅游信息中心，收集 12301 国家智慧旅游公共服务平台、全国 12315 平台等平台的投诉数据，投诉数据包括投诉时间、投诉地点、投诉内容、投诉方式等。

前往福建省统计局，收集 2018 年福建省 GDP、常住人口、第三产业增加值、公路里程、社会消费品零售总额、旅游生产安全、固定资产投入、一般公共预算支出、医疗卫生机构床位数、在校生数量等数据。

前往福建省基础地理信息中心，收集福建省县域行政区划、坡度等遥感影像数据。

1.2.3.2 内容研究方法

（1）文献分析法

梳理与竞争力相关的文献，如竞争力评价、旅游目的地竞争力评价和影响因素等方面的文献。

（2）数理统计法

采用因子分析法，确定全域旅游竞争力评价指标体系的维度，采用熵值法确定全域旅游竞争力评价指标体系的权重，采用 TOPSIS 法对福建省 84 个县域（平潭综合实验区按照《福建统计年鉴（2019）》统计口径，归为县域层级）的全域旅游竞争力进行评价。

（3）GIS 法

采用 GIS 空间分析法和 GIS 热点分析法，对 84 个县域的全域旅游竞争力分类型进行评价，制作县域全域旅游竞争力专题图和热点分析图。

1.3 研究的思路与创新之处

1.3.1 研究思路

针对当前全域旅游竞争力评价体系尚不完善，县域全域旅游竞争力评价方法主观性较强的不足，本书以福建省 84 个县级行政区划单位为研究对象，基于旅游系统理论、比较优势理论、产业结构演进理论等理论，采用文献分析法、GIS 法、熵值法、TOPSIS 法等方法，评价县域全域旅游竞争力，并提出提升县域全域旅游竞争力的对策和建议，具体研究思路如图 1-1 所示。

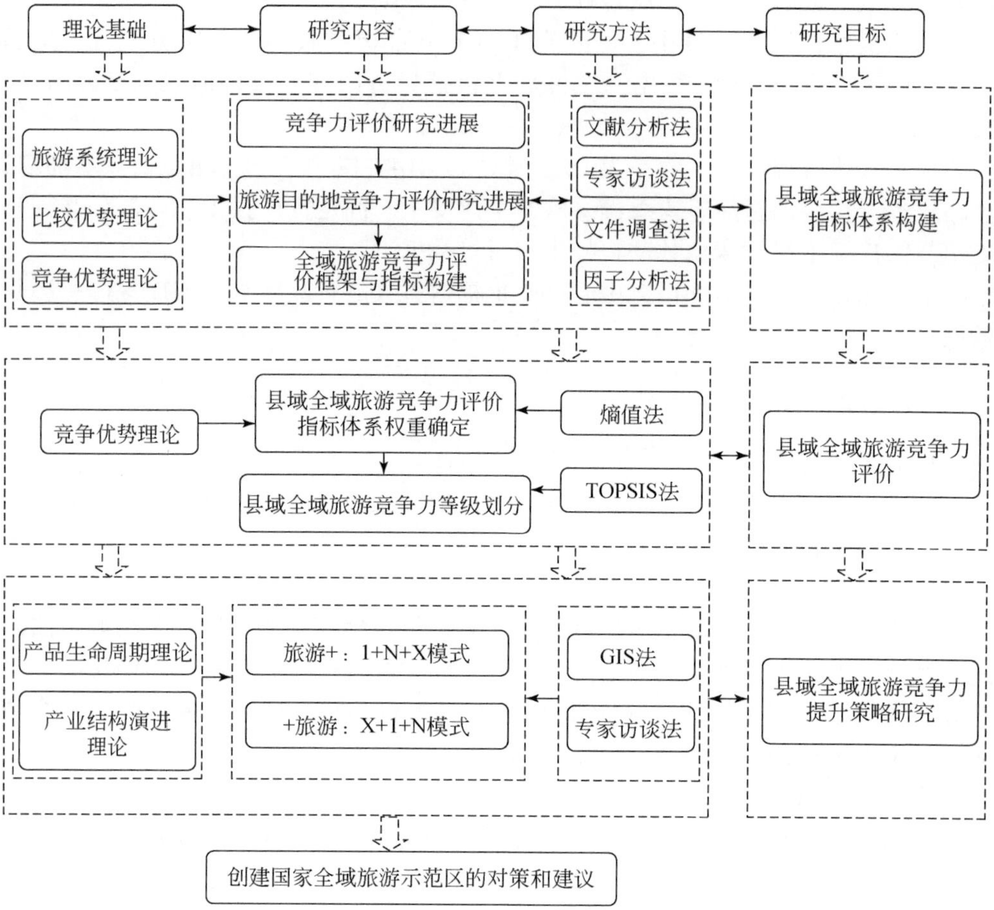

图 1-1　研究技术路线图

1.3.2　拟解决的关键问题

1.3.2.1　如何构建县域全域旅游竞争力评价指标体系

全域旅游不仅要体现“全”的理念，更要凸显“域”的时空格局。本书要突破从区域经济发展、产业融合等传统视角评价旅游目的地竞争力的不足，采用旅游系统分析法，弥补传统定性评价忽略县域生态、经济和社会空间差异特征的不足。

1.3.2.2　如何客观评价县域全域旅游竞争力

为避免指标权重赋值的主观性，采用熵值法确定县域全域旅游竞争力评价指标体系的权重，采用 TOPSIS 法对全域旅游竞争力进行评价，避免德尔菲法、AHP 法等方法主观性较强的不足，弥补县域对标缺陷。

1.3.3　创新之处

1.3.3.1　视角创新

全域旅游竞争力评价并不等同于旅游目的地竞争力评价。

虽然全域旅游概念脱胎于旅游目的地的概念，但全域旅游竞争力与旅游目的地竞争力的最大差别在于其概念范围是单纯旅游竞争力，还是以旅游业为优势产业的区域经济竞争力。因此，全域旅游竞争力评价不仅评价旅游目的地的旅游业竞争力，还要兼顾食、住、行、游、购、娱六大要素所涉及行业的基础条件、配套设施和管理水平，其实质是以旅游业来带动区域经济并促进经济社会协调发展的竞争力评价。

1.3.3.2　方法创新

全域旅游竞争力评价既要体现“全”要素评价，更要突出“域”的时空发展理念。

当前，传统旅游目的地竞争力评价方法多从区域经济发展、产业融合等“全”理念视角构建全域旅游竞争力评价体系，然而如何突显“域”的时空发展理念，成为全域旅游竞争力评价区别于传统旅游目的地竞争力评价的重要特征。本书从旅游系统理论出发，从全时空、全产业、全要素、全管理和全支持五个维度构建全域旅游竞争力评价指标体系，采用熵值法、TOPSIS 法评价县域全域旅游竞争力，弥补 AHP 法等传统定性评价方法忽略县域生态、经济和社会空间差异特征的不足。

2 理论基础

2.1 研究对象与相关概念

2.1.1 研究对象

本书的研究对象为福建省9个地级市的83个县级行政单位和平潭综合实验区，共84个县级行政单位。其中，平潭综合实验区虽然属于市级行政单位，但是《福建统计年鉴（2019）》中的统计数据尚未将其从福州市剥离，本书仍按照县级行政单位统计。因此，在本书中，平潭综合实验区既作为市级行政单位统计，又作为县级行政单位统计，具体如表2-1所示。

表2-1 研究对象

序号	市（区）	县（市、区）	国家全域旅游示范区创建单位		序号	市（区）	县（市、区）	国家全域旅游示范区创建单位	
			第一批	第二批				第一批	第二批
1	福州市	鼓楼区			14	厦门市	思明区		是
2		台江区			15		海沧区		是
3		仓山区			16		湖里区		是
4		马尾区			17		集美区		是
5		晋安区			18		同安区		是
6		长乐区			19		翔安区		是
7		福清市			20	宁德市	蕉城区		
8		闽侯县			21		福安市		
9		连江县			22		福鼎市		
10		罗源县			23		霞浦县		
11		闽清县			24		古田县		
12		永泰县		是	25		屏南县	是	
13	平潭综合实验区		是		26		寿宁县		

续表

序号	市（区）	县（市、区）	国家全域旅游示范区创建单位		序号	市（区）	县（市、区）	国家全域旅游示范区创建单位	
			第一批	第二批				第一批	第二批
27	宁德市	周宁县			56		新罗区		
28		柘荣县			57		永定区	是	
29		城厢区			58		漳平市		
30		涵江区			59	龙岩市	长汀县		
31	莆田市	荔城区			60		上杭县		
32		秀屿区			61		武平县		是
33		仙游县	是		62		连城县	是	
34		鲤城区			63		梅列区		
35		丰泽区			64		三元区		
36		洛江区			65		永安市		
37		泉港区			66		明溪县		
38		石狮市			67		清流县		
39	泉州市	晋江市			68	三明市	宁化县		
40		南安市			69		大田县		
41		惠安县			70		尤溪县		是
42		安溪县			71		沙县		
43		永春县	是		72		将乐县		
44		德化县		是	73		泰宁县	是	
45		芗城区			74		建宁县		是
46		龙文区			75		延平区		
47		龙海市			76		建阳区		
48		云霄县			77		邵武市		
49		漳浦县			78		武夷山市	是	
50	漳州市	诏安县			79	南平市	建瓯市		
51		长泰县			80		顺昌县		
52		东山县	是		81		浦城县		
53		南靖县			82		光泽县		
54		平和县			83		松溪县		
55		华安县			84		政和县		

2.1.2 相关概念

2.1.2.1 竞争力

竞争力是指一个国家在国际经济中创造、生产、分配和服务产品的能力，同时在其来源上获得不断增加的回报（Scott and Lodge，2009）。20 世纪 80 年代初，旅游竞争力开始通过两个核心概念来定义：盈利能力和可持续性（Iunius et al.，2015），从这个意义上说，竞争力指在市场经济中，某一竞争主体（国家、区域、企业等）通过在产品质量和成本上优于竞争对手来获得盈利和发展的能力（屈妮娜，2016）。

2.1.2.2 旅游目的地竞争力

旅游目的地竞争力是指旅游目的地能够持续为旅游者提供满意的旅游经历，能够不断提高旅游目的地居民生活质量及旅游目的地其他利益相关者福利的能力（臧德霞和黄洁，2006），同时确保有效和可持续利用支持旅游业的现有资源（Boroomand et al.，2019）。

2.2 相关理论

2.2.1 旅游系统理论

（1）地域旅游系统模型

国外学者对旅游系统的研究始于 20 世纪 70 年代。1972 年，苏联地理学家提出了地域旅游系统的概念，以旅游产业地域组织研究为理论基础提出了地域旅游系统模型（郭长江等，2007）。按照此模型，旅游产业作为复杂的、多成分的自然-经济系统，主要由旅游资源、旅游基础设施（旅游技术支持系统）、旅游服务人员、管理机构和游憩者等子系统组成。王庆生等（2005）对地域旅游系统进行了补充和完善，认为地域旅游系统的主要功能应表现在其旅游服务的“产品性”方面，地域旅游系统应包括满足游憩者需求（旅游服务）的 4 个子系统，即旅游吸引物子系统、旅游技术保障子系统、旅游市场营销子系统和旅游管理子系统，如图 2-1 所示。

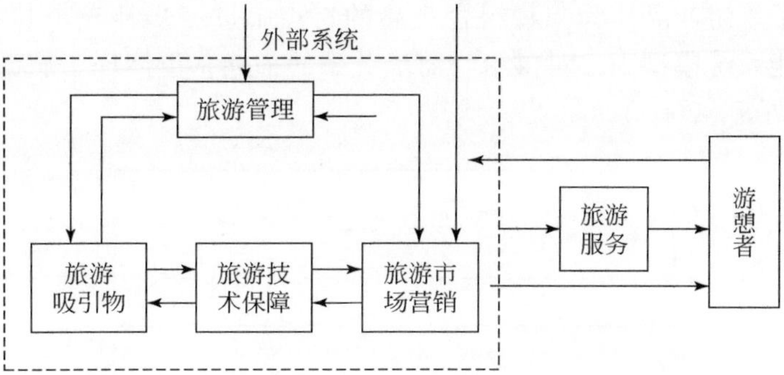

图 2-1　地域旅游系统模型（王庆生等，2005）

（2）旅游功能系统模型

Gunn 于 1972 年提出了旅游系统的概念和旅游功能系统模型，随后又对其进行了完善（Gunn，1993）。旅游功能系统由需求板块和供给板块两部分组成，其中供给板块包括交通、信息与促销、吸引物、服务等，这些要素之间存在强烈的相互依赖性。旅游功能系统模型由五部分组成，即吸引物、服务、交通、信息与促销及旅游者，这五部分是规划中的基本要素，旅游活动的实现至少要涉及上述这五个要素，并且这五个要素相互作用形成一个有机整体——旅游功能系统（图 2-2）。作为一个动态系统，旅游功能系统中各组成要素相互依赖、共同作用，其中任何一个要素发生变化都将引起其他要素的变化（王庆生等，2005）。

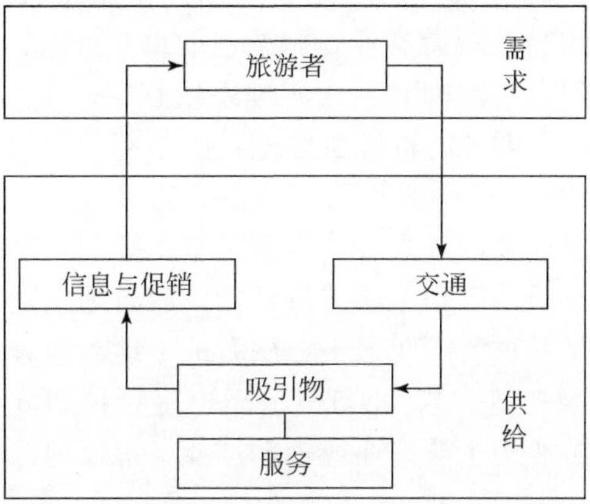

图 2-2　旅游功能系统模型（Gunn，1993）

Gunn（2002）进一步完善旅游功能系统模型（图 2-3）。在该模型中，供给和需求两个子系统之间的相互匹配构成了旅游功能系统模型的基本结构。在供给子系统中，吸引物、促销、交通、信息、服务之间存在着相互依赖的关系，它们共同作用，提供符合市场需求的旅游产品。Gunn（2002）对供给子系统的描述很好地体现了旅游产品作为一种组合产品的特点，进一步补充了其在 1972 年提出的旅游功能系统模型中，对供给与需求关系的描述，更体现了旅游功能系统的本质（李文亮等，2005）。

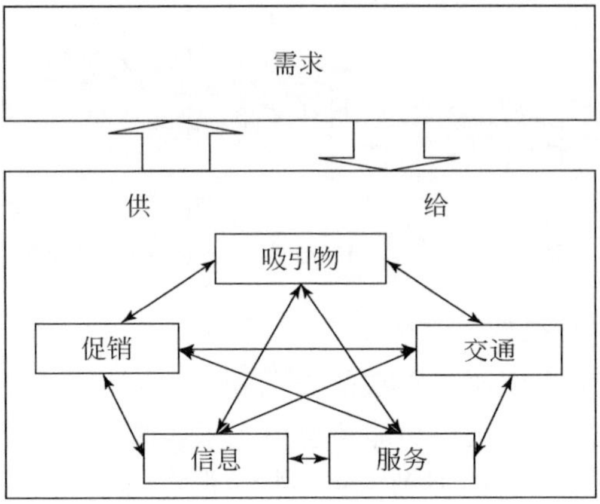

图 2-3　改进型旅游功能系统模型（Gunn，2002）

（3）旅游地系统

地域旅游系统和旅游功能系统，均建立在边界明确的旅游目的地上。旅游地是一种具有特殊功能的社区，是一定地理空间上的旅游资源同旅游专用设施、旅游基础设施，以及其他相关条件有机结合起来，供旅游者停留和活动的目的地（保继刚和楚义芳，2002）。旅游产业是旅游地的重要产业，旅游设施的集中极大地影响了旅游地的空间形态。因此，旅游地系统在空间上一般可分为两个部分：第一部分是旅游活动区，即旅游资源所在地；第二部分是旅游接待区，是旅游服务设施集中的场所。

旅游地系统按照土地利用方式可分为两种基本类型：第一种是以旅游业为主要产业的旅游地，旅游活动区和旅游接待区构成旅游地土地利用的主体；第二种旅游地中，旅游业只是其重要产业之一，旅游地土地利用方式也反映了这种旅游地的其他功能（保继刚和楚义芳，2002）。无论是哪种划分方法，全域旅游主要在旅游地开展，以旅游业为主导产业或辅助产业，推动地区经济的发展。

2.2.2　比较优势理论

比较优势理论是旅游产业发展的理论基石之一。比较优势理论脱胎于亚当·斯密的绝对优势理论，由大卫·李嘉图提出。绝对优势理论认为，在国际贸易中，假定不同国家都具有对不同产品的生产优势能力，每个国家都去生产优势产品并进行互换，则所有国家都是获利的（王帅，2019）。比较优势理论认为不同国家的生产成本、技术都不相同，假设部分国家在某个因素上具有优势，则该国在产品的生产上就具有优势。每个国家都应集中生产并出口其具有相对优势的产品，进口其具有相对劣势的产品。

在比较优势理论中，旅游资源的优劣势与旅游产品的竞争力具有直接关系，旅游资源的丰富程度和稀缺程度决定了旅游产品的竞争力大小。因此，不同县域在发展全域旅游的过程中，要扬长避短，进一步凸显地方资源和文化特色，才能突出地方的竞争力优势。

2.2.3 竞争优势理论

迈克尔·波特在 20 世纪 80 年代提出了竞争优势理论。该理论以不完全竞争假设为前提，认为一国的贸易优势并不像传统国际贸易理论所宣称的那样，简单地取决于一国的自然资源、劳动力、利率、汇率，而是在很大程度上取决于一国的产业创新和升级能力。在此基础上，迈克尔·波特提出了著名的竞争力六要素：需求条件、企业战略、要素条件、相关产业发展、机会、政府。竞争优势理论将竞争力看作一个综合的系统体系，竞争力的强弱不是某单一要素强弱影响的结果，而是系统中不同要素相互影响的结果（刘丹丽，2019）。

竞争优势理论进一步细化了旅游地系统要素的构成和结构特征，国内外旅游目的地竞争力评价大多借鉴迈克尔·波特的竞争优势理论，从需求条件、企业战略、要素条件、相关产业发展、机会、政府六个要素系统评价旅游目的地竞争力。

2.2.4 产业结构演进理论

产业结构指国民经济三次产业之间的比例及相互作用关系，产业结构的合理变动和优化升级是经济发展的动力。因此，产业结构演进的过程从经济学角度阐释了城镇化发展的过程（李小建等，2018）。

产业结构演进理论包括配第-克拉克定律和库兹涅茨曲线两个理论。配第-克拉克定律认为，人均收入的变化引起产业结构的改变，并进一步加快就业结构的改变，即随着国民经济的发展和人均收入水平的提高，人口首先由第一产业向第二产业转移，随着人均收入水平的继续提高，人口便开始向第三产业转移。库兹涅茨曲线认为，随着经济的不断发展，农业部门的国民收入和劳动力占整个国民收入、所有劳动力的比例具有不断下降的趋势特征；工业部门的国民收入占整个国民收入的比例总体上有所提高，而其劳动力占所有劳动力的比例总体上不变或略有上升；服务部门的国民收入和劳动力占整个国民收入、所有劳动力的比例具有持续上升的趋势特征（张付娟，2014）。

我国产业结构的演进也遵循着上述两个理论。如图 2-4 所示，1989～2017 年，随着人均 GDP 的增长，我国第一产业劳动力所占比例不断下降，从 1989 年的 60. 05% 下降到 2017 年的 26. 98%；第二产业劳动力所占比例略有上升，从 1989 年的 21. 64% 提升至 2017 年的 28. 11%；第三产业劳动力所占比例逐步上升，从 1989 年的 18. 31% 提升至 2017 年的 44. 91%。

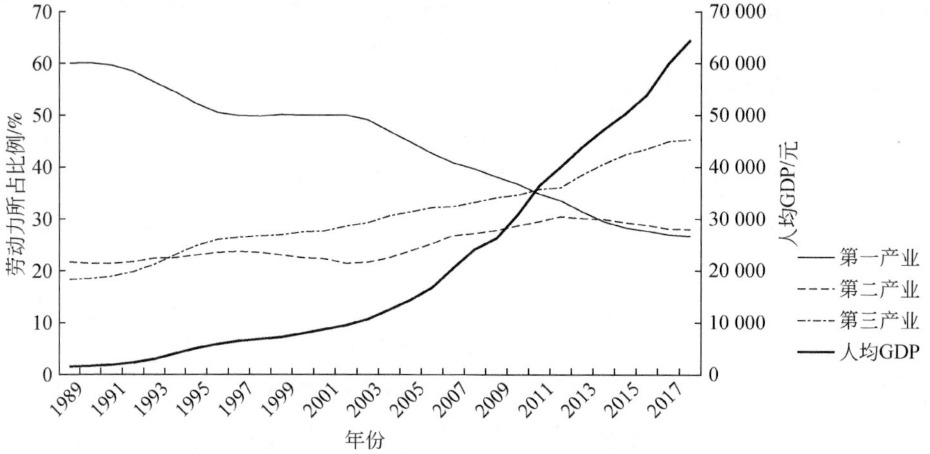

图 2-4　1989～2017 年中国就业结构演进

如图 2-5 所示，1989～2017 年，随着人均 GDP 的增长，我国第一产业增加值占 GDP 的比例不断下降，从 1989 年的 24. 60% 下降到 2017 年的 7. 90%；第二产业增加值占 GDP 的比例总体不变；第三产业增加值占 GDP 的比例逐步上升，从 1989 年的 32. 90% 提升至 2017 年的 51. 60%。

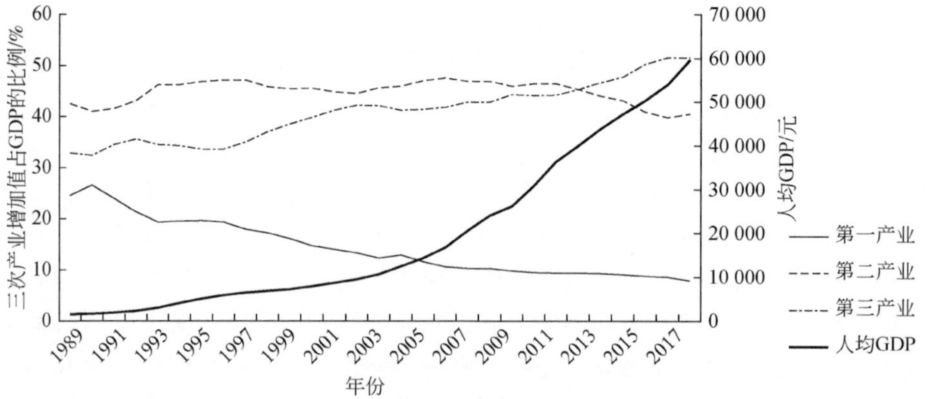

图 2-5　1989～2017 年中国产业结构演进

旅游业是第三产业的重要产业，我国把旅游业定位为国民经济的战略性支柱产业，符合产业结构理论的产业演进过程。未来，经济发达的地区，第三产业所占的比例将不断提升，旅游业的重要性将不断得到认可和重视。

2.2.5 产品生命周期理论

1966 年，雷蒙德 · 弗农提出产品生命周期理论（product life cycle，PLC），该理论用于描述一种新产品从开始进入市场到被市场淘汰的整个过程（林明水和谢红彬，2010）。该理论认为产品生命经历开发、引进、成长、成熟、衰退五阶段，并且产品在各个阶段的销售量和利润有所差别，总体呈现 S 形增长(图 2-6)(曲颖和李天元，2013)。在技术水平不同的国家和地区，产品的生命周期和产品经历的过程是不一样的，二者存在一个较大的时差，表现为不同国家和地区在技术上的差距，或同一产品在不同国家市场上的竞争地位的差异，从而决定了国际贸易和国际投资方向的变化。

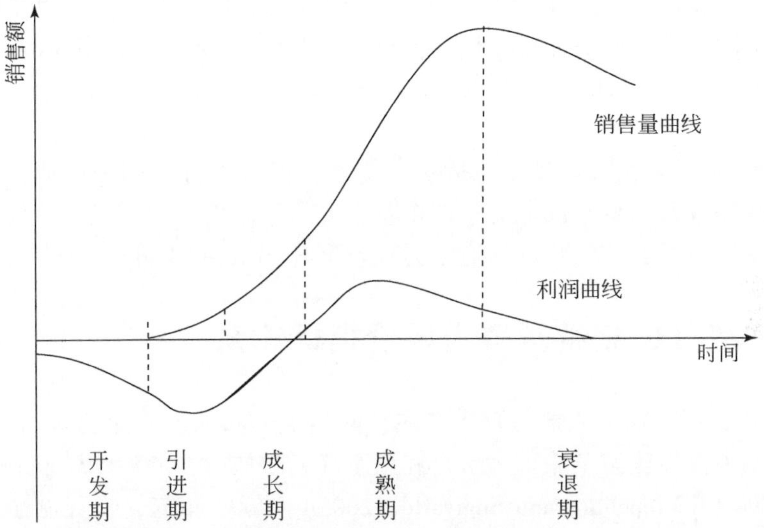

图 2-6 产品生命周期曲线（曲颖和李天元，2013）

产品生命周期理论应用在旅游业上，衍生出旅游地生命周期理论。Butler（1980）认为，一个旅游地的开发不可能永远处于同一个水平，而是随时间不断变化的，旅游地的发展演化一般会经历探索、参与、发展、巩固、停滞和衰退或复兴等阶段，且各个阶段具有区别于其他阶段的鲜明特征。该理论对地方发展全域旅游有着重要的指导意义，处于不同旅游地生命周期阶段的县域发展全域旅游，必须遵循生命周期发展的规律，走可持续发展的道路。

3 县域全域旅游竞争力评价指标体系构建

3.1 国外旅游竞争力评价指标体系

构建全域旅游竞争力评价指标体系是开展县域全域旅游竞争力评价的基础和关键。当前国外较有代表性的旅游竞争力评价指标体系有三种：①国际组织发布的旅游竞争力评价指标体系，包括世界旅游及旅行理事会（World Travel & Tourism Council，WTTC）和诺丁汉大学旅行与旅游学院联合发布的旅游竞争力评价指标体系（史春云等，2006），以及经济合作与发展组织（Organization for Economic Co-operation and Development，OECD）于 2013 年审查并批准的旅游竞争力评价指标体系（Dupeyras and MacCallum，2013）。②Ritchie 和 Crouch（2003）从系统视角出发，从目的地吸引力、管理、组织架构、信息和效率五方面构建旅游竞争力评价指标体系，该类体系适用于比较不同城市旅游竞争力（Enright and Newton，2005）。③钻石模型，包括生产要素、需求条件、相关产业与支持性产业、企业战略及其结构和同业竞争四个基本要素和政府与机遇两个变量，该类体系适用于不同层级的旅游目的地竞争力评价（Huang and Peng，2012）。

3.1.1 WTTC 旅游竞争力评价指标体系

2001 年，世界旅游及旅行理事会在其网站上公布旅游竞争力评价指标体系，该指标体系由世界旅游及旅行理事会和诺丁汉大学旅行与旅游学院联合研发，每年进行更新（Gooroochurn and Sugiyarto，2005）。2004 年起，世界旅游及旅行理事会提供了 207 个国家的数据库，包括价格竞争力指标、开放度指标、技术指标、设施指标、人文旅游指标、社会指标、环境指标和人力资源指标八大项指标，内含 23 个分项指标（表 3-1）（廖远涛等，2004）。八大项指标都是相对数值，并分别以绿色、橙色和红色的灯来表示高于平均值、等于平均值和低于平均值，为各国政策制订者、旅游业学者提供了很好的研究基础，具有重要的理论与现实意义（史春云等，2006）。

表 3-1 WTTC 旅游竞争力评价指标体系

一级指标	二级指标
人文旅游指标	旅游参与指数、旅游影响指数
价格竞争力指标	旅馆价格、平价购买力
设施指标	道路、卫生设施、饮用水
环境指标	人口密度、CO_2 排放、批准环境协议情况
技术指标	因特网、电话、移动电话、高科技出口
人力资源指标	教育指标
开放度指标	签证、旅游开放度、贸易开放度、国际贸易税收
社会指标	人类发展指数、报纸、个人电脑、电视

人文旅游指标。人文旅游指标是根据旅游活动来测度人类发展所取得的成就，该指标是一个新指标，也是联合国开发计划署（United Nations Development Programme，UNDP）构建的人类发展指标之一，用来衡量人类在不同方面的发展成就。人文旅游指标的计算是把旅游参与指数和旅游影响指数加以平均得到的。旅游影响指数是衡量旅游对经济的直接影响，由国际游客的总体收入与支出占 GDP 的比例来计算。旅游参与指数是衡量人们在旅游活动中的参与，由游客与出游人数占旅游目的地国家人口的比例来计算。

价格竞争力指标。理想状态下，价格竞争力应该包括游客消费的主要商品，如膳宿、旅行、租车、娱乐等。然而考虑在 WTTC 旅游竞争力评价指标体系中的国家样本数目，这样详细的数据很难得到，因此 WTTC 旅游竞争力评价指标体系中的价格竞争力指标仅包括旅馆价格与平价购买力。

设施指标。设施指标反映设施发展的竞争力，包括道路、卫生设施和饮用水。道路数据主要从世界银行获得，卫生设施和饮用水数据从世界卫生组织和联合国儿童基金会的调查中获得。考虑旅游的特殊目的，设施指标还应包括铁路网、航空和电信系统的数量与质量等数据，但这些数据难以获取，暂未囊括进来。

环境指标。环境指标反映自然环境的质量和一个国家对环境的关注与致力于环境管理的程度，包括人口密度、CO_2 排放和批准环境协议情况。

技术指标。技术指标反映一个国家在现代技术和设施方面的进步程度，由因特网、电话、移动电话、高科技出口组成。

人力资源指标。因为素质高的劳动力可以提供更高质量的旅游产品，所以该指标通过教育指标来衡量旅游目的地国家劳动力的素质。教育指标包括成年人受教育的比例，以及初级教育、中级教育和高级教育入学率，主要数据来自联合国开发计划署的人类发展报告。

开放度指标。开放度与国家经济发展相一致，反映一国面向国际贸易和国际旅游的开放程度，通常由签证、旅游开放度、贸易开放度和国际贸易税收来表示。

社会指标。游客在休闲度假期间要在旅游目的地国家停留，旅游目的地国家的生活质量将对游客的旅游体验产生影响。该指标包括从联合国开发计划署获得的人类发展指数、报纸、个人电脑和电视。旅游目的地国家的犯罪率也是一个重要的指标，但由于数据获得困难，暂时没有囊括进来。

3.1.2 OECD 旅游竞争力评价指标体系

成熟的旅游经济体要获得新的增长点，就必须开展竞争力评价，明确哪些方面需要采取更为积极的政策和措施。OECD 旅游竞争力评价指标体系包括核心指标、旅游发展指标和未来发展指标，以指导各国政府分析旅游业优劣势，并为旅游政策制定提供信息（Dupeyras and MacCallum，2013）。

经济合作与发展组织的工作是建立在该组织相关产出的基础上，如绿色增长、监测进展、旅游政策和方案评估框架、经济合作与发展组织福祉指标概要、成员国和伙伴国衡量竞争力的行业做法等。经济合作与发展组织将竞争力评价重点放在国家一级，以了解各国在竞争力方面的表现。

OECD 旅游竞争力评价指标体系包含旅游业绩效和影响、目的地提供优质和有竞争力的旅游服务的能力、目的地的吸引力、政策反应和经济机会等二级指标，具体如表 3-2 所示。

表 3-2　OECD 旅游竞争力评价指标体系

一级指标	二级指标	三级指标	三级指标解释
核心指标	旅游业绩效和影响	旅游业直接 GDP	衡量 GDP 贡献的国际领先指标
		按客源市场分列的每位游客入境旅游收入	游客经济活动的衡量标准
		所有住宿类型的过夜人数	显示旅游业对出口的贡献

续表

一级指标	二级指标	三级指标	三级指标解释
核心指标	目的地提供优质和有竞争力的旅游服务的能力	旅游业的劳动生产率	为旅游经济生产提供保障措施
		平价购买力和旅游价格	利用平价购买力衡量旅游价格竞争力
		入境签证要求	入境签证要求的衡量标准，包括签证发放方法
	目的地的吸引力	自然资源和生物多样性	衡量一个国家的自然资产存量
		文化创意资源	衡量一个国家的文化和创意景点、活动和事件
	政策反应和经济机会	游客满意度	基于当前和未来竞争力的需求侧吸引力价值度量
		国家旅游行动计划	有助于提高旅游业竞争力的有效措施
旅游发展指标	旅游业绩效和影响	市场多样化和成长型市场	一种在多个客源市场中获取广泛业绩基础的措施
	目的地提供优质和有竞争力的旅游服务的能力	按年龄、受教育程度和合同类型划分的旅游业就业	评估吸引、留住和发展行业人才以提高竞争力的能力的措施
		旅游消费价格指数	对其他措施的补充，如购买力评价
		空中连通性和模式（inter-modality）	航空路线、主要市场的飞行时间和乘客数量等指标
	目的地的吸引力	经济合作与发展组织更好的生活指数	使用以旅游业为中心的指数框架的措施
未来发展指标	目的地提供优质和有竞争力的旅游服务的能力	政府旅游预算拨款	政府人均旅游支出测算
		公司死亡率	企业活动和业务流失的度量
	政策反应和经济机会	使用电子商务旅游和其他创新服务	旅游业社会媒体创新与利用的指标测度
		旅游供应链结构	衡量行业链条、集群和现有竞争力或潜在竞争力的指标

衡量旅游业绩效和影响的指标。提高旅游业的经济价值是发达旅游经济体在全球旅游市场和其他行业保持竞争力的重要关注点。

监测目的地提供优质和有竞争力的旅游服务的能力的指标。这组指标与旅游经济的供给侧有关，是衡量目的地国家旅游竞争力的生产和商业环境的指标。一个动态和公平的商业环境是目的地国家旅游竞争力的直接来源。

监测目的地的吸引力的指标。目的地的吸引力是一个广泛的概念，它与竞争力的概念和游客旅游体验的质量密切相关。为了在全球旅游市场上保持竞争力，目的地国家必须保持和发展其吸引力和独特性。游客旅游体验是将游客与代表旅游目的地身份的事物联系起来，尤其是旅游目的地自然和文化资源及当地居民生活方式。因此，需要引入一组吸引力概念的指标，来监测旅游目的地的竞争力。

描述政策反应和经济机会的指标。许多政策对旅游业的发展发挥着重要作用，在旅游影响和可持续旅游环境等方面，通过设计一个动态的制度框架，能够促进旅游支持政策的制订，从而提高旅游目的地的竞争力和吸引力。

3.1.3 Calgary 模型旅游竞争力评价指标体系

随着社会经济的发展，旅游业的竞争日益激烈，与竞争力相关的研究日益受到关注，Ritchie 和 Crouch 构建了第一版旅游目的地竞争力模型。该体系用于本科生和研究生的教学，经过实践完善后，于 1993 年首次公开展示（Ritchie and Crouch，2003）（表 3-3）。

表 3-3 Calgary 模型旅游竞争力评价指标体系

一级指标	二级指标
支持因素和资源	基础设施
	交通通达性
	辅助资源
	服务
	企业
核心资源和吸引物	地质与气候
	文化与历史
	市场关系
	活动组合
	特别事件
	娱乐
	上层建筑

续表

一级指标	二级指标
目的地管理	资源管理
	营销
	金融与风险投资
	组织
	人力资源开发
	信息与研究
	服务质量
	访客管理
目的地政策、规划和发展	系统定义
	态度
	视觉
	审计
	定位
	发展
	竞争、协作分析
	监测与评价
效率构架	位置
	相互依赖性
	安全、安保
	意识、形象、品牌
	成本、价值

3.1.4 钻石模型

钻石模型由迈克尔·波特提出，该模型用于分析一个国家某种产业为什么会在国际上有较强的竞争力。该模型认为，决定一个国家某种产业竞争力的因素分别是：①生产要素，包括人力资源、天然资源、知识资源、资本资源、基础设施；②需求条件，主要是本国市场的需求；③相关产业和支持产业，即这些产业和相关上游产业是否有国际竞争力；④企业战略及其结构和同业竞争（图 3-1）（Porter，1990）。

迈克尔·波特认为，这四个因素具有双向作用，形成钻石模型。在四大因素之外还存在两大变数：政府与机会。机会是无法控制的，政府的影响是不可忽视的。

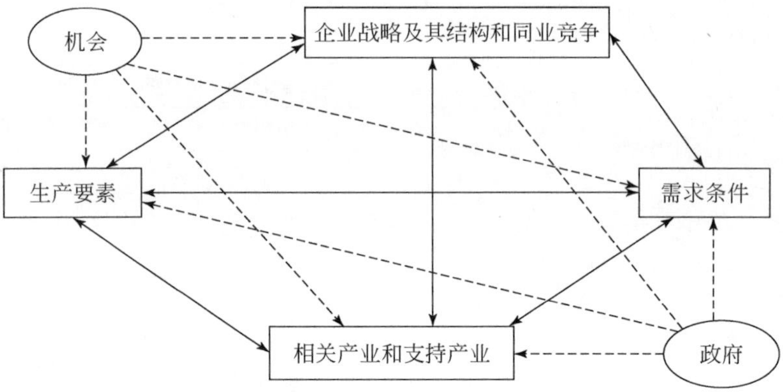

图 3-1　钻石模型（Porter，1990）

3.1.5　小结

上述旅游竞争力评价指标体系的评价尺度主要为国家和地区等宏观、中观尺度，评价指标体系层级均为 2～3 级，评价指标的数据主要来自各个国家和地区统计或公开发布的数据。其中，共性评价指标包括旅游吸引物、旅游设施、人力资源、信息化、旅游价格等，特色评价指标主要有环境、政府政策、旅游安全、市场需求等。

3.2　国内旅游竞争力评价指标体系

3.2.1　县域旅游竞争力评价指标体系

3.2.1.1　边境县域旅游竞争力评价指标体系

边境县域旅游竞争力是指陆地边境县域开拓、占据旅游市场并获取利润的能力，为入境及国内游客提供旅游商品和满意服务的能力，为当地居民及其他利益相关者提供可持续生活的能力，边境县域旅游竞争力包括经济、环境、社会文化影响等方面（时雨晴等，2014）。

边境县域旅游竞争力的发展是众多因素共同作用的结果，其旅游竞争力的表现也应该是多方面的。按照科学性、系统性和可操作性原则，从边境旅游发展基础条件竞争力、边境旅游发展现状竞争力、边境旅游发展潜力竞争力三方面构建边境县域旅游竞争力评价指标体系，该体系包括 3 个一级指标，12 个二级指标和 63 个三级指标，具体如表 3-4 所示。

表 3-4　边境县域旅游竞争力评价指标体系

一级指标	二级指标	三级指标
边境旅游发展基础条件竞争力	旅游自然人文环境基础	大气质量二级及以上天数，生态重要性建成区绿化覆盖率，少数民族所占的比例
	旅游区位交通条件	距省会城市的距离，距 AAAA 级及以上旅游景区的距离，距民用机场的距离，人均年客运总量，全社会客源周转量，等级公路网、铁路网密度，毗邻国最近城市的规模，边境口岸数量，航运码头状况
	旅游资源条件	旅游资源数量与质量，旅游资源特色，旅游资源丰度，旅游资源垄断度，边境邻国旅游资源的质量等级与丰度
	开放度	外贸依存度，年实际利用外资总额占全社会固定资产投资的比例，外汇收入占 GDP 的比例，政策开放程度（政治的不可抗力）
	政府作用	边境持续开发的政策保障，边境旅游基础设施投入，边境社会治安，政府对旅游投资水平
	社会经济条件	地区 GDP，人均地区 GDP，第三产业增加值占 GDP 的比例，城市居民人均可支配收入，万人拥有医生数量，万人拥有公共图书藏书量，全员劳动生产率
	旅游服务设施条件	国内旅行社数量，国际旅行社数量，星级旅游宾馆数量，旅行社固定资产投资，旅游饭店固定资产投资
边境旅游发展现状竞争力	旅游市场竞争力	国内游客人数，入境游客人数，旅游业总收入，旅行社营业收入，旅游饭店营业收入，旅游总收入占 GDP 的比例，旅游总收入占第三产业增加值的比例，旅游业外汇收入占旅游总收入比例，市场知名度，游客满意度，旅游景区开放数量
	旅游经济影响力	旅游业全员劳动生产率，旅行社百万元固定资产创营业收入，旅游饭店百万元固定资产创营业收入

续表

一级指标	二级指标	三级指标
边境旅游发展潜力竞争力	经济发展潜力	财政收入增长速度（旅游软硬环境改善的速度），人均收入增长速度（旅游需求及其结构的变化），近 5 年城市 GDP 增长率，边境两国合作潜力
	潜在旅游资源	待改善的旅游资源，未开发的旅游资源
	旅游业发展速度	旅游总人次年均增长率，旅游总收入年均增长率，旅行社数量年均增长率，饭店数量年均增长率，旅行社营业收入年均增长率，旅游饭店营业收入年均增长率

边境地区自身的旅游资源优势、旅游服务设施水平、社会环境等共同构成了边境旅游发展的基础条件，进而体现为边境旅游发展的现状水平。旅游市场规模是旅游竞争力最直观的表现，同时边境旅游的发展能够增加居民收入，提供就业机会，推动当地社会经济的发展，而日益改善的外部环境又会进一步推动边境旅游业的发展，从而形成一个相互促进的良性循环。社会经济及旅游发展的速度能够很好地预示边境旅游的发展潜力（时雨晴等，2014）。

3.2.1.2 广东省县域旅游竞争力评价体系研究

县域旅游是我国区域旅游经济发展的基本单元和重要组成部分。县域旅游是以县域为区域范围，由县域政府及旅游部门、企业等参与，以地方特色旅游资源为依托，以市场为导向，以旅游产品为核心，以向游客提供高质量且完整的旅游体验为目的，集食、住、行、游、购、娱六大要素于一体的经济系统（张河清等，2012）。县域旅游竞争力的核心是旅游产业的竞争力。旅游产业的竞争力表现在旅游产品、旅游企业、旅游服务及旅游功能上，包括自然环境和社会环境；县域旅游竞争力包括现实和潜在的竞争力，是一种动态的竞争力（张河清等，2012）。

张河清等（2012）在界定县域旅游及县域旅游竞争力的基础上，借鉴国内外学者的研究成果，从要素竞争力、市场竞争力、管理竞争力和发展竞争力等方面选取 18 项指标，建立了广东省县域旅游竞争力评价指标体系，客观地评价了广东省 67 个县域旅游竞争力。广东省县域旅游竞争力评价指标体系如表 3-5 所示。

表 3-5　广东省县域旅游竞争力评价指标体系

一级指标	二级指标
要素竞争力	AAA 及以上景区数量（权重：1AAAAA 景区=1 世界遗产=2AAAA 景区=4AAA 景区）； 住宿接待能力； 交通和区位条件； 旅游从业人数
市场竞争力	旅游总收入； 年旅游接待人次； 人均旅游消费； 旅游特色节庆； 各大旅行社组团频次
管理竞争力	政府对旅游支持程度； 旅游投资水平； 环境保护与改善； 旅游人才与培训
发展竞争力	旅游收入占 GDP 比例； 旅游发展规划； 旅游信息化管理； 旅游营销管理
专家评价	德尔菲法测定值

3.2.1.3　《国家全域旅游示范区验收标准（试行）》

2019 年 3 月 1 日，文化和旅游部办公厅印发《国家全域旅游示范区验收、认定和管理实施办法（试行）》和《国家全域旅游示范区验收标准（试行）》，文件指出，国家全域旅游示范区验收指标包含基本项目、创新示范项目和扣分事项三个部分。其中，基本项目分值为 1000，创新示范项目分值为 200，扣分事项分值为 100。

基本项目包括体制机制、政策保障、公共服务、供给体系、秩序与安全、资源与环境、品牌影响 7 类，分值分别为 90、140、230、240、140、100、60，供给体系的分值最高，品牌影响的分值最低。

创新示范项目包括体制机制创新、政策措施创新、业态融合创新、公共服务创新、科技与服务创新、环境保护创新、扶贫富民创新、营销推广创新 8 类，分值分别为 50、30、30、40、20、8、12、10，如表 3-6 所示。

表 3-6　国家全域旅游示范区验收标准指标体系

一级指标		二级指标	
指标	指标描述	指标	分值
体制机制	建立适应全域旅游发展的统筹协调、综合管理、行业自律等体制机制，现代旅游治理能力显著提升	领导体制	20
		协调机制	25
		综合管理机制	20
		统计制度	15
		行业自律机制	10
政策保障	旅游业在地方经济社会发展战略中具有重要地位，旅游规划与相关规划实现有机衔接，全域旅游发展支持政策配套齐全	产业定位	20
		规划编制	20
		多规融合	20
		财政金融支持政策	30
		土地保障政策	30
		人才政策	20
公共服务	旅游公共服务体系健全，各类设施运行有效	外部交通	20
		公路服务区	15
		旅游集散中心	20
		内部交通	30
		停车场	15
		旅游交通服务	20
		旅游标识系统	25
		游客服务中心	25
		旅游厕所	30
		智慧旅游	30
供给体系	旅游供给要素齐全，旅游业态丰富，旅游产品结构合理，旅游功能布局科学	旅游吸引物	50
		旅游餐饮	35
		旅游住宿	35
		旅游娱乐	35
		旅游购物	35
		融合产业	50

续表

一级指标		二级指标	
指标	指标描述	指标	分值
秩序与安全	旅游综合监管体系完善，市场秩序良好，游客满意度高	服务质量	20
		市场管理	25
		投诉处理	20
		文明旅游	20
		旅游志愿者服务	15
		安全制度	12
		风险管控	18
		旅游救援	10
资源与环境	旅游资源环境保护机制完善，实施效果良好。旅游创业就业和旅游扶贫富民取得一定成效，具有发展旅游的良好社会环境	资源环境质量	24
		城乡建设水平	16
		全域环境整治	20
		社会环境优化	40
品牌影响	实施全域旅游整体营销，品牌体系完整、特色鲜明	营销保障	15
		品牌战略	15
		营销机制	10
		营销方式	10
		营销成效	10
创新示范	创新改革力度大，有效解决制约旅游业发展瓶颈，形成较强的示范带动作用	体制机制创新	50
		政策措施创新	30
		业态融合创新	30
		公共服务创新	40
		科技与服务创新	20
		环境保护创新	8
		扶贫富民创新	12
		营销推广创新	10

3.2.2 小结

全域旅游竞争力与迈克尔·波特提出的钻石模型高度契合，可以借鉴该理论框架研究旅游目的地和旅游产业的融合发展，其核心是结合钻石理论，着力培育全域旅游产业集群（杨振之，2016）。上述 3 个旅游竞争力评价指标体系，评价尺度为县域微观尺度，评价指标体系层级均有 2 ~ 3 级，评价指标数据来自各个地区统计和公开发布的数据。其中，共性评价指标包括旅游吸引物、旅游设施、政府政策、环境指标、人力资源、信息化、旅游安全等，特色指标主要有旅游总收入占 GDP 比例、游客满意度、区位条件等。

3.3 指标体系

3.3.1 指标体系框架

全域旅游视角下，县域旅游竞争力评价的尺度是县级行政单位，是微观尺度层级。全域旅游竞争力评价指标体系构建既要借鉴国际上的通行做法，也要兼顾全域旅游的时代特征和数据的可获取性，特别是不同区域数据的可比性。因此，以空间域、产业域、要素域和管理域“四域”特征为架构（张辉和岳燕祥，2016），以全域旅游的全要素、全行业、全过程、全方位、全时空、全社会、全部门和全游客“八全”理念为素材（厉新建等，2016），从全时空、全产业、全要素、全管理和全支持五个方面系统地构建研究区全域旅游竞争力评价指标体系。

对初步设计的全域旅游竞争力评价指标体系进行专家咨询，并根据专家意见对其进行修改和完善。选取文化和旅游部门、科研院校、旅游企业、地方政府等部门的专家各 3 位，通过面对面咨询、电话咨询、邮件咨询等方式，收集专家意见，具体如表 3-7 所示。

表 3-7　专家意见咨询

部门	姓名	单位	主要意见	采纳情况
文化和旅游部门	郑某	福建省文化和旅游厅	增加反映旅游业发展的指标，如旅游收入、入境旅游人次数、12301 国家智慧旅游公共服务平台的投诉数据等	采纳
	何某	永泰县文化体育和旅游局		
	蒋某	闽清县文化体育和旅游局		
科研院校	袁某	福建师范大学	增加反映产业融合的指标，如社会商品零售总额、第三产业增加值等	采纳
	景某	闽江学院		
	陈某	莆田学院		
旅游企业	陈某	福建省旅游发展集团有限公司	增加反映旅游行业发展质量的指标，如旅行社数量、宾馆床位数、旅游景区数量等	采纳
	何某	厦门巨鹏飞旅游开发有限公司		
	邹某	福建省龙岩市冠航旅行社有限公司		

续表

部门	姓名	单位	主要意见	采纳情况
地方政府	吴某	晋江市紫帽镇	增加反映地方旅游特色的指标，如民宿、微信公众号等	采纳
	杨某	闽清县白樟镇		
	郭某	长泰县人民政府		

针对专家意见，对县域全域旅游评价指标体系进行修正，完善后的评价指标体系如表 3-8 所示。

表 3-8　县域全域旅游竞争力评价指标体系

一级指标	二级指标	单位	变量	指标属性	数据来源
全时空	夜光遥感指数	无	X_1	正向	DMSP/OLS 遥感影像
	坡度	(°)	X_2	负向	DEM 遥感影像
全产业	第三产业增加值占 GDP 的比例	%	X_3	正向	省、市、县统计年鉴，国民经济和社会发展统计公报
	人均旅游收入	元	X_5	正向	福建省文化和旅游厅，国民经济和社会发展统计公报
	GDP 增长率	%	X_4	正向	省、市、县统计年鉴，国民经济和社会发展统计公报
全要素	旅游接待能力	%	X_6	正向	福建省文化和旅游厅，省、市、县统计年鉴，国民经济和社会发展统计公报
	公路密度	km/km^2	X_7	正向	省、市、县统计年鉴，国民经济和社会发展统计公报
	旅游景区水平	无	X_8	正向	福建省文化和旅游厅，省、市、县统计年鉴，国民经济和社会发展统计公报
	社会消费品零售总额比例	%	X_9	正向	省、市、县统计年鉴，国民经济和社会发展统计公报
	归一化植被指数	无	X_{10}	正向	Landsat 遥感影像

续表

一级指标	二级指标	单位	变量	指标属性	数据来源
全管理	旅游微信公众号	个	X_{11}	正向	微信公众号平台
	旅游生产安全	人/亿元	X_{12}	负向	省、市、县统计年鉴，国民经济和社会发展统计公报
	旅游服务质量	条/万人	X_{13}	负向	福建省文化和旅游厅
	旅游固定资产投入产出比	%	X_{14}	正向	福建省文化和旅游厅，省、市、县统计年鉴
全支持	一般公共预算人均支出	元	X_{15}	正向	省、市、县统计年鉴，国民经济和社会发展统计公报
	每千人口医疗卫生机构床位数	床	X_{16}	正向	省、市、县统计年鉴，国民经济和社会发展统计公报
	人口密度	人/km^2	X_{17}	正向	省、市、县统计年鉴，国民经济和社会发展统计公报
	每万人口在校学生数	人	X_{18}	正向	省、市、县统计年鉴，国民经济和社会发展统计公报
	人均 GDP	元	X_{19}	正向	省、市、县统计年鉴，国民经济和社会发展统计公报

3.3.2 指标体系释义

3.3.2.1 全时空指标体系

全时段是从时间维度考量全域旅游发展模式，主要指旅游目的地和广大旅游经营企业在一年四季、每天 24h 能为旅游者提供不间断、不停歇的旅游接待服务，不能在任何时段或时点出现旅游服务盲点（刘又堂，2016）。夜间灯光数据能够最大限度地消除人为因素，较好反映旅游目的地夜间旅游活动开展情况（刘华军和杜广杰，2017）。较亮的夜间灯光照明与较高的经济发展水平紧密相关，近年来国内外已有学者开始利用全球夜间灯光数据衡量经济增长（Chen and Nordhaus，2011；Mellander et al.，2013；徐康宁等，2015；Duede and Zhorin，2016）。与 GDP 或居民消费量等指标相比，夜间灯光数据不需要进行缩减，且不仅可以衡量由市场提供的商品和服务，还可以反映非市场提供的商品和服务（如公共物品、家庭劳动）的价值量。因此，采用夜光遥感指数指标，通过夜间灯光指数的强弱，反映区域经济全时段发展水平。

全空间是从空间维度衡量全域旅游发展模式，既包括为旅游者提供立体化的旅游产品与服务，让旅游者能够全方位、多维度欣赏旅游目的地的自然、人文之美，感知不同旅游吸引物的特殊魅力；也包括旅游目的地的一切组织、社区、个体，以及所有设施能为旅游者提供的接待服务，实现服务的多维度、立体化覆盖。因此，采用坡度指标，通过坡面的垂直高度和水平距离的比值，反映地表单元陡缓的程度，也间接反映开展旅游活动的难易程度，可以作为地方发展全域旅游空间使用效率的参照指标。

3.3.2.2 全产业指标体系

各地方发展全域旅游，不是旅游业的孤军奋战，而是在产业融合中共同发展，有些形成了产业之间的交叉，有些形成了产业之间的互相渗透，有些则通过产业之间的聚变反应创造形成了全新的产业。例如，旅游业与农业交叉融合形成的观光休闲农业，文化业与旅游业渗透融合形成的主题文化酒店，旅游业与食品饮料行业中的酿酒业聚变融合形成的观光工厂等。

因此，全产业是从旅游产业链方面来评价全域旅游发展模式。发展全域旅游不能单纯依靠旅游业来完成，需要实现“旅游业+第一产业”“旅游业+第二产业”“旅游业+第三产业”的相互交叉和充分整合，不断延伸和拓展旅游产业链，有效发挥各部门、各行业、各产业的综合协调作用，推动旅游业与区域经济发展的深度融合。旅游业是第三产业的重要组成部分，采用第三产业增加值占 GDP 的比例指标，通过描述第三产业增加值占 GDP 的比例，反映旅游经济在地方国民经济中的比例；采用 GDP 增长率指标，通过 GDP 增长速度，间接反映地方旅游业、社会经济的发展水平；采用人均旅游收入指标，通过地方旅游收入的人均指标，直接反映地方旅游业的发展水平。

3.3.2.3 全要素指标体系

全要素就是将整个旅游目的地作为发展全域旅游的吸引物。全域旅游时代，依附于旅游目的地的一切可以利用的资源都有可能成为吸引游客前来旅游的吸引物。因此，有必要拓展旅游吸引物的范围，全面挖掘自然旅游资源、人文旅游资源和社会旅游资源，跳出景区看景区、跳出旅游看旅游，跳出旅游目的地看旅游目的地。只要对游客有吸引力，无论是物化的元素（如旅游文化遗存）还是非物化的元素（如旅游目的地的氛围），都应该成为全域旅游发展的吸引物。同时，需要高度重视资源的利用方式，因为资源的价值不仅仅取决于资源本身的品位，更取决于采取什么方式来利用资源。采用旅游景区水平衡量旅游吸引物的数量和质量水平，选取旅游景区中的A级景区、乡村旅游点、自然或非物质文化遗产、地质公园、森林公园、水利风景区、观光工厂、文物保护单位、风景名胜区、自然保护区十类景区（点）作为地方发展全域旅游吸引物的代表。

在全要素理念中，发展思路需要从强调景观要素的震撼力转向景观要素与环境要素并重。国外的旅游目的地、旅游城市未必拥有更高质量的景观，旅游设施也未必更豪华，但其往往拥有比中国绝大多数旅游目的地更高的生态环境质量（包括空气质量和休闲环境）。随着休闲度假时代的到来，旅游目的地生态环境质量的重要性日益突显。因此，采用归一化植被指数指标，通过地表植被覆盖率，反映旅游目的地生态环境质量。

此外，在食、住、行、购、娱等方面，社会消费品零售总额比例是批发和零售业、住宿和餐饮业，以及其他行业直接售给城乡居民和社会集团的消费品零售额占GDP的比例，可以反映旅游食、住、购、娱等要素的发展水平。公路密度通过每平方千米公路里程长短，反映地方发展旅游业的交通便利程度。旅游接待能力通过民宿数量、旅行社数量、饭店床位数等服务设施数量，反映地方旅游业接待设施水平。

3.3.2.4 全管理指标体系

全管理是旅游目的地发展全域旅游需要目的地各部门积极参与各项旅游开发、建设和管理活动，从而在推动旅游业发展的同时，也可以拓展协作部门的价值。例如，税务部门在积极支持旅游业发展的同时，可以通过旅游业的发展强化税基，从而凸显本部门在地方经济发展中的重要作用。

此外，全管理要求每个部门都承担发展全域旅游的指标任务，需要从制度上规定各个部门在旅游目的地开发建设中的义务、在旅游目的地营销中的角色分工，尤其是要对各个部门在全域旅游战略理念推广、全域旅游市场推广中的角色和义务作出明确规定，各地方政府要形成全域旅游推广的规范性文本，以便各部门在对外联络推广时统一口径，形成统一的旅游目的地形象。旅游微信公众号等设施的水平，可以反映县域旅游智慧化程度。旅游生产安全指标通过每亿元GDP生产死亡的人数，反映旅游生产安全水平。旅游固定资产投入产出比指标是固定资产投资额与旅游总收入的比值，可以反映全域旅游管理的成效。旅游服务质量指标通过12301国家智慧旅游公共服务平台、全国12315平台等平台的投诉数量，反映县域发展全域旅游的社会环境氛围。

3.3.2.5 全支持指标体系

全支持是吸引旅游目的地最广泛的利益相关者参与全域旅游的服务和经营。

例如，吸引旅游目的地最广大的群众参与全域旅游发展，使最广大的群众都能从参与全域旅游发展中获得利益，同时通过最广大群众的积极参与，提升旅游目的地的好客度，全面满足游客的旅游体验，提高游客的满意度；吸引最广泛的投资者参与全域旅游的服务和经营，使旅游目的地能够最广泛地汇聚投资能力，形成快速的需求响应能力和多样化的供给能力，从而最大限度地消化市场需求，将市场需求转变为实实在在的旅游收入。因此，采用一般公共预算人均支出指标，描述财政用于公共事务的人均支出，反映县域用于发展全域旅游的基础配套设施的水平。采用每千人口医疗卫生机构床位数指标，通过医疗服务机构的设施水平，反映县域发展全域旅游的医疗保障水平。采用人口密度指标，通过常住人口数与县域土地面积的比值，反映县域参与旅游业的人力资源水平。采用每万人口在校学生数指标，通过普通教育在校学生占常住人口的比例，反映县域发展全域旅游的人力资源教育水平。采用人均 GDP 指标，通过地区经济发展水平的人均指标，反映县域发展全域旅游的人民生活水平和购买力。

3.3.3 指标效度分析

3.3.3.1 数据收集

县域全域旅游竞争力评价指标体系数据来自四个方面：①从遥感影像获取福建省夜光遥感指数数据、福建省坡度数据和归一化植被指数数据；②从《福建统计年鉴（2019）》、福建省各县市统计年鉴和国民经济和社会发展统计公报获取 GDP、公路里程数、在校学生数等统计数据；③从福建省文化和旅游厅获取各县市旅游收入、住宿设施等非公开统计数据；④从微信公众平台、国家企业信用信息公示系统获得福建省民宿、旅行社等的存续状态数据。

3.3.3.2 数据处理

（1）数据标准化

对原始评价矩阵进行标准化处理，采用区间标准化方法（林明水等，2018a），分别将正、负向指标数据转化为［0，10］的数值，如式（3-1）和式（3-2）所示。

$$T_i=\frac{Z_i-Z_{\min}}{Z_{\max}-Z_{\min}}\times 10 \tag{3-1}$$

$$T_i=\frac{Z_{\max}-Z_i}{Z_{\max}-Z_{\min}}\times 10 \tag{3-2}$$

式中，T_i为第 i 个县（市、区）竞争力评价指标的标准化值，变化范围为 0～10；Z_i为第 i 个县（市、区）竞争力评价指标的实际值；$Z_{\max}$为县（市、区）竞争力评价指标的最大值；Z_{min}为县（市、区）竞争力评价指标的最小值。

（2）效度分析

指标效度分析用于反映全域旅游竞争力评价指标是否合理和有意义。效度分析采用因子分析方法，分别通过 KMO 值、共同度、方差解释率、因子载荷系数等指标进行综合分析，以验证数据的效度水平。KMO 值用于判断是否有效度，共同度用于排除不合理研究项，方差解释率用于说明信息提取水平，因子载荷系数用于衡量因子维度和题项对应关系（吴明隆，2010）。

采用 SPSS 软件对福建省县域全域旅游竞争力评价指标数据进行效度分析，分析结果如图 3-2 所示，全域旅游竞争力指标体系提取前 6 个因子。

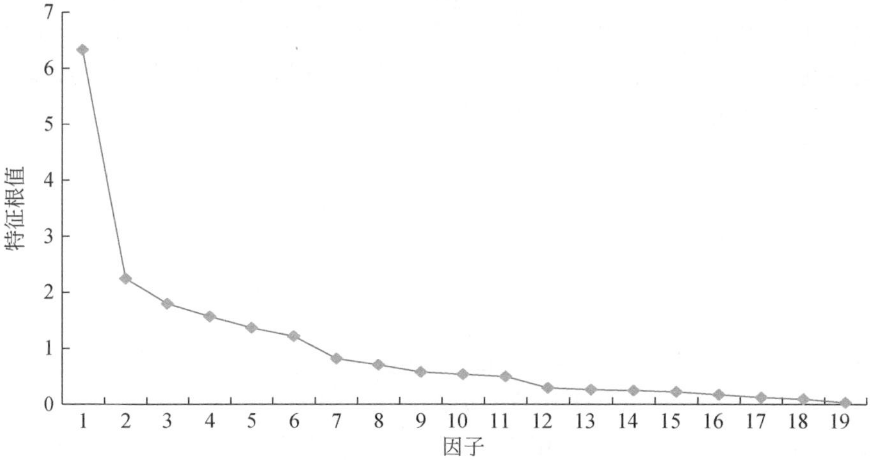

图 3-2　因子分析碎石图

因子分析显示，旋转后 6 个因子的方差解释率分别是 20.296%、19.837%、10.542%、10.518%、8.545%、6.513%，旋转后 6 个因子的累积方差解释率为 76.251%，大于 50%，显示所有指标的信息量可以有效地提取出来，所有的指标均为有效指标。

全域旅游竞争力评价指标项对应的共同度均高于 0.4，说明指标信息可以被有效地提取出来；KMO 值为 0.732，大于 0.6，意味着全域旅游竞争力评价指标体系和数据具有有效度，具体如表 3-9 所示。

表 3-9　因子分析结果

变量	因子载荷系数						共同度
	因子 1	因子 2	因子 3	因子 4	因子 5	因子 6	
X_1	0.759	0.505	0.191	0.134	−0.153	−0.118	0.923

续表

变量	因子载荷系数						共同度
	因子 1	因子 2	因子 3	因子 4	因子 5	因子 6	
X_2	-0. 863	-0. 131	-0. 257	-0. 013	-0. 15	-0. 057	0. 854
X_3	0. 352	0. 682	-0. 080	0. 333	-0. 030	-0. 069	0. 712
X_4	0. 056	-0. 114	0. 837	0. 029	0. 065	-0. 088	0. 729
X_5	0. 301	0. 126	0. 183	0. 199	0. 632	-0. 314	0. 677
X_6	0. 107	0. 887	0. 161	0. 001	0. 242	-0. 001	0. 882
X_7	0. 793	-0. 044	0. 153	0. 148	0. 297	0. 115	0. 778
X_8	-0. 089	0. 516	0. 059	0. 257	0. 557	0. 390	0. 806
X_9	0. 485	0. 223	-0. 166	0. 634	-0. 112	0. 008	0. 727
X_{10}	-0. 885	-0. 166	-0. 191	0. 020	-0. 085	0. 033	0. 856
X_{11}	0. 101	-0. 031	-0. 221	-0. 394	0. 702	-0. 024	0. 708
X_{12}	-0. 229	-0. 185	-0. 615	-0. 058	-0. 031	0. 041	0. 471
X_{13}	0. 250	0. 804	0. 154	-0. 074	-0. 142	-0. 209	0. 801
X_{14}	0. 037	0. 906	0. 005	0. 009	0. 105	0. 040	0. 835
X_{15}	-0. 169	-0. 067	-0. 153	-0. 679	-0. 292	0. 161	0. 628
X_{16}	-0. 049	-0. 018	0. 035	0. 799	-0. 147	0. 094	0. 673
X_{17}	0. 646	0. 564	0. 095	0. 275	-0. 19	-0. 156	0. 880
X_{18}	0. 057	-0. 112	-0. 010	-0. 016	-0. 089	0. 904	0. 841
X_{19}	0. 272	0. 186	0. 747	0. 008	-0. 147	0. 138	0. 708
特征根值（旋转前）	6. 332	2. 242	1. 793	1. 560	1. 356	1. 205	—
方差解释率（旋转前）/%	33. 325	11. 801	9. 435	8. 210	7. 137	6. 343	—
累积方差解释率（旋转前）/%	33. 325	45. 126	54. 561	62. 771	69. 908	76. 251	—
特征根值（旋转后）	3. 856	3. 769	2. 003	1. 999	1. 624	1. 237	—
方差解释率（旋转后）/%	20. 296	19. 837	10. 542	10. 518	8. 545	6. 513	—
累积方差解释率（旋转后）/%	20. 296	40. 133	50. 675	61. 193	69. 738	76. 251	—

续表

变量	因子载荷系数						共同度
	因子1	因子2	因子3	因子4	因子5	因子6	
KMO值	0.732						—
巴特利特球形值	1032.958						—
df	171						—
p值	0						—

结合因子载荷系数，确认因子和旅游竞争力一级指标体系的对应关系。因子6只有X_{18}（每万人口在校学生数）一个指标，可以考虑合并到合其他5个因子中。因此，县域全域旅游竞争力评价指标体系符合全时空、全要素、全产业、全管理、全支持五个因子的指标预期。

3.3.4 小结

在县域全域旅游竞争力评价指标体系构建方面，一级指标在选择上基于旅游系统的框架模型，既吸收了钻石模型等经典指标体系，又符合中国国家全域旅游示范区创建细则、县域自然基底和人文特色，从全时空、全产业、全要素、全管理、全支持五个方面构建指标体系。二级指标在选择方面，既参考国内外旅游竞争力评价指标体系的共同指标，如旅游吸引物、旅游设施、政府政策、环境指标、人力资源、信息化、旅游安全等，又与时俱进地采用最新研究成果推荐的指标，如夜光遥感指数、旅游微信公众号等。在数据获取的途径和可靠性方面，县域全域旅游竞争力评价指标体系既有国家和地区权威部门的公开统计数据，又尽可能采用客观第三方参考数据，如坡度、归一化植被指数等。在指标效度方面，通过因子分析，县域全域旅游竞争力评价指标体系通过KMO值、共同度、方差解释率、因子载荷系数等指标效度检验，因子分析符合全时空、全产业、全要素、全管理、全支持五个维度的预期，显示全域旅游竞争力评价指标体系整体有较好的效度。因此，本书构建县域全域旅游竞争力评价指标体系既体现了县域旅游系统的“全”要素理念，又突显了“域”时空的特征，具有夯实的理论与实践基础。

4 全时空竞争力评价

4.1 夜光遥感指数竞争力评价

4.1.1 指标释义

4.1.1.1 概念

当夜间天空无云时，遥感卫星能够捕捉到城镇灯光、渔船灯光、火点等可见光辐射源，这些夜间无云条件下获取的地球可见光的影像即夜光遥感影像（李德仁和李熙，2015）。

4.1.1.2 作用

(1) 最大限度消除人为因素对统计数据的影响

相较于 GDP 统计数据，夜间灯光数据能最大限度消除人为因素，成为现行经济发展统计指标比较好的替代指标（徐康宁等，2015）。较亮的夜间灯光照明与较高的 GDP 紧密相连，近年来国内外已有学者开始利用全球夜间灯光数据衡量经济增长（Thomas et al.，2012）。与地区 GDP 或居民消费量等指标相比，夜间灯光数据不需要进行缩减，且不仅可以衡量由市场提供的商品和服务，非市场提供的商品和服务（如公共物品、家庭劳动）的价值量也会反映在夜间灯光数据之中。夜间灯光数据无疑提供了不受人为干扰且更真实反映经济运行状况的参考依据，为审视区域旅游业发展现状提供了新的视角（范长煜等，2016）。

(2) 反映区域社会经济发展长期状况

从地球上空观测夜间的地球，可以发现人类聚居区和经济带发出的夺目光芒。与日间遥感不同，夜光遥感对于反映人类社会活动具有独特的能力，因此被广泛应用于社会经济领域的空间数据挖掘（潘思东，2017）。

社会经济参数对于政府决策、科学研究具有重要价值，受传统统计调查方式的局限，获取的社会经济参数往往存在误差较大、缺乏空间信息等缺点。夜光遥感影像和人类活动存在较高的相关性，且具备时空连续、独立客观等优势，因此夜光遥感影像能够为GDP、人口、电力消费、温室气体排放、贫困指数、基尼系数等社会经济参数的估算提供重要依据（宋善海等，2019）。

此外，夜光遥感影像不受物价水平的影响，尤其适用于观察较长时间内不同地区的社会经济活动。

4.1.1.3 背景

随着社会经济的飞速发展，一方面，人类活动逐渐摆脱了太阳光的限制，夜间照明设施逐渐普及，夜间经济正在如火如荼地发展；另一方面，测绘科学技术日益成熟，人类可以通过遥感卫星从太空观测人类活动的轨迹，从而更好地协调人类活动与自然生态的关系（刘华军和杜广杰，2017）。

夜光遥感起源于20世纪70年代的美国国防气象卫星计划（Defense Meteorological Satellite Program，DMSP）意外捕捉到无云情况下的夜间城镇等发光的社会经济活动现象。此后，学者研究发现，夜光遥感影像不仅可以反映夜间城镇灯光，还可以捕捉夜间渔船、天然气燃烧、森林火灾等发光现象。因此，夜光遥感被广泛地应用于社会经济参数估算、区域发展研究、重大事件评估、渔业监测等诸多研究领域（李德仁和李熙，2015）。

4.1.2 数据来源与研究方法

4.1.2.1 数据来源

本书使用美国国家海洋和大气管理局（National Oceanic and Atmospheric Administration，NOAA）提供的国防气象卫星计划的运行线扫描系统（operationl linescan system，OLS）生成的2017年夜间灯光数据。主要原因如下。

第一，数据来源可靠。NOAA发布的全球夜间灯光数据受到学界的广泛关注（白彩全等，2017）。该数据来自美国空军气象卫星搭载的OLS传感器从外太空观察到的地球不同地区在夜间的灯光亮度（消除了云、月光及火光等偶然因素影响）。OLS传感器在夜间工作，避免了太阳光辐射地表后的反射光与光线阴影的干扰，比较适合人类夜间活动的监测。

第二，可以免费获取。DMSP/OLS夜间灯光数据面向全球开放下载，获取比较容易。

第三，数据时间连续。NOAA已对外公布了1992~2017年夜间灯光数据，包括三种年平均数据：平均可见光数据、稳定灯光数据、能观察的无云次数。其中，稳定灯光数据去除了极光、野火等不稳定光源，以及月光、云的干扰。因此，最后的数据值为无云图幅稳定光的年均灯光灰度值（digital number，DN），为人类活动的探测提供了独特的研究视角。

参照国内外夜光遥感指数竞争力评价研究的相关标准（Wu et al.，2013；Wu et al.，2016；谢亚欣等，2019），并根据国家全域旅游示范区验收认定的相关条件，按照自然断点的方法将研究样本的夜光遥感指数竞争力划分为强、中、弱3个等级，具体如表4-1所示。

表4-1 夜光遥感指数竞争力分级标准

竞争力	等级	夜光遥感指数竞争力特征
强	Ⅰ（29.23，52.38）	夜间经济活跃，夜间旅游活动开展较好
中	Ⅱ（8.90，29.22）	夜间经济一般，夜间旅游活动开展一般
弱	Ⅲ（0.31～8.89）	夜间经济较不活跃，夜间旅游活动开展较差

4.1.2.2 研究方法

（1）ArcGIS 空间分析

1）专题地图

一个国家或地区的灯光亮度是其区域内部所有栅格灯光亮度的总和，其中每一个栅格表示30″（30″经纬格网）。该数据的DN值范围为0～63，当一个栅格的DN值达到63时，将无法继续增加。这一问题使得灯光数据出现截断，并且这一现象在发达国家还比较常见。但是有研究表明，中国目前还没有DN值取值上限的问题（李德仁和李熙，2015）。利用ArcGIS 10.3软件，制作福建省县域夜光遥感指数专题地图，通过色彩分级显示县域夜光遥感指数值高低（图4-1）。

2）冷热点分析

利用冷热点分析工具识别县域夜光遥感指数的高值（热点）和低值（冷点）的空间聚类。通过分析，得到具有显著统计学意义的正 z 得分，z 得分越高，高值（热点）的聚类就越紧密；对于统计学上的显著性负 z 得分，z 得分越低，低值（冷点）的聚类就越紧密。

（2）变异系数

变异系数又称“标准差率”，是标准偏差与平均值的比值，是衡量指标中各观测值变异程度的一个统计量。变异系数公式表示为

$$\text{C. V.} = (\text{SD} \div \text{MN}) \times 100\% \tag{4-1}$$

式中，C. V. 为变异系数；SD为标准偏差；MN为平均值。

一般来说，夜光遥感指数平均值越高，衡量其变异程度的变异系数越大，反之越小。

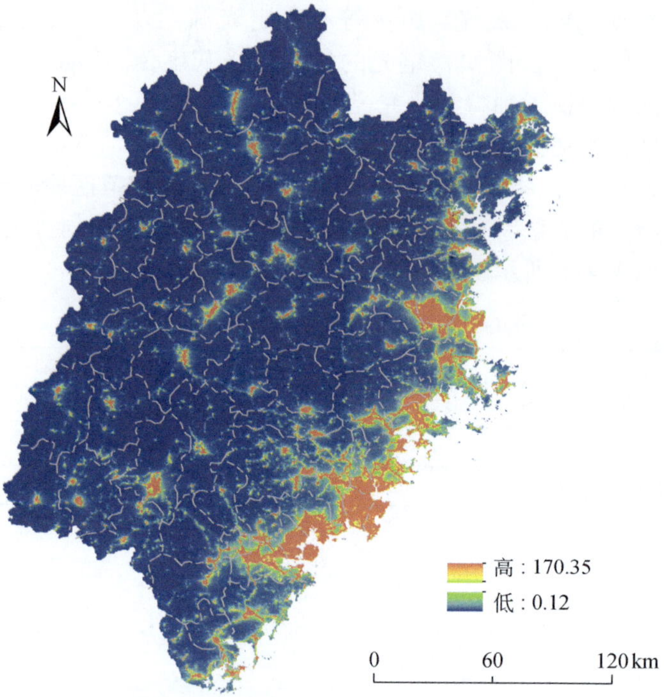

图 4-1　2017 年福建省县域夜光遥感影像

该图基于国家测绘地理信息局标准地图服务网站下载的审图号为 GS（2016）2923 号的标准地图制作，底图无修改，下同

4.1.3　研究结果

4.1.3.1　总体特征

2018 年，福建省夜光遥感指数竞争力总体处于较弱水平，如表 4-2 所示。各市（区）夜光遥感指数竞争力排名依次是厦门市>平潭综合实验区>泉州市>莆田市>福州市>漳州市>宁德市>龙岩市>三明市>南平市。福建省夜光遥感指数为 1.42，宁德市、龙岩市、三明市、南平市夜光遥感指数低于福建省夜光遥感指数，其余市（区）夜光遥感指数均高于福建省夜光遥感指数。

表 4-2　福建省各地区夜光遥感指数统计

地区	夜光遥感指数	竞争力排序
福州市	2.82	5
厦门市	13.62	1

续表

地区	夜光遥感指数	竞争力排序
宁德市	0. 89	7
莆田市	3. 46	4
泉州市	3. 49	3
漳州市	1. 78	6
龙岩市	0. 62	8
三明市	0. 49	9
南平市	0. 47	10
平潭综合实验区	3. 99	2
福建省	1. 42	

福建省夜光遥感指数超过全省平均值的县域有 38 个，所占比例为 45. 24%，其余 46 个县域低于全省平均值。夜光遥感指数竞争力排名前 10 位的县域依次是湖里区、台江区、鼓楼区、思明区、仓山区、石狮市、鲤城区、丰泽区、海沧区、集美区；县域夜光遥感指数竞争力排名后 10 位的县域是武平县、建宁县、将乐县、泰宁县、宁化县、政和县、光泽县、明溪县、清流县、浦城县，具体如表 4-3 所示。

表 4-3　福建省县域夜光遥感指数竞争力统计

序号	市（区）	县（市、区）	夜光遥感指数	竞争力排序	序号	市（区）	县（市、区）	夜光遥感指数	竞争力排序
1	福州市	鼓楼区	35. 38	3	14	厦门市	思明区	34. 88	4
2		台江区	49. 14	2	15		海沧区	19. 63	9
3		仓山区	29. 23	5	16		湖里区	52. 37	1
4		马尾区	7. 08	16	17		集美区	17. 53	10
5		晋安区	4. 49	24	18		同安区	5. 80	20
6		长乐区	7. 49	15	19		翔安区	12. 45	13
7		福清市	3. 21	29	20	宁德市	蕉城区	1. 93	36
8		闽侯县	2. 24	33	21		福安市	1. 01	45
9		连江县	2. 40	31	22		福鼎市	1. 62	38
10		罗源县	1. 19	42	23		霞浦县	0. 79	49
11		闽清县	0. 76	50	24		古田县	0. 56	62
12		永泰县	0. 49	64	25		屏南县	0. 41	73
13	平潭综合实验区		3. 99	25	26		寿宁县	0. 42	71

续表

序号	市（区）	县（市、区）	夜光遥感指数	竞争力排序	序号	市（区）	县（市、区）	夜光遥感指数	竞争力排序
27	宁德市	周宁县	0.60	59	56	龙岩市	新罗区	1.24	40
28		柘荣县	0.65	55	57		永定区	0.66	53
29	莆田市	城厢区	3.78	26	58		漳平市	0.46	65
30		涵江区	3.31	28	59		长汀县	0.41	72
31		荔城区	8.90	14	60		上杭县	0.75	51
32		秀屿区	5.44	22	61		武平县	0.39	75
33		仙游县	2.11	35	62		连城县	0.46	66
34	泉州市	鲤城区	22.08	7	63	三明市	梅列区	2.27	32
35		丰泽区	21.87	8	64		三元区	0.93	46
36		洛江区	2.75	30	65		永安市	0.57	61
37		泉港区	6.78	17	66		明溪县	0.34	82
38		石狮市	25.13	6	67		清流县	0.33	83
39		晋江市	15.71	11	68		宁化县	0.36	79
40		南安市	3.34	27	69		大田县	0.49	63
41		惠安县	6.31	18	70		尤溪县	0.42	69
42		安溪县	1.24	41	71		沙县	0.83	47
43		永春县	1.10	44	72		将乐县	0.37	77
44		德化县	0.70	52	73		泰宁县	0.37	78
45		芗城区	5.87	19	74		建宁县	0.38	76
46		龙文区	13.98	12	75	南平市	延平区	0.66	54
47		龙海市	4.55	23	76		建阳区	0.58	60
48		云霄县	1.41	39	77		邵武市	0.44	67
49		漳浦县	1.90	37	78		武夷山市	0.62	57
50		诏安县	1.14	43	79		建瓯市	0.42	70
51		长泰县	2.20	34	80		顺昌县	0.44	68
52		东山县	5.66	21	81		浦城县	0.31	84
53		南靖县	0.80	48	82		光泽县	0.36	81
54		平和县	0.61	58	83		松溪县	0.40	74
55		华安县	0.63	56	84		政和县	0.36	80

4.1.3.2 分类型特征

(1) 分等级特征

福建省夜光遥感指数竞争力为强的县域有5个，所占比例为5.95%，主要分布在福州市和厦门市。夜光遥感指数竞争力中等的县域有9个，所占比例为10.72%，主要分布在泉州市、厦门市、莆田市和漳州市；夜光遥感指数竞争力为弱的县域有70个，所占比例为83.33%，在各个市（区）均有分布，如图4-2所示。

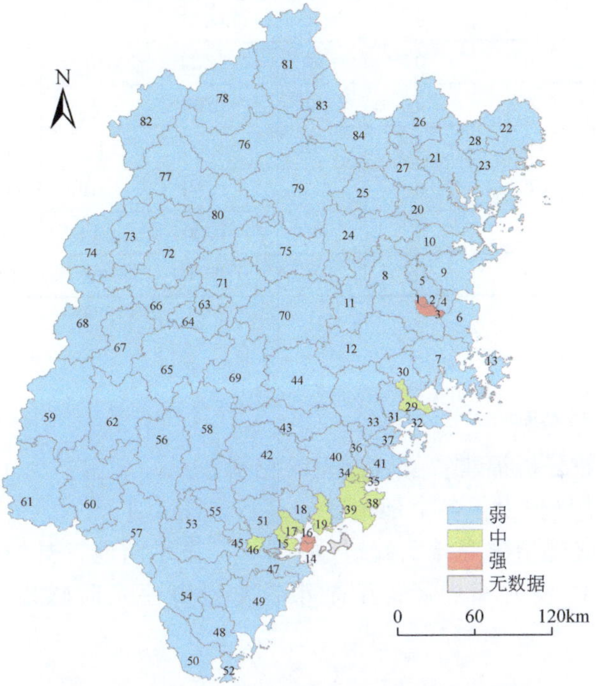

图4-2　福建省县域夜光遥感指数竞争力分布

图中编号对应的县（市、区）见表4-3，下同

(2) 分地区特征

平潭综合实验区、宁德市、龙岩市、三明市、南平市夜光遥感指数竞争力在各县域夜光遥感指数竞争力中处于弱水平。泉州市63.64%县域、福州市75%县域、莆田市80%县域、漳州市90.91%县域的夜光遥感指数竞争力为弱。厦门市仅有16.67%县域的夜光遥感指数竞争力为弱，显示厦门市发展县域夜间经济的条件最好。此外，福建省内陆地区县域夜光遥感指数竞争力均为弱水平，沿海地区部分县域夜光遥感指数竞争力为较高水平，发展县域旅游夜间经济的条件较

好，如表4-4所示。

表4-4　福建省县域夜光遥感指数分地区统计

市（区）	强		中		弱		合计/个
	数量/个	比例/%	数量/个	比例/%	数量/个	比例/%	
福州市	3	60	0	0.00	9	12.86	12
厦门市	2	40	3	33.33	1	1.43	6
宁德市	0	0	0	0.00	9	12.86	9
莆田市	0	0	1	11.11	4	5.71	5
泉州市	0	0	4	44.45	7	10.00	11
漳州市	0	0	1	11.11	10	14.28	11
龙岩市	0	0	0	0.00	7	10.00	7
三明市	0	0	0	0.00	12	17.14	12
南平市	0	0	0	0.00	10	14.29	10
平潭综合实验区	0	0	0	0.00	1	1.43	1
合计	5	100	9	100.00	70	100.00	84

4.1.3.3　区域差异分析

（1）变异系数分析

运用变异系数分析福建省县域夜光遥感指数，标准偏差为10.50，变异系数为182%，总体差异较大，各个地市变异系数如图4-3所示。分地市分析，福州市和漳州市夜光遥感指数变异系数超过100%，显示两地各县域的夜光遥感指数的差异较大，总体较为不均衡；南平市、龙岩市夜光遥感指数变异系数低于

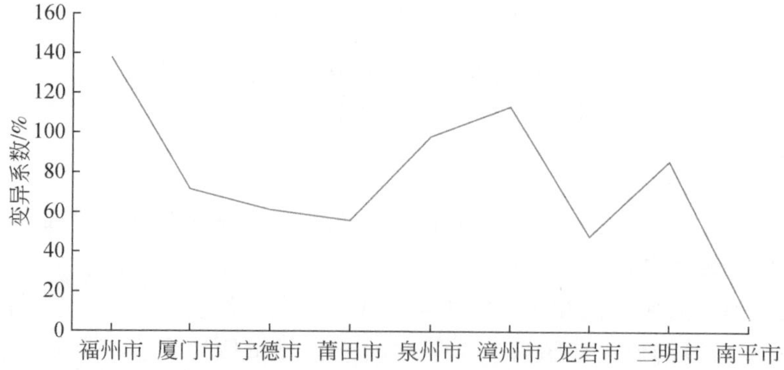

图4-3　福建省各地市夜光遥感指数变异系数

50%，显示这些地市各县域的夜光遥感指数的变异程度较小，总体较为均衡。

(2) 冷热点分析

运用 ArcGIS10.3 软件对福建省县域夜光遥感指数进行冷热点分析，在福州市和厦门市-漳州市-泉州市形成2个热点区域，如图4-4所示。福州市的热点区域包括福清市；厦门市-漳州市-泉州市的热点区域以厦门市各区为核心，南翼包括漳州市下辖的龙海市，北翼包括泉州市下辖的晋江市、惠安县、泉港区，其涵盖面积大、涉及县级单位多，是福建省县域夜光遥感指数主热点区域。

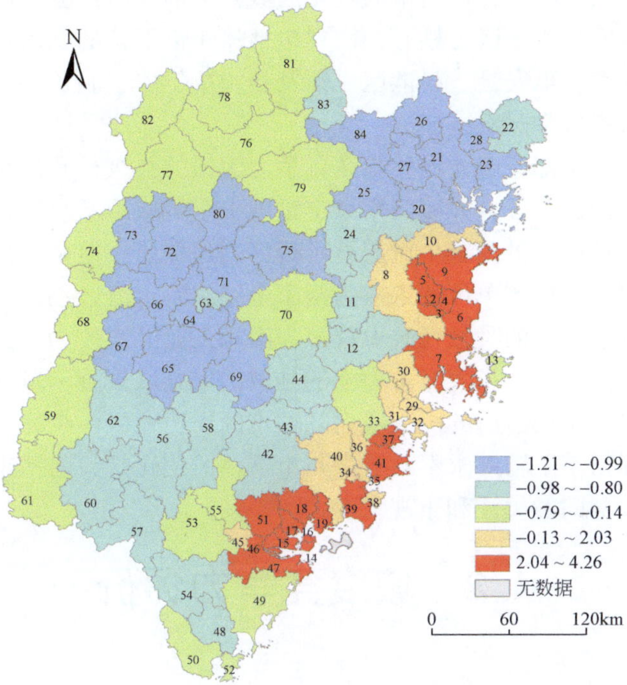

图4-4 福建省县域夜光遥感指数冷热点

4.1.3.4 小结

第一，福建省夜光遥感指数竞争力总体处于较弱水平。宁德市、龙岩市、三明市、南平市夜光遥感指数低于福建省夜光遥感指数，其余市（区）夜光遥感指数均高于福建省夜光遥感指数。福建省夜光遥感指数超过县域夜光遥感指数平均值的县域有20个，所占比例为23.81%，其余64个县域夜光遥感指数低于县域夜光遥感指数平均值。

第二，福建省县域夜光遥感指数竞争力处于较弱水平。夜光遥感指数竞争力为强的县域仅有5个，所占比例为5.95%，分布在福州市和厦门市；83.33%县域的夜光遥感指数竞争力处于弱水平，内陆地区无夜光遥感指数竞争力为强的县域；沿海地区部分县域夜光遥感指数竞争力为强，发展全域旅游夜间经济的条件较好。

第三，福建省县域夜光遥感指数的区域差异比较显著。福州市和漳州市的夜光遥感指数变异系数超过 100%，显示两市各县域的夜光遥感指数的差异较大，总体较为不均衡；南平市、龙岩市的夜光遥感指数变异系数低于 50%，显示两市各县域的夜光遥感指数的差异较小，总体较为均衡。

第四，福建省县域夜光遥感指数的集聚明显。在福州市和厦门市–漳州市–泉州市形成 2 个热点区域，福州市的热点区域包括福清市；厦门市–漳州市–泉州市的热点区域以厦门市各区为核心，南翼包括漳州市下辖的龙海市，北翼包括泉州市下辖的晋江市、惠安县、泉港区，涉及县级单位多、涵盖面积较大，是福建省县域夜光遥感指数主热点区域。

第五，福建省小部分夜光遥感指数竞争力为强的县级行政单位已经成为国家全域旅游示范区创建单位，如厦门市全市是国家全域旅游示范区创建单位，漳州市下辖的东山县是第一批国家全域旅游示范区创建单位；但是大部分夜光遥感指数竞争力为强的县级行政单位并未成为国家全域旅游示范区创建单位，因为这些夜光遥感指数竞争力强的县级行政单位多为沿海工业经济较为发达的地区，旅游业较弱。而其他夜光遥感指数竞争力强的县域国家全域旅游示范区多是旅游资源依托型地区，多分布在沿海的山区或内陆城市的周边地区，夜光遥感指数竞争力相对较弱，如福州市下辖的永泰县、泉州市下辖的德化县、南平市下辖的武夷山市等，需要相关部门的关注和重视。

4.2 坡度竞争力评价

4.2.1 指标释义

4.2.1.1 概念

坡度是指坡面的垂直高度和水平距离的比值，是过地表一点的切平面与水平面的夹角，用于描述地球表面在该点的倾斜程度（刘学军等，2004）。

4.2.1.2 作用

坡度反映单元地表陡缓的程度，影响地表物质流动与能量转换的规模与强度，制约生产力空间布局（汤国安和宋佳，2006），坡度及其对应的地形如表 4-5 所示。

表 4-5 坡度的地理意义

坡度指标	地形表现
<3°	平坦平原、盆地中央部分、宽浅谷地底部、台面
3°~5°	山前地带、山前倾斜平原、冲积扇、洪积扇、浅丘、岗地、台地、谷地等
5°~15°	山麓地带、盆地周围、丘陵
15°~25°	200~1500m 的山地
25°~30°	海拔大于 1000m 的山地坡面上部（接近山顶部分）
30°~45°	海拔大于 1500m 的山地坡面上部
≥45°	地理意义的垂直面

(1) 坡度影响道路纵坡的设计

山体道路中纵坡设计通常考虑通过车辆的类型和爬坡能力，山体坡度越大，建设道路的成本越高，越不适合建设道路（李发明和王婷婷，2016）。

(2) 坡度影响旅游产品设计

坡度是影响地类空间分异的主要因素，是影响土地利用空间格局的主要地形因子。在整个旅游用地体系中，林草地的坡度主要分布在 5°~35°，且随坡度增大，林草地面积所占比例先升高后降低，最大值出现在 8°~15°的坡度范围；水域和建设用地的坡度集中分布在 25°以下，且随坡度增大，水域和建设用地面积所占比例逐步下降（马晓龙和金远亮，2016）。

4.2.1.3 分级

坡度是影响项目选址的极其重要的因子，一方面，坡度影响工程建设的费用和施工难度；另一方面，坡度越大水土流失的可能性越大，也就越容易引起崩塌、侵蚀、径流量增加等一系列不良后果（林森等，2013）。

坡度分级有百分比法和度数法两种方法（汤国安等，2010）。

(1) 百分比法

两点的高程差与其水平距离的百分比是表示坡度最为常用的方法，其计算公式为：坡度=（高程差÷水平距离）×100%。

根据建筑坡度分级，坡地分为 6 种类型：平坡地（3%以下）、缓坡地（3%~10%）、中坡地（10%~25%）、陡坡地（25%~50%）、急坡地（50%~100%）、悬崖坡地（100%及以上）（林森等，2013）。

(2) 度数法

用度数表示坡度，利用反三角函数计算坡度，计算公式为

$$\tan\alpha = \text{高程差} \div \text{水平距离} \tag{4-2}$$

式中，α 为坡度。

6 种坡地类型及其坡度分别为平坡地（1.7°以下）、缓坡地（1.7°~5.7°）、中坡地（5.7°~14°）、陡坡地（14°~27°）、急坡地（27°~90°）、悬崖坡地（90°及以上）。

坡度等级与区域特征的关系：坡度为 0°~14°的区域最适宜建造；坡度为 14°~27°的区域可经改造成为适宜建造。此外，应国家退耕还林要求，25°以上陡坡禁止开垦，因此坡度为 25°~90°的区域不适宜建造（林森等，2013）。

4.2.2 数据来源与研究方法

4.2.2.1 数据来源

在地理信息系统中，坡度和坡向一般在数字高程模型上通过一定的计算模型计算得到（刘学军等，2004）。本书基于福建省 DEM 地形数据，利用 ArcGIS 10.3 软件，提取福建省各县域平均坡度作为县域坡度（图 4-5）。

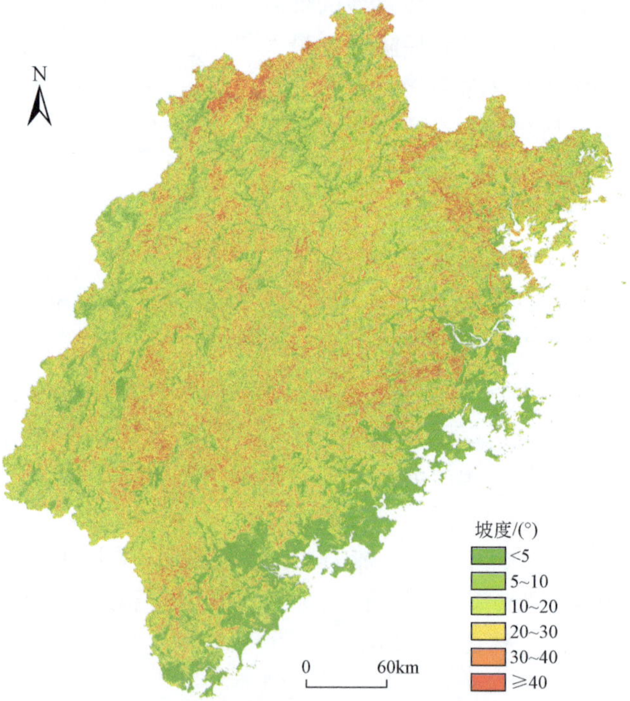

图 4-5　福建省县域坡度遥感影像

参照国内外坡度竞争力评价研究的相关标准，并根据国家全域旅游示范区验收认定的相关条件，按照自然断点的方式将研究样本的坡度竞争力划分为强、中、弱3个等级，如表4-6所示。

表4-6 坡度竞争力分级标准

竞争力	等级	坡度竞争力特征
强	Ⅰ（0°～9.89°）	县域坡度整体较缓，地形起伏不大，绝大部分空间适合开展旅游
中	Ⅱ（9.90°～17.20°）	县域坡度整体中等，地形有些起伏，大部分空间适合开展旅游
弱	Ⅲ（17.21°～21.22°）	县域坡度整体较陡，地形起伏，部分空间适合开展旅游

4.2.2.2 研究方法

（1）ArcGIS空间分析

1）专题地图

利用ArcGIS10.3软件，制作福建省县域坡度专题地图，通过色彩分级显示出县域坡度竞争力强、中、弱3个等级。

2）冷热点分析

利用冷热点分析工具识别县域坡度的高值（冷点）和低值（热点）的空间聚类。通过分析，得到具有显著统计学意义的正z得分，z得分越高，高值（冷点）的聚类就越紧密；对于统计学上的显著性负z得分，z得分越低，低值（热点）的聚类就越紧密。

（2）变异系数

变异系数公式见4.1.2.2节式（4-1），此处不再赘述。

一般来说，坡度值平均值越高，衡量其变异程度的变异系数越大，反之越小。

4.2.3 研究结果

4.2.3.1 总体特征

2018年，福建省坡度竞争力总体处于中等水平，各市（区）坡度竞争力排名依次是平潭综合实验区>厦门市>莆田市>漳州市>泉州市>福州市>龙岩市>三明市>宁德市>南平市，如表4-7所示。南平市、宁德市、三明市、龙岩市坡度高于福建省坡度，其余市（区）坡度均低于福建省坡度。

表 4-7 福建省各地区坡度统计

地区	坡度/(°)	竞争力排序
福州市	16.06	6
厦门市	8.72	2
宁德市	18.82	9
莆田市	13.30	3
泉州市	14.79	5
漳州市	13.82	4
龙岩市	18.03	7
三明市	18.15	8
南平市	18.87	10
平潭综合实验区	5.51	1
福建省	17.11	

福建省坡度低于全省平均值的县域有46个，所占比例为54.76%，其余38个县域坡度高于全省平均值。福建省坡度较缓排名前10位的县域依次是台江区、普江市、石狮市、湖里区、仓山区、鼓楼区、秀屿区、鲤城区、龙文区、东山县，坡度均低于4.5°；坡度较陡排名前10位的县域是柘荣县、周宁县、永泰县、武夷山市、寿宁县、将乐县、漳平市、蕉城区、政知县、新罗区，坡度均高于20°，如表4-8所示。

表 4-8 福建省县域坡度竞争力统计

序号	市（区）	县（市、区）	坡度/(°)	竞争力排序	序号	市（区）	县（市、区）	坡度/(°)	竞争力排序
1	福州市	鼓楼区	3.40	6	14	厦门市	思明区	6.67	17
2		台江区	0.53	1	15		海沧区	7.70	18
3		仓山区	2.49	5	16		湖里区	2.42	4
4		马尾区	15.49	35	17		集美区	8.00	19
5		晋安区	16.13	39	18		同安区	11.45	25
6		长乐区	8.85	21	19		翔安区	5.87	15
7		福清市	9.89	24	20	宁德市	蕉城区	20.37	78
8		闽侯县	17.20	48	21		福安市	19.45	69
9		连江县	15.57	36	22		福鼎市	16.20	40
10		罗源县	18.84	61	23		霞浦县	17.20	47
11		闽清县	19.03	65	24		古田县	17.68	51
12		永泰县	20.88	82	25		屏南县	18.65	58
13	平潭综合实验区		5.51	14	26		寿宁县	20.46	80

续表

序号	市（区）	县（市、区）	坡度/(°)	竞争力排序	序号	市（区）	县（市、区）	坡度/(°)	竞争力排序
27	宁德市	周宁县	20.96	83	56	龙岩市	新罗区	20.26	75
28		柘荣县	21.22	84	57		永定区	18.00	52
29	莆田市	城厢区	13.93	29	58		漳平市	20.37	77
30		涵江区	14.65	33	59		长汀县	16.01	38
31		荔城区	5.29	13	60		上杭县	16.98	45
32		秀屿区	3.44	7	61		武平县	15.95	37
33		仙游县	16.44	43	62		连城县	18.74	60
34	泉州市	鲤城区	3.63	8	63	三明市	梅列区	19.14	66
35		丰泽区	6.38	16	64		三元区	18.97	64
36		洛江区	14.00	30	65		永安市	19.41	68
37		泉港区	8.13	20	66		明溪县	16.99	46
38		石狮市	2.37	3	67		清流县	16.32	41
39		晋江市	1.96	2	68		宁化县	14.37	32
40		南安市	12.02	27	69		大田县	19.71	72
41		惠安县	4.72	12	70		尤溪县	19.59	70
42		安溪县	18.74	59	71		沙县	18.61	57
43		永春县	18.24	54	72		将乐县	20.38	79
44		德化县	19.84	73	73		泰宁县	18.15	53
45	漳州市	芗城区	4.57	11	74		建宁县	15.48	34
46		龙文区	4.25	9	75	南平市	延平区	19.65	71
47		龙海市	9.50	23	76		建阳区	16.70	44
48		云霄县	13.87	28	77		邵武市	17.67	50
49		漳浦县	9.10	22	78		武夷山市	20.70	81
50		诏安县	11.54	26	79		建瓯市	18.33	55
51		长泰县	14.20	31	80		顺昌县	18.90	62
52		东山县	4.31	10	81		浦城县	19.36	67
53		南靖县	16.41	42	82		光泽县	20.23	74
54		平和县	18.43	56	83		松溪县	17.59	49
55		华安县	18.91	63	84		政和县	20.29	76

4.2.3.2 分类型特征

（1）分等级特征

福建省坡度竞争力为强的县域有24个，所占比例为28.57%，主要分布在福州市、厦门市、宁德市、莆田市、泉州市、平潭综合实验区。坡度竞争力中等的县域有24个，所占比例为28.57%，在除福州市、平潭综合实验区外的其他地市均有分布；坡度竞争力为弱的县域有36个，所占比例为42.86%，主要分布在三明市、漳州市、龙岩市等，如图4-6所示。

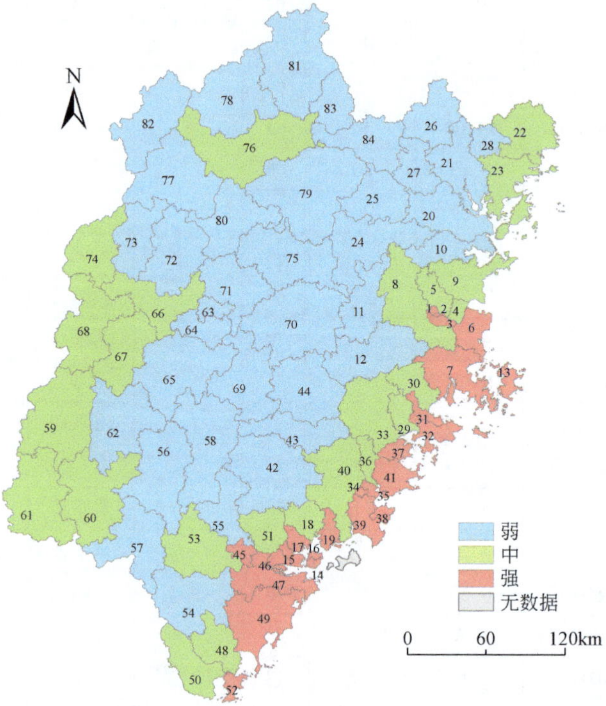

图4-6 福建省县域坡度竞争力分布

（2）分地区特征

福州市、厦门市、宁德市无坡度竞争力为弱的县域，福州市和厦门市80%以上县域坡度竞争力为强；南平市、三明市、龙岩市、南平市无坡度竞争力强的县域，且50%及以上县域坡度竞争力为弱，显示沿海地区县域比内陆地区县域有更好的发展旅游的地形条件，如表4-9所示。

表 4-9　福建省县域坡度竞争力分地区统计

市（区）	强		中		弱		合计/个
	数量/个	比例/%	数量/个	比例/%	数量/个	比例/%	
福州市	5	20.83	4	16.67	3	8.33	12
厦门市	5	20.83	1	4.17	0	0	6
宁德市	0	0	2	8.33	7	19.45	9
莆田市	2	8.34	3	12.49	0	0	5
泉州市	6	25.00	2	8.33	3	8.33	11
漳州市	5	20.83	4	16.67	2	5.56	11
龙岩市	0	0	3	12.50	4	11.11	7
三明市	0	0	4	16.67	8	22.22	12
南平市	0	0	1	4.17	9	25.00	10
平潭综合实验区	1	4.17	0	0	0	0	1
合计	24	100.00	24	100.00	36	100.00	84

4.2.3.3　区域差异分析

(1) 变异系数分析

运用变异系数分析福建省县域坡度，标准偏差为 6.12，变异系数为 43%，显示各县域坡度差异不大。分地市分析，泉州市、福州市、莆田市、漳州市坡度变异系数大于总体平均值，显示这些地市内各县域坡度的变异程度较大；其他地市坡度变异系数小于总体平均值，显示这些地市内各县域坡度的变异程度较小，总体较为均衡（图 4-7）。

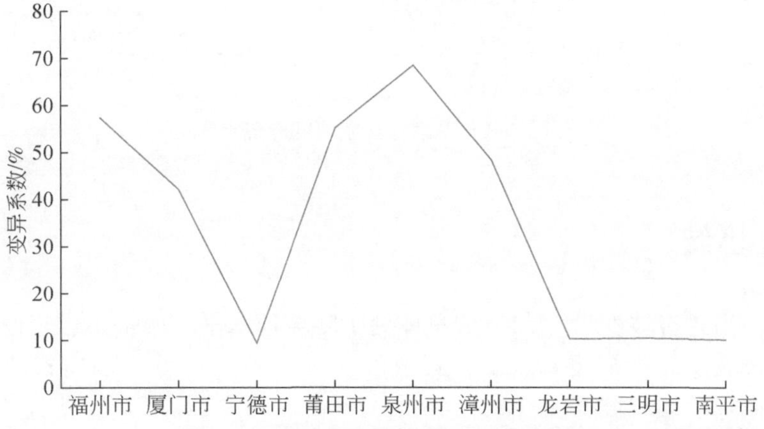

图 4-7　福建省各地市坡度变异系数

（2）冷热点分析

运用 ArcGIS10. 3 软件对县域坡度进行冷热点分析，在沿海地区形成带状热点区域，在内陆地区形成两个冷点区域，如图 4-8 所示。沿海带状热点区域北至福州市长乐区，涵盖漳州市龙文区，以及闽江下游平原、木兰溪下游兴化平原、晋江下游平原、九龙江下游平原等区域。两个冷点区域包括以宁德市鹫峰山为核心的山地地区和以泉州市戴云山为核心的山地地区，且泉州市戴云山冷点区域范围更广，涉及泉州市、三明市、龙岩市、南平市等下辖的县域，是福建省坡度主冷点区域。

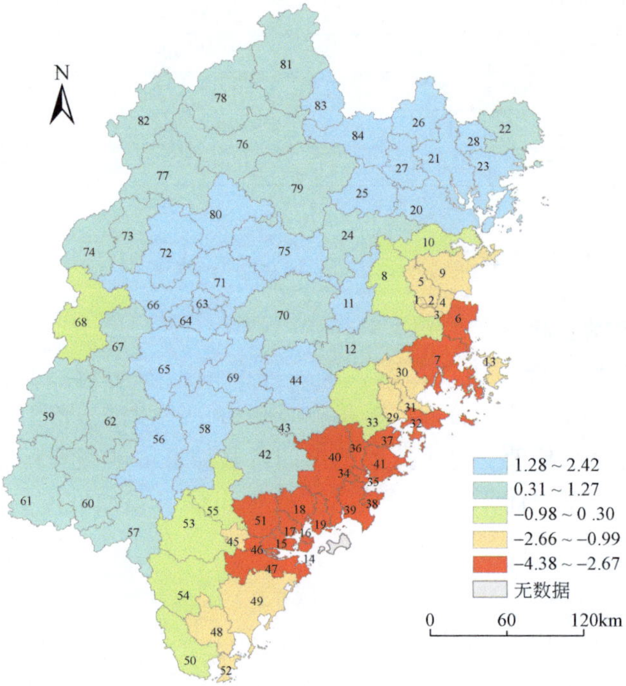

图 4-8　福建省县域坡度冷热点

4. 2. 4　小结

第一，福建省坡度为 17. 11°，总体处于陡坡地水平。南平市、宁德市、三明市、龙岩市坡度高于福建省坡度，其余市（区）坡度均低于福建省坡度。福建省内坡度低于福建省坡度的县域有 46 个，所占比例为 54. 76%，显示多数县域坡度整体处于较缓水平。

第二，福建省县域坡度竞争力整体处于中等水平。坡度竞争力为强的县域仅有24个，所占比例为28.57%，主要分布在福州市、厦门市、宁德市、莆田市、泉州市、平潭综合实验区；42.86%县域的坡度竞争力处于弱水平，内陆地区无坡度竞争力为强的县域。

第三，福建省县域坡度区域差异不显著。泉州市、福州市、莆田市、漳州市坡度变异系数大于总体平均值，显示这些地市内各县域的坡度的变异程度较大；其他市（区）坡度变异系数小于总体平均值，显示这些市（区）内各县域的坡度的变异程度较小，总体较为均衡。

第四，福建省县域坡度的集聚明显。在沿海地区形成带状热点区域，涵盖漳州市龙文区，以及闽江下游平原、木兰溪下游兴化平原、晋江下游平原、九龙江下游平原等区域。在内陆地区形成两个冷点区域，包括以宁德市鹫峰山为核心的山地地区和以泉州市戴云山为核心的山地地区，其中泉州市戴云山为主冷点区域。

第五，福建省小部分坡度竞争力为强的县级行政单位已经成为国家全域旅游示范区创建单位，如厦门市和东山县是国家全域旅游示范区创建单位；大部分国家全域旅游示范区创建单位均为坡度竞争力弱的地区，如永泰县、德化县、武夷山市等。这与福建省平均坡度为17.11°，为陡坡地水平有较大的关系，但是全省县域坡度最大为21.12°，低于国家退耕还林要求的25°，所以坡度对县域发展旅游业的影响不大。

5 全产业竞争力评价

5.1 第三产业增加值占 GDP 的比例竞争力评价

5.1.1 指标释义

5.1.1.1 概念

第三产业即服务业，是指除第一产业、第二产业以外的其他行业。根据《国民经济行业分类》（GB/T 4754—2017）的分类标准，第三产业包括：批发和零售业，交通运输、仓储和邮政业，住宿和餐饮业，信息传输、软件和信息技术服务业，金融业，房地产业，租赁和商务服务业，科学研究和技术服务业，水利、环境和公共设施管理业，居民服务、修理和其他服务业，教育，卫生和社会工作，文化、体育和娱乐业，公共管理、社会保障和社会组织，国际组织，以及农、林、牧、渔业中的农、林、牧、渔专业及辅助性活动，采矿业中的开采专业及辅助性活动，制造业中的金属制品、机械和设备修理业。

第三产业增加值占 GDP 的比例即第三产业增加值与 GDP 的比值。

5.1.1.2 作用

（1）旅游业与第三产业关联度高

旅游业包含食、住、行、游、购、娱六大要素，因此旅游业与其他相关产业部分产品和劳务有多重组合，涉及第三产业多个门类，与第三产业关联度高（苏建军等，2011），如图 5-1 所示。

（2）第三产业增长对旅游业发展的带动效应明显

中国旅游业发展与经济增长、第三产业增长之间存在长期均衡的协整关系（罗文斌等，2012）。罗文斌等（2012）研究发现，中国 GDP 每增加 1 个百分点，旅游总收入将提高 2.158 个百分点；第三产业总产值每增加 1 个百分点，旅游总

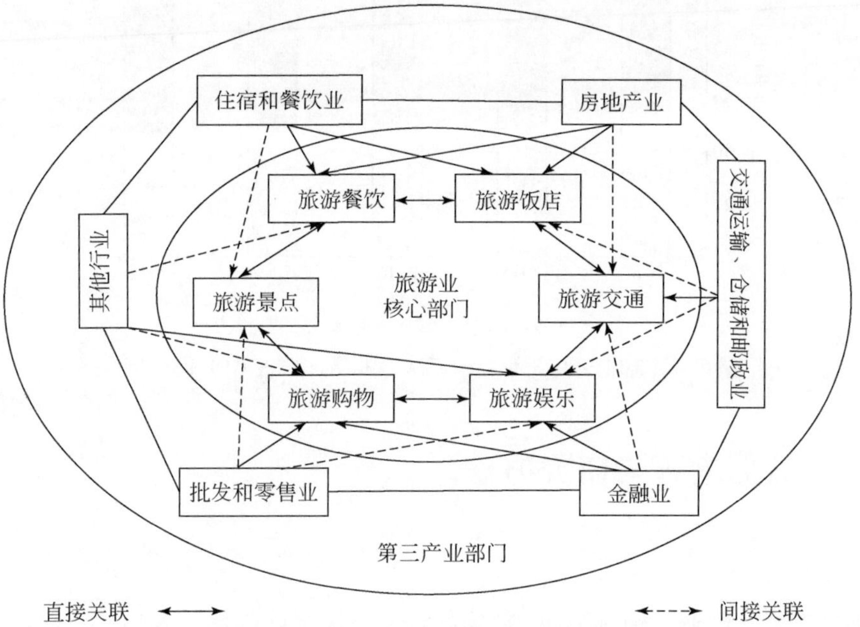

图 5-1 旅游业与第三产业关联模型（苏建军等，2011）

收入将提高 2.340 个百分点，第三产业增长对旅游业发展的影响比经济增长对旅游业发展的影响更显著。

此外，罗文斌等（2012）还发现，中国不存在旅游业发展影响经济增长或旅游业发展影响第三产业增长的单向因果作用关系。中国旅游业发展对经济发展的影响尚处于“影响较弱”阶段，在 5% 和 10% 显著性水平下，中国存在经济增长影响旅游业发展和第三产业增长影响旅游业发展的单向因果作用关系，反映了经济增长和第三产业增长对旅游业发展的拉动作用，说明中国经济发展和第三产业发展为旅游业发展营造了良好的经济、产业环境（罗文斌等，2012）。

5.1.1.3 背景

根据《2018 年国民经济和社会发展统计公报》，2018 年，中国 GDP 为 900 309亿元，第三产业增加值为 469 575 亿元，第三产业增加值占 GDP 的比例为 52.2%，处于稳定的发展阶段。2018 年，福建省 GDP 为 35 804.04 亿元，第三产业增加值为 16 191.86 亿元，第三产业增加值占 GDP 的比例为 45.22%，低于全国第三产业增加值占 GDP 的比例 52.2%，发展潜力巨大（图 5-2）。

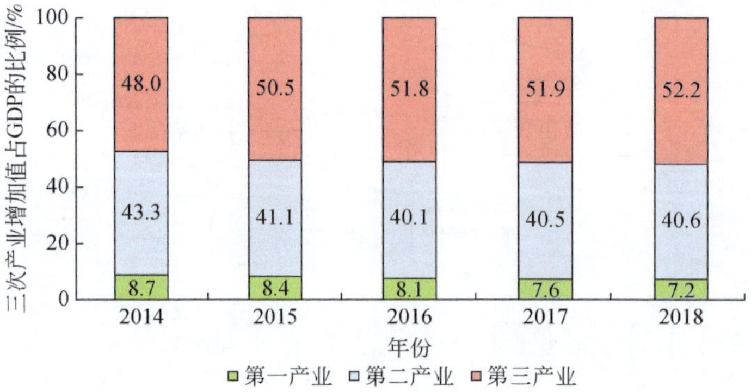

图 5-2　2014～2018 年全国三次产业增加值占 GDP 的比例

5.1.2　数据来源与研究方法

5.1.2.1　数据来源

福建省第三产业产值和 GDP 数据来自《福建统计年鉴（2019）》、各县（市、区）国民经济和社会发展统计公报。以 2018 年福建省县域第三产业增加值占 GDP 的比例数据作为原始数据，采用 ArcGIS 软件的地理分析工具对带有第三产业增加值占 GDP 的比例数据信息的福建省县级行政区划矢量图进行空间统计与分析。

5.1.2.2　研究方法

（1）ArcGIS 空间分析

1）专题地图

利用 ArcGIS10.3 软件，制作福建省第三产业增加值占 GDP 的比例专题地图，通过色彩分级显示出县域第三产业增加值占 GDP 的比例竞争力强、中、弱 3 个等级。参照国内外第三产业增加值占 GDP 的比例竞争力评价研究的相关标准（朱土兴，2013），并根据国家全域旅游示范区验收认定的相关条件，按照自然断点的方式将研究样本的第三产业增加值占 GDP 的比例竞争力划分为强、中、弱 3 个等级，如表 5-1 所示。

表 5-1　第三产业增加值占 GDP 的比例竞争力分级标准

竞争力	等级	第三产业增加值占 GDP 的比例竞争力特征
强	Ⅰ（57.29%～87.85%）	第三产业增加值占 GDP 的比例较大，服务业发展较好
中	Ⅱ（37.01%～57.28%）	第三产业增加值占 GDP 的比例中等，服务业发展一般
弱	Ⅲ（21.79%～37.00%）	第三产业增加值占 GDP 的比例较低，服务业发展较差

2）冷热点分析

利用冷热点分析工具识别县域第三产业增加值占 GDP 的比例的高值（热点）和低值（冷点）的空间聚类。通过分析，得到具有显著统计学意义的正 z 得分，z 得分越高，高值（热点）的聚类就越紧密；对于统计学上的显著性负 z 得分，z 得分越低，低值（冷点）的聚类就越紧密。

（2）变异系数

变异系数公式见 4. 1. 2. 2 节式（4-1），此处不再赘述。

一般来说，县域第三产业增加值占 GDP 的比例平均值越高，衡量其变异程度的变异系数越大，反之越小。

5. 1. 3 研究结果

5. 1. 3. 1 总体特征

2018 年，福建省第三产业增加值占 GDP 的比例竞争力总体处于中等水平。各市（区）第三产业增加值占 GDP 的比例从高到低依次是厦门市>平潭综合实验区>福州市>南平市>莆田市>龙岩市>漳州市>泉州市>三明市>宁德市，如表 5-2 所示。厦门市、平潭综合实验区和福州市的第三产业增加值占 GDP 的比例高于福建省第三产业增加值占 GDP 的比例，并遥遥领先其他地市；而泉州市、三明市、宁德市的第三产业增加值占 GDP 的比例不足 40%。

表 5-2 福建省各地区第三产业增加值占 GDP 的比例统计

地区	第三产业增加值/亿元	GDP/亿元	第三产业增加值占 GDP 的比例/%	竞争力排序
福州市	4 157. 26	7 856. 81	52. 91	3
厦门市	2 786. 85	4 791. 41	58. 16	1
宁德市	678. 85	1 942. 80	34. 94	10
莆田市	946. 23	2 242. 41	42. 20	5
泉州市	3 381. 16	8 467. 97	39. 93	8
漳州市	1 621. 83	3 947. 63	41. 08	7
龙岩市	1 001. 95	2 393. 30	41. 86	6
三明市	841. 84	2 353. 72	35. 77	9

续表

地区	第三产业增加值/亿元	GDP/亿元	第三产业增加值占 GDP 的比例/%	竞争力排序
南平市	775.80	1 792.51	43.28	4
平潭综合实验区	147.88	254.28	58.16	2
福建省	16 191.86	35 804.04	45.22	

福建省第三产业增加值占 GDP 的比例高于福建省第三产业增加值占 GDP 的比例的县域有 19 个，所占比例为 22.62%，其余 65 个县域第三产业增加值占 GDP 的比例低于福建省第三产业增加值占 GDP 的比例。福建省第三产业增加值占 GDP 的比例竞争力排名前 10 位的县级行政单位依次是思明区、鼓楼区、台江区、闽侯县、丰泽区、晋安区、湖里区、城厢区、平潭综合实验区、芗城区，第三产业增加值占 GDP 的比例均高于 50%；第三产业增加值占 GDP 的比例竞争力排名后 10 位的县域是长乐区、惠安县、福鼎市、福安市、光泽县、华安县、洛江区、翔安区、罗源县、泉港区，第三产业增加值占 GDP 的比例均低于 30%，如表 5-3 所示。

表 5-3　福建省县域第三产业增加值占 GDP 的比例竞争力统计

序号	市（区）	县（市、区）	第三产业增加值占 GDP 的比例/%	竞争力排序	序号	市（区）	县（市、区）	第三产业增加值占 GDP 的比例/%	竞争力排序
1	福州市	鼓楼区	83.97	2	14	厦门市	思明区	87.85	1
2		台江区	79.92	3	15		海沧区	40.19	38
3		仓山区	47.95	12	16		湖里区	57.28	8
4		马尾区	40.90	32	17		集美区	51.21	11
5		晋安区	65.88	6	18		同安区	34.33	62
6		长乐区	29.78	75	19		翔安区	24.37	82
7		福清市	39.95	40	20	宁德市	蕉城区	38.92	43
8		闽侯县	70.86	4	21		福安市	28.28	78
9		连江县	46.50	15	22		福鼎市	28.59	77
10		罗源县	22.07	83	23		霞浦县	43.09	25
11		闽清县	37.47	52	24		古田县	40.88	33
12		永泰县	33.43	65	25		屏南县	44.87	20
13	平潭综合实验区		58.16	7	26		寿宁县	37.00	54

续表

序号	市（区）	县（市、区）	第三产业增加值占GDP的比例/%	竞争力排序	序号	市（区）	县（市、区）	第三产业增加值占GDP的比例/%	竞争力排序
27	宁德市	周宁县	37.95	47	56	龙岩市	新罗区	40.97	31
28		柘荣县	36.07	59	57		永定区	40.64	35
29	莆田市	城厢区	56.55	9	58		漳平市	46.58	14
30		涵江区	36.44	55	59		长汀县	41.23	30
31		荔城区	37.87	48	60		上杭县	40.21	37
32		秀屿区	33.16	67	61		武平县	43.69	24
33		仙游县	46.85	13	62		连城县	41.64	29
34	泉州市	鲤城区	42.71	26	63	三明市	梅列区	43.94	23
35		丰泽区	67.57	5	64		三元区	40.03	39
36		洛江区	25.18	81	65		永安市	33.91	63
37		泉港区	21.79	84	66		明溪县	33.25	66
38		石狮市	46.17	17	67		清流县	32.75	70
39		晋江市	38.67	44	68		宁化县	35.89	60
40		南安市	38.29	45	69		大田县	31.36	74
41		惠安县	28.95	76	70		尤溪县	36.31	58
42		安溪县	39.80	41	71		沙县	33.67	64
43		永春县	37.44	53	72		将乐县	31.88	73
44		德化县	37.68	51	73		泰宁县	41.95	27
45	漳州市	芗城区	55.19	10	74		建宁县	33.04	68
46		龙文区	46.34	16	75	南平市	延平区	41.70	28
47		龙海市	36.33	57	76		建阳区	32.76	69
48		云霄县	37.85	49	77		邵武市	40.65	34
49		漳浦县	44.16	22	78		武夷山市	45.99	19
50		诏安县	38.26	46	79		建瓯市	40.39	36
51		长泰县	32.13	72	80		顺昌县	46.05	18
52		东山县	36.41	56	81		浦城县	39.78	42
53		南靖县	32.30	71	82		光泽县	25.72	79
54		平和县	44.86	21	83		松溪县	37.83	50
55		华安县	25.55	80	84		政和县	35.65	61

5.1.3.2 分类型特征

（1）分等级特征

第三产业增加值占 GDP 的比例竞争力为强的县域有 6 个，所占比例为 7.14%，主要分布在福州市、厦门市、泉州市。第三产业增加值占 GDP 的比例竞争力中等的县域有 47 个，所占比例为 55.95%，在各个市（区）均有分布；第三产业增加值占 GDP 的比例竞争力为弱的县级行政单位有 31 个，所占比例为 36.91%，主要分布在三明市、宁德市和漳州市，如图 5-3 所示。

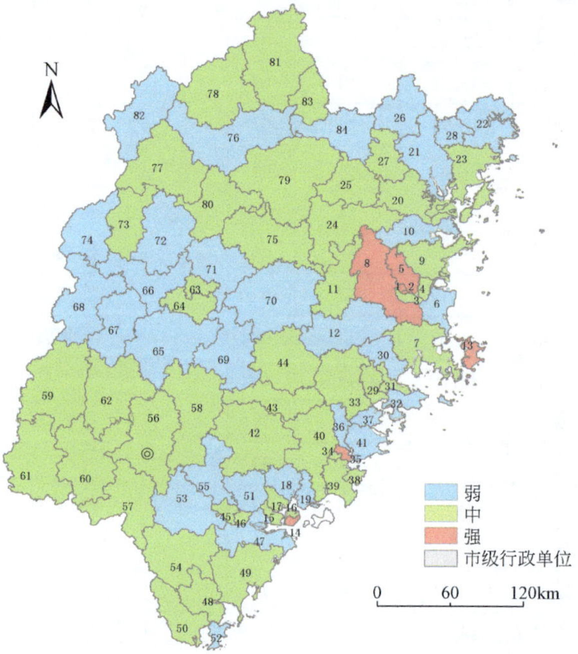

图 5-3　福建省县域第三产业增加值占 GDP 的比例竞争力分布

（2）分地区特征

福州市、厦门市和泉州市有第三产业增加值占 GDP 的比例竞争力为强的县域，其中福州市第三产业增加值占 GDP 的比例竞争力为强的县域达到 33%；其余市（区）无第三产业增加值占 GDP 的比例竞争力为强的县域。龙岩市各县域的第三产业增加值占 GDP 的比例竞争力为中等，三明市 75% 县域第三产业增加值占 GDP 的比例竞争力为弱。莆田市、南平市、宁德市、漳州市、平潭综合实验区的县域第三产业增加值占 GDP 的比例竞争力总体处于中、弱水平，但竞争力为弱的县域比例均未超过 50%，如表 5-4 所示。沿海地区各县域第三产业增加值占 GDP 的比例竞争力与内陆地区大体相当，显示沿海地区和内陆地区的第三产业发展水平一致，这为县域发展全域旅游提供了良好的产业结构基础。

表 5-4　福建省县域第三产业增加值占 GDP 的比例竞争力分地区统计

市（区）	强		中		弱		合计
	数量/个	比例/%	数量/个	比例/%	数量/个	比例/%	
福州市	4	57.13	5	10.87	3	9.68	12
厦门市	1	14.29	3	6.52	2	6.45	6
宁德市	0	0	5	10.87	4	12.90	9
莆田市	0	0	3	6.52	2	6.452	5
泉州市	1	14.29	7	15.22	3	9.68	11
漳州市	0	0	6	13.04	5	16.13	11
龙岩市	0	0	7	15.22	0	0	7
三明市	0	0	3	6.52	9	29.03	12
南平市	0	0	7	15.22	3	9.68	10
平潭综合实验区	1	14.29	1	0	0	0	1
合计	7	100.00	46	100.00	31	100.00	84

5.1.3.3　区域差异分析

（1）变异系数分析

运用变异系数分析县域第三产业增加值占 GDP 的比例，标准偏差为 12.31，变异系数为 30%，显示各县域第三产业增加值比例差异不大，如图 5-4 所示。分地市分析，厦门市、福州市、泉州市的变异系数大于总体平均值，显示这三市的第三产业增加值占 GDP 的比例的变异程度较大；其他地市的第三产业增加值占 GDP 的比例变异系数小于总体平均值，显示这些地市的第三产业增加值占 GDP 的比例的离散程度较小，总体较为均衡。

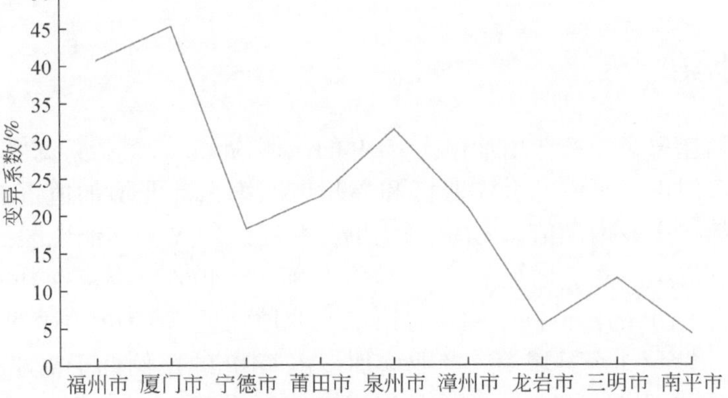

图 5-4　福建省各地市第三产业增加值占 GDP 的比例变异系数

(2) 冷热点分析

运用 ArcGIS10.3 软件对县域第三产业增加值占 GDP 的比例进行冷热点分析，在福州市和漳州市形成 2 个热点区域，如图 5-5 所示。福州市的热点区域以福州市市区为核心，北翼包括福州市的闽侯县、连江县、罗源县，南翼包括福清市、长乐区等。漳州市的热点区域以漳州市市区为核心，涉及县域较少。福州市核心区范围较漳州市大，漳州市延伸范围较福州市长，但两个核心区均在沿海地区，尚未扩散到内陆地区，反映沿海地区仍是第三产业增加值占 GDP 的比例主热点区域。

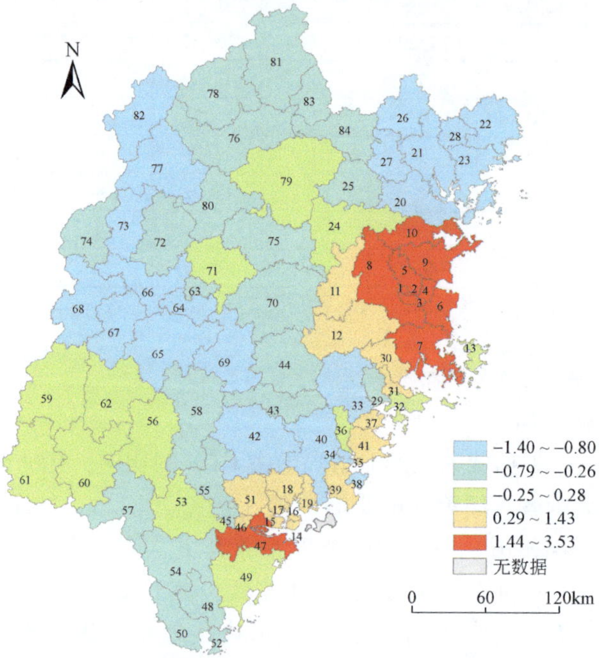

图 5-5　福建省县域第三产业增加值占 GDP 的比例冷热点

5.1.4　小结

第一，福建省第三产业增加值占 GDP 的比例为 45.22%，其竞争力总体处于中等水平。厦门市、平潭综合实验区和福州市的第三产业增加值占 GDP 的比例高于福建省第三产业增加值占 GDP 的比例，并遥遥领先于其他地区；而泉州市、三明市、宁德市第三产业增加值占 GDP 的比例不足 40%。福建省 19 个县域第三产业增加值占 GDP 的比例高于福建省第三产业增加值占 GDP 的比例，所占比例为 22.62%，其余 65 个县域第三产业增加值占 GDP 的比例低于福建省第三产业增加值占 GDP 的比例，显示大部分县域第三产业增加值占 GDP 的比例不高。

第二，福建省县域第三产业增加值占 GDP 的比例竞争力整体为中等水平。第三产业增加值比例竞争力为强的县域有 6 个，所占比例为 7.14%，主要分布在福州市、厦门市、泉州市；仅有 36.91% 县域的第三产业增加值占 GDP 的比例竞争力处于弱水平，内陆地区无第三产业增加值占 GDP 的比例竞争力为强的县域。

第三，福建省县域第三产业增加值占 GDP 的比例的区域差异不显著。厦门市、福州市、泉州市的变异系数大于总体平均值，显示这些地市的第三产业增加值占 GDP 的比例的变异程度较大；其他地市的变异系数小于总体平均值，显示这些地市的第三产业增加值占 GDP 的比例的变异程度较小，总体较为均衡。

第四，福建省县域第三产业增加值占 GDP 的比例集聚明显。沿海地区形成福州市和漳州市 2 个热点区域，福州市热点区范围较漳州市大，但两个热点区均在沿海地区，尚未扩散到内陆地区，反映沿海地区仍是第三产业增加值占 GDP 的比例主热点区域。

第五，福建省第三产业增加值占 GDP 的比例竞争力为强的县级行政单位小部分已经成为国家全域旅游示范区创建单位，如厦门市思明区；大部分国家全域旅游示范区创建单位均为第三产业增加值占 GDP 的比例竞争力中等的地区；部分国家全域旅游示范区创建单位为第三产业增加值占 GDP 的比例竞争力为弱的地区，如东山县、尤溪县、永泰县、建宁县等，这也显示福建省第三产业与旅游业的发展息息相关，第三产业发展对县域旅游业发展有较好的促进作用，发展全域旅游有利于第三产业增加值占 GDP 的比例较低的县域调整产业结构，提升旅游竞争力。

5.2 GDP 增长率竞争力评价

5.2.1 指标释义

5.2.1.1 概念

GDP 是指按市场价格计算的一个国家（或地区）所有常住单位在一定时期内生产活动的最终成果，常被公认为衡量国家经济状况的最佳指标。GDP 是核算体系中一个重要的综合性统计指标，也是我国国民经济核算体系中的核心指标，反映了我国的经济实力和市场规模（许宪春，2019）。

GDP 增长率是末期 GDP 与基期 GDP 的比值，以末期现行价格计算末期 GDP，得出的增长率是名义经济增长率，以不变价格（即基期价格）计算末期 GDP，得出的增长率是实际经济增长率。在度量经济增长时，一般都采用实际经济增长率，经济增长率也称经济增长速度，是反映一定时期内一个国家（地区）经济发展水平变化程度的动态指标，也是反映一个国家（地区）经济是否具有活力的基本指标。

5.2.1.2 作用

（1）与旅游业的发展紧密相关

国内学者研究显示，旅游业发展与GDP增长率的相关性显著。何满喜（2010）、林刚和龙雄彪（2000）对地区GDP增长率与当地旅游业发展情况进行相关性分析，结论证明两者存在相关性。孟祥君等（2012）以旅游业上市公司——中青旅控股股份有限公司为例，采用一元线性回归模型进行分析，得出旅游业上市公司发展与GDP增长率存在显著相关性。

（2）体现旅游业发展的活力

GDP增长率的大小意味着经济增长的快慢，反映一个国家（地区）经济活力的强弱，表征着人民生活水平得到提高所需的时间的长短，也间接反映居民出游的意愿大小。经济的快速增长扩大了内需，增加了就业，拉动了经济增长，推动了社会进步，满足了人民的物质文化生活需要，从而促进了旅游业的快速发展。

GDP增长率包括三种状态：正增长，表示国家经济有活力；零增长，表示GDP与往年GDP持平；负增长，则表示本年度的GDP低于往年GDP，往往会被形容为“经济不景气”或经济衰退。零增长有时也会被认为是负增长，考虑通货膨胀及物价上涨等原因，同样数量的货币的购买力会低于往年（何满喜，2010）。

5.2.1.3 背景

2018年，中国GDP为900 309亿元，按可比价格计算，比上年增长6.6%。分产业看，第一产业增加值64 734亿元，比上年增长3.5%；第二产业增加值366 001亿元，比上年增长5.8%；第三产业增加值469 575亿元，比上年增长7.6%。

2018年，福建省GDP为35 804.04亿元，按可比价格计算，比上年增长8.3%。分产业看，第一产业增加值2379.82亿元，比上年增长3.5%；第二产业增加值17 232.36亿元，比上年增长8.5%；第三产业增加值16 191.86亿元，比上年增长8.8%。

5.2.2 数据来源与研究方法

5.2.2.1 数据来源

GDP增长率来自《福建统计年鉴（2019）》各县（市、区）统计数据。以2018年和2017年县域GDP数据作为原始数据，采用ArcGIS软件的地理分析工具对带有 2018 年 GDP 增长率数据信息的福建省县级行政区划矢量图进行空间统计与分析。

参照国内外 GDP 增长率竞争力评价研究的相关标准（许宪春，2019），并根据国家全域旅游示范区验收认定的相关条件，按照自然断点的方式将研究样本的 GDP 增长率竞争力划分为强、中、弱 3 个等级，具体如表 5-5 所示。

表 5-5　GDP 增长率竞争力分级标准

竞争力	等级	GDP 增长率竞争力特征
强	Ⅰ（14.22%～30.12%）	GDP 增长率较高，经济发展活力较强
中	Ⅱ（1.07%～14.21%）	GDP 增长率中等，经济发展活力一般
弱	Ⅲ（-10%～1.06%）	GDP 增长率较低，经济发展活力较弱

5.2.2.2　研究方法

（1）ArcGIS 空间分析

1）专题地图

利用 ArcGIS 10.3 软件，制作福建省县域 GDP 增长率专题地图，通过色彩分级显示县域 GDP 增长率竞争力强、中、弱 3 个等级。

2）冷热点分析

利用冷热点分析工具识别县域 GDP 增长率的高值（热点）和低值（冷点）的空间聚类。通过分析，得到具有显著统计学意义的正 z 得分，z 得分越高，高值（热点）的聚类就越紧密；对于统计学上的显著性负 z 得分，z 得分越低，低值（冷点）的聚类就越紧密。

（2）变异系数

变异系数公式见 4.1.2.2 节式（4-1），此处不再赘述。

一般来说，县域 GDP 增长率平均值越高，衡量其变异程度的变异系数越大，反之越小。

5.2.3　研究结果

5.2.3.1　总体特征

2018 年，福建省 GDP 增长率平均值为 8.3%，其竞争力总体处于中等水平。各市（区）的地区 GDP 增长率竞争力排名依次是泉州市>漳州市>平潭综合实验区>福州市>莆田市>宁德市>厦门市>龙岩市>三明市>南平市，如表 5-6 所示。泉州市、漳州市、平潭综合实验区、福州市、莆田市、宁德市 GDP 增长率大于 8%，南平市 GDP 增长率低于 7%，各市（区）GDP 增长率差异较大。

表 5-6　福建省各地区 GDP 增长率统计

地区	GDP/亿元	GDP 增长率/%	竞争力排序
福州市	7 856.81	8.6	4
厦门市	4 791.41	7.7	7
宁德市	1 942.8	8.1	6
莆田市	2 242.41	8.3	5
泉州市	8 467.98	8.9	1
漳州市	3 947.63	8.7	2
龙岩市	2 393.3	7.6	8
三明市	2 353.72	7.5	9
南平市	1 792.51	6.6	10
平潭综合实验区	254.28	8.7	2
福建省	35 804.04	8.3	

福建省内 GDP 增长率高于福建省 GDP 增长率的县域有 71 个，所占比例为 84.52%，其余 13 个县域的 GDP 增长率低于福建省 GDP 增长率，如表 5-7 所示。福建省 GDP 增长率排名前 10 位的县域依次是蕉城区、泉港区、梅列区、同安区、南靖县、翔安区、清流县、长乐区、仓山区、湖里区，GDP 增长率均大于 16%；GDP 增长率竞争力排名后 10 位的县域是仙游县、霞浦县、泰宁县、福鼎市、平和县、古田县、周宁县、柘荣县、屏南县、寿宁县，增长率低于 7%，部分县域 GDP 增长率为负值。

表 5-7　福建省县域 GDP 增长率统计

序号	市（区）	县（市、区）	GDP 增长率/%	竞争力排序	序号	市（区）	县（市、区）	GDP 增长率/%	竞争力排序
1		鼓楼区	11.71	50	14		思明区	12.67	42
2		台江区	7.61	72	15		海沧区	13.63	31
3		仓山区	16.91	9	16	厦门市	湖里区	16.65	10
4		马尾区	15.32	19	17		集美区	12.97	39
5		晋安区	16.05	12	18		同安区	21.35	4
6	福州市	长乐区	17.42	8	19		翔安区	17.90	6
7		福清市	15.80	15	20		蕉城区	30.12	1
8		闽侯县	15.72	16	21		福安市	9.53	65
9		连江县	10.97	58	22		福鼎市	4.32	78
10		罗源县	14.67	21	23	宁德市	霞浦县	5.38	76
11		闽清县	12.20	45	24		古田县	1.06	80
12		永泰县	15.34	18	25		屏南县	-8.93	83
13	平潭综合实验区		8.7	69	26		寿宁县	-10.00	84

续表

序号	市（区）	县（市、区）	GDP增长率/%	竞争力排序	序号	市（区）	县（市、区）	GDP增长率/%	竞争力排序
27	宁德市	周宁县	-6.19	81	56	龙岩市	新罗区	14.21	24
28		柘荣县	-6.60	82	57		永定区	12.77	41
29	莆田市	城厢区	11.74	49	58		漳平市	13.38	34
30		涵江区	11.31	56	59		长汀县	12.52	44
31		荔城区	11.20	57	60		上杭县	14.65	22
32		秀屿区	14.51	23	61		武平县	12.14	46
33		仙游县	6.07	75	62		连城县	13.04	38
34	泉州市	鲤城区	13.37	35	63	三明市	梅列区	24.00	3
35		丰泽区	14.05	25	64		三元区	11.64	51
36		洛江区	13.82	27	65		永安市	12.83	40
37		泉港区	29.27	2	66		明溪县	13.95	26
38		石狮市	9.81	64	67		清流县	17.89	7
39		晋江市	13.60	32	68		宁化县	8.64	70
40		南安市	8.82	67	69		大田县	15.96	13
41		惠安县	15.88	14	70		尤溪县	6.94	73
42		安溪县	10.70	60	71		沙县	10.74	59
43		永春县	13.25	36	72		将乐县	11.58	52
44		德化县	13.76	28	73		泰宁县	4.63	77
45	漳州市	芗城区	12.63	43	74		建宁县	8.86	66
46		龙文区	16.55	11	75	南平市	延平区	13.66	30
47		龙海市	13.74	29	76		建阳区	13.57	33
48		云霄县	11.54	53	77		邵武市	11.89	48
49		漳浦县	9.84	63	78		武夷山市	11.34	55
50		诏安县	13.09	37	79		建瓯市	8.75	68
51		长泰县	15.47	17	80		顺昌县	11.35	54
52		东山县	15.08	20	81		浦城县	6.84	74
53		南靖县	17.96	5	82		光泽县	9.88	62
54		平和县	3.79	79	83		松溪县	11.94	47
55		华安县	10.32	61	84		政和县	8.56	71

5.2.3.2 分类型特征

(1) 分等级特征

福建省内GDP增长率竞争力为强的县域有23个，所占比例为27.38%，主要分布在福州市、漳州市、厦门市、三明市、泉州市。县域GDP增长率竞争力中等的县域有56个，所占比例为66.67%，在各个地市均有分布；GDP增长率竞争力为弱的县域有5个，所占比例为5.95%，主要分布在宁德市，如图5-6所示。

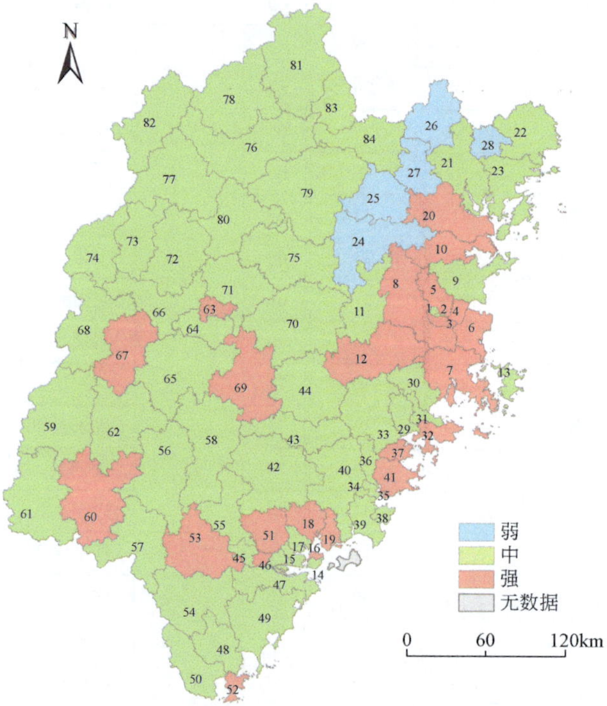

图5-6 福建省县域GDP增长率竞争力分布

(2) 分地区特征

除宁德市外，各市（区）无GDP增长率竞争力为弱的县域，福州市和厦门市50%及以上县域的GDP增长率竞争力为强；南平市无GDP增长率竞争力为强的县域，且县域GDP增长率竞争力均为中等（表5-8）。沿海地区和内陆地区的县域GDP增长率较为均衡，显示福建省各县域旅游业活力较好。

表 5-8　福建省县域 GDP 增长率分地区统计

市（区）	强		中		弱		合计/个
	数量/个	比例/%	数量/个	比例/%	数量/个	比例/%	
福州市	8	34.78	4	7.14	0	0	12
厦门市	3	13.04	3	5.36	0	0	6
宁德市	1	4.35	3	5.36	5	100.00	9
莆田市	1	4.35	4	7.14	0	0	5
泉州市	2	8.70	9	16.07	0	0	11
漳州市	4	17.39	7	12.5	0	0	11
龙岩市	1	4.35	6	10.71	0	0	7
三明市	3	13.04	9	16.07	0	0	12
南平市	0	0	10	17.86	0	0	10
平潭综合实验区	0	0	1	1.79	0	0	1
合计	23	100.00	56	100.00	5	100.00	84

5.2.3.3　区域差异分析

（1）变异系数分析

运用变异系数分析县域 GDP 增长率，标准偏差为 0.0638，变异系数为 54%，各个地市变异系数如图 5-7 所示。除宁德市外，各地市变异系数均小于总体平均值，显示这些地市的 GDP 增长率的变异程度较小；宁德市 GDP 增长率变异系数大于 600%，显示该市内各县域的 GDP 增长率的变异程度较大，总体非常不均衡。

（2）冷热点分析

运用 ArcGIS10.3 软件对县域 GDP 增长率进行冷热点分析，在福州市和厦门市–泉州市–漳州市形成 2 个热点区域，如图 5-8 所示。福州市的热点区域以福州市市区为核心，包括连江县、罗源县，范围较小。厦门市–泉州市–漳州热点区域以厦门市各区为核心，南翼包括漳州市长泰县和龙文区，北翼包括泉州市的丰泽区、南安市等，涵盖面积大、涉及县级单位多，是福建省 GDP 增长率主热点区域。

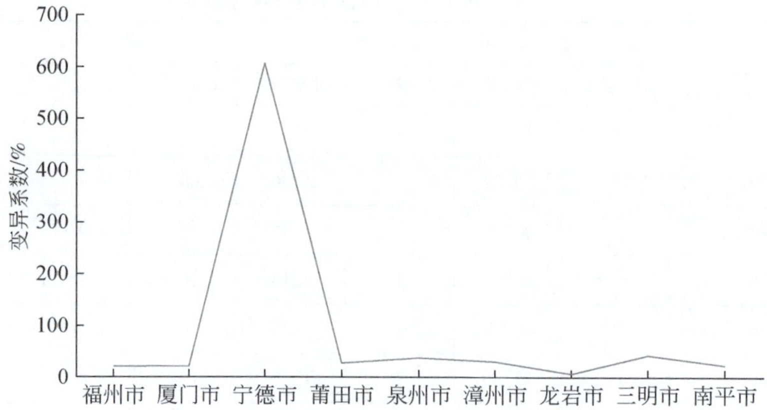

图 5-7　福建省各地市 GDP 增长率变异系数

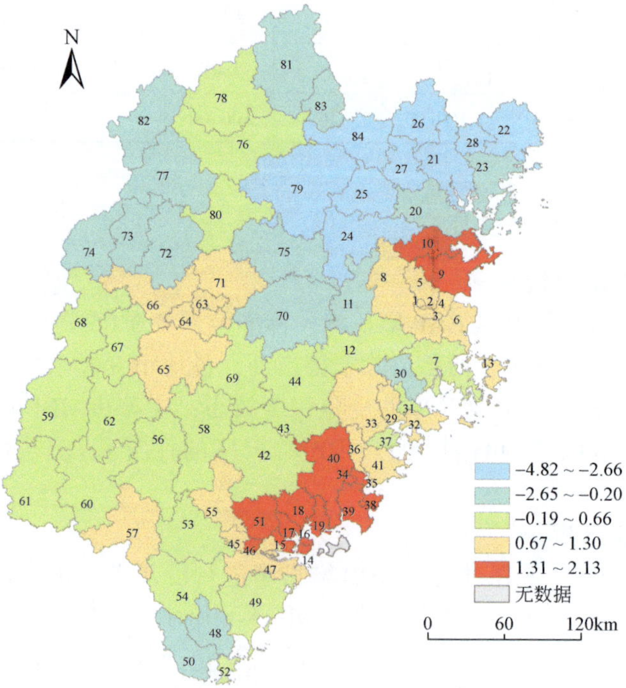

图 5-8　福建省县域 GDP 增长率冷热点图

5.2.4 小结

第一，福建省 GDP 增长率为 8.3%，其竞争力总体处于中等水平。泉州市、漳州市、平潭综合实验区、福州市、莆田市 GDP 增长率高于福建省 GDP 增长率，其余地市 GDP 增长率均低于福建省 GDP 增长率。福建省内 GDP 增长率竞争力高于福建省 GDP 增长率的县域有 71 个，所占比例为 84.52%，显示县域 GDP 增长率整体处于较高水平。

第二，福建省县域 GDP 增长率竞争力整体水平较高。GDP 增长率竞争力为强的县域有 23 个，所占比例为 27.38%，主要分布在福州市、漳州市、厦门市、三明市、泉州市；仅有 5.95% 县域 GDP 增长率竞争力处于弱水平。沿海地区和内陆地区的县域 GDP 增长率较为均衡，显示福建省各县域旅游业活力较好。

第三，福建省县域 GDP 增长率的区域差异不显著。除宁德市外，各地市 GDP 增长率变异系数均小于总体平均值，显示这些地市的 GDP 增长率的变异程度较小；宁德市 GDP 增长率变异系数大于 600%，显示该市 GDP 增长率的变异程度较大，总体非常不均衡。

第四，福建省县域 GDP 增长率集聚明显。福州市和厦门市–泉州市–漳州市形成 2 个热点区域，福州市的热点区域以福州市市区为核心，包括连江县、罗源县，范围较小；厦门市–泉州市–漳州热点区域以厦门市各区为核心，南翼包括漳州市长泰县和龙文区，北翼包括泉州市的丰泽区、南安市等，涵盖面积大、涉及县级单位多，是福建省 GDP 增长率主热点区域。

第五，福建省县域 GDP 增长率竞争力为强的县级行政单位部分已经成为国家全域旅游示范区创建单位，如永泰县、东山县；大部分国家全域旅游示范区创建单位均为 GDP 增长率竞争力中等的地区；少部分国家全域旅游示范区创建单位为 GDP 增长率竞争力弱的地区，如屏南县等，这体现出福建省国家全域旅游示范区创建单位旅游业的活力整体较好。

5.3 人均旅游收入竞争力评价

5.3.1 指标释义

5.3.1.1 概念

人均旅游收入指旅游目的地国家或地区在一定时期内平均每接待一人次游客所

取得的货币收入，即游客在旅游目的地国家或地区旅游活动过程中的平均货币支出额。该指标反映游客的人均消费水平，一般以本国货币计量表示（田里，2018）。

人均旅游收入指标是某一时期内旅游总收入与同期接待的旅游总人次的比值，公式表示为

$$\mathrm{Ru}=\frac{\mathrm{Rt}}{N} \tag{5-1}$$

式中，Ru 为人均旅游收入；Rt 为旅游总收入；N 为旅游总人次。

当 N 为接待的入境游客总人次，Rt 为旅游外汇总收入时，Ru 为人均旅游外汇收入。当 N 为接待的国内游客总人次，Rt 为国内旅游总收入时，Ru 为人均国内旅游收入。

5.3.1.2 作用

（1）直接反映旅游消费水平

人均旅游收入反映某段时间内游客的一般消费水平及其支付金额。游客消费支出额的大小，不但与每人每天的消费支出额的多少有关，而且与游客人数的多少及游客的停留时间的长短有关。游客的停留时间越长，每人消费支出额就越大；游客的停留时间越短，每人消费支出额就越小。

（2）间接反映社会经济发展水平

陈灿平等（2011）运用 Granger 因果检验法证明了居民收入增长、金融资产发展与国内旅游消费的动态相关关系。张丽峰（2008）通过计量经济学得出中国城镇居民旅游消费和 GDP、第三产业增加值之间具有协整关系的结论。陈丹路和卞显红（2015）利用柯布-道格拉斯模型进行回归分析，测算出长江三角洲农村居民人均旅游消费水平快速增长对农村居民旅游消费增长并未起到明显的拉动作用，农村居民人均旅游消费水平与社会经济发展水平紧密相关。

5.3.1.3 背景

（1）全国旅游业概况

2018 年，中国国内旅游人数 55.39 亿人次，国内旅游收入 5.13 万亿元；入出境旅游总人数 2.91 亿人次，国际旅游收入 1271 亿美元；全年实现旅游总收入 5.97 万亿元，旅游业对 GDP 的综合贡献为 9.94 万亿元，占 GDP 总量的 11.04%。旅游直接就业 2826 万人，旅游直接和间接就业 7991 万人，占全国就业总人口的 10.29%。

国内旅游人数中，城镇居民为 41.19 亿人次，花费为 4.26 万亿元；农村居民为 14.20 亿人次，花费为 0.87 万亿元。

2018 年，入境游客人数 14 120 万人次，入境过夜游客人数 6290 万人次，旅

游外汇总收入为 1271 亿美元。

(2) 福建省旅游业概况

2018 年，福建省实现旅游总收入为 6634.58 亿元，旅游外汇收入为 90.92 亿美元。

接待入境游客人数 901.24 万人次，入境过夜游客人数 813.59 万人次。接待入境游客中，外国人 344.19 万人次，台湾同胞 363.50 万人次，港澳同胞 193.55 万人次①。

5.3.2 数据来源与研究方法

5.3.2.1 数据来源

福建省国内旅游收入和旅游人次数据来自福建省文化和旅游厅统计数据，旅游外汇收入和入境旅游人次数据来自《福建统计年鉴（2019）》中各县（市、区）统计数据。

以 2018 年县域人均旅游收入数据作为原始数据，采用 ArcGIS 软件的地理分析工具对带有人均旅游收入数据的福建省县级行政区划矢量图进行空间统计与分析。

参照国内外人均旅游收入竞争力评价研究的相关标准，并根据国家全域旅游示范区验收认定的相关条件，按照自然断点的方式将研究样本的人均旅游收入竞争力划分为强、中和弱 3 个等级，如表 5-9 所示。

表 5-9 人均旅游收入竞争力分级标准

竞争力	等级	人均旅游收入竞争力特征
强	Ⅰ（1650～2484 亿元）	人均旅游收入较高，旅游业发展水平较高
中	Ⅱ（1106～1649 亿元）	人均旅游收入中等，旅游业发展水平一般
弱	Ⅲ（185～1105 亿元）	人均旅游收入较低，旅游业发展水平较低

5.3.2.2 研究方法

(1) ArcGIS 空间分析

1）专题地图

利用 ArcGIS10.3 软件，制作福建省县域人均旅游收入专题地图，通过色彩分级显示县域人均旅游收入竞争力强、中、弱 3 个等级。

① 2018 年福建省国民经济和社会发展统计公报。http://www.fujian.gov.cn/zc/tjxx/tjgb/201902/t20190228_4775098.htm [2019-09-09].

2）冷热点分析

利用冷热点分析工具识别县域人均旅游收入的高值（热点）和低值（冷点）的空间聚类。通过分析，得到具有显著统计学意义的正 z 得分，z 得分越高，高值（热点）的聚类就越紧密；对于统计学上的显著性负 z 得分，z 得分越低，低值（冷点）的聚类就越紧密。

（2）变异系数

变异系数公式见 4. 1. 2. 2 节式（4-1），此处不再赘述。

一般来说，人均旅游收入平均值越高，衡量其变异程度的变异系数越大，反之越小。

5. 3. 3　研究结果

5. 3. 3. 1　总体特征

2018 年，福建省人均旅游收入的平均值为 1364. 09 元，其竞争力总体处于中等水平。各市（区）人均旅游收入竞争力排名依次是泉州市>南平市>厦门市>福州市>漳州市>平潭综合实验区>宁德市>莆田市>三明市>龙岩市，如表 5-10 所示。泉州市、南平市、厦门市人均旅游收入超过 1500 元，三明市、龙岩市人均旅游收入不足 1000 元。

表 5-10　福建省各地区人均旅游收入统计

地区	国内游客人数/万人次	国内旅游收入/亿元	入境游客人数/万人次	旅游外汇收入/亿美元	游客总数/万人次	旅游总收入/亿元	人均旅游收入/元	竞争力排名
福州市	8 071. 35	1 051. 01	161. 95	18. 06	8 233. 31	1 170. 38	1 421. 52	4
厦门市	8 469. 89	1 141. 38	430. 43	39. 40	8 900. 32	1 402. 12	1 575. 36	3
宁德市	3 248. 09	341. 72	4. 82	0. 34	3 252. 91	343. 98	1 057. 45	6
莆田市	3 347. 19	323. 68	46. 86	4. 12	3 394. 05	350. 97	1 034. 07	7
泉州市	6 481. 84	971. 62	178. 04	17. 84	6 659. 88	1 089. 68	1 636. 19	1
漳州市	3 811. 57	483. 37	70. 39	5. 72	3 881. 96	521. 23	1 342. 70	5
龙岩市	4 588. 29	443. 60	19. 47	1. 54	4 607. 76	453. 81	984. 88	10
三明市	3 303. 09	323. 90	9. 56	0. 97	3 312. 65	330. 33	997. 18	2
南平市	4 897. 32	768. 93	46. 48	3. 20	4 991. 82	790. 08	1 582. 75	9
平潭综合实验区	480. 23	55. 75	4. 09	0. 15	484. 32	56. 74	1 171. 54	8
福建省	45 138. 93	6 032. 95	901. 24	90. 92	47 718. 98	6 634. 58	1 390. 34	

入境旅游市场方面，2018 年厦门市一枝独秀，入境游客人数占全省 47.76%，旅游外汇收入占全省 43.33%，显示厦门市作为经济特区、国际旅游目的地在福建省旅游业中的重要地位。福州市作为省会城市，入境游客人数少于泉州市，但旅游外汇收入高于泉州市，显示入境游客在福州市的人均消费能力较强。此外，福州市是入境游客人均消费最高的城市，三明市、泉州市分列第二位、第三位，厦门市入境游客人均消费为第四位，低于全省平均水平。平潭综合实验区入境游客人均消费水平最低，不足 400 美元。

国内旅游市场方面，泉州市人均旅游消费水平最高，超过 1600 元，南平市、厦门市、福州市次之，并高于全省平均水平；其他市（区）均低于全省平均水平，其中莆田市、龙岩市、三明市人均旅游消费不足 1000 元。

福建省内人均旅游收入高于福建省人均旅游收入的县域有 22 个，所占比例为 26.19%；其余 62 个县域的人均旅游收入低于平均值，如表 5-11 所示。2018 年，福建省县域人均旅游收入排名前 10 位的县域依次是石狮市、福清市、晋江市、武夷山市、泉港区、台江区、南安市、丰泽区、建瓯市、南靖县，人均旅游收入超过 1600 元；县域人均旅游收入竞争力排名后 10 位的县域是古田县、尤溪县、上杭县、柘荣县、建宁县、秀屿区、周宁县、集美区、同安区、翔安区，人均旅游收入低于 850 元。

表 5-11　福建省县域人均旅游收入统计

序号	市（区）	县（市、区）	人均国内旅游收入/元	人均入境旅游收入/美元	人均旅游收入/元	竞争力排序
1	福州市	鼓楼区	1275.01	1119.6	1395.84	22
2		台江区	1703.54	1153.58	1948.7	6
3		仓山区	1054.1	1002.51	1122.84	46
4		马尾区	1056.3	1156.03	1172.35	39
5		晋安区	1309.35	912.35	1346.04	26
6		长乐区	1252.79	1645.55	1417.17	20
7		福清市	1945.68	1076.9	2368.95	2
8		闽侯县	996.51	788.23	1015.84	60
9		连江县	1502.89	898.82	1614.26	11
10		罗源县	1229.48	1714.85	1338.94	27
11		闽清县	1534.68	927.23	1587.37	12
12		永泰县	1192.65	1640.84	1201.26	36
13	平潭综合实验区		1160.90	366.75	1171.54	40

续表

序号	市（区）	县（市、区）	人均国内旅游收入/元	人均入境旅游收入/美元	人均旅游收入/元	竞争力排序
14	厦门市	思明区	614. 28	417. 26	1554. 43	13
15		海沧区	1749. 21	1188. 18	845. 08	74
16		湖里区	988. 77	671. 64	1495. 02	15
17		集美区	1818. 72	1235. 4	525. 02	82
18		同安区	405. 73	275. 6	346. 77	83
19		翔安区	216. 42	147. 01	184. 97	84
20	宁德市	蕉城区	1151. 45	664. 25	1158. 48	41
21		福安市	1230. 99	441. 41	1231. 16	33
22		福鼎市	1378. 34	726. 45	1388. 15	24
23		霞浦县	970. 18	511. 68	972. 86	67
24		古田县	825. 25	930. 41	840. 92	75
25		屏南县	858. 81	747. 14	863. 57	72
26		寿宁县	955. 58	529. 39	955. 94	68
27		周宁县	666. 72	764. 75	668. 29	81
28		柘荣县	802. 09	604. 67	803. 25	78
29	莆田市	城厢区	896. 3	769. 72	986. 13	64
30		涵江区	1206. 76	892. 21	1209. 01	35
31		荔城区	908. 72	1032. 63	1024. 9	58
32		秀屿区	721. 15	706. 81	751. 2	80
33		仙游县	1473. 49	932. 95	1510. 09	14
34	泉州市	鲤城区	1205. 91	1083. 76	1400. 76	21
35		丰泽区	1671. 34	1037. 16	1861. 24	8
36		洛江区	1199. 64	1138. 57	1372. 17	25
37		泉港区	1953. 05	764. 44	1969. 92	5
38		石狮市	2228. 94	880. 73	2483. 93	1
39		晋江市	2115. 74	1083. 95	2364. 23	3
40		南安市	1799. 23	972. 35	1871. 02	7
41		惠安县	1116. 22	1044. 29	1154. 18	43
42		安溪县	1172. 29	837. 42	1219. 85	34
43		永春县	1036. 74	885. 8	1089	52
44		德化县	993. 2	936. 57	1024. 19	59

续表

序号	市（区）	县（市、区）	人均国内旅游收入/元	人均入境旅游收入/美元	人均旅游收入/元	竞争力排序
45	漳州市	芗城区	1257.17	803.81	1389.43	23
46		龙文区	1230.38	810.93	1326.89	28
47		龙海市	1281.51	685.9	1318.23	30
48		云霄县	1310.63	531.81	1322.14	29
49		漳浦县	1116.16	839.74	1138.48	45
50		诏安县	1097.95	755.04	1139.92	44
51		长泰县	1134.54	626.48	1157.05	42
52		东山县	1328.83	1050.45	1447.04	16
53		南靖县	1510.48	843.9	1648.29	10
54		平和县	1114.65	630.76	1121.78	47
55		华安县	1262.57	715.85	1278.32	31
56	龙岩市	新罗区	1002.46	1091.98	1011.6	61
57		永定区	1042.85	785.85	1098	49
58		漳平市	1061.22	1096.1	1068.37	53
59		长汀县	1083.86	605.74	1089.81	51
60		上杭县	807.01	928.94	810.52	77
61		武平县	1026.7	540.55	1028.04	57
62		连城县	894.93	637.38	906	71
63	三明市	梅列区	1055.14	1247.95	1064.75	54
64		三元区	1092.49	1000.29	1092.86	50
65		永安市	1087.98	757.35	1104.2	48
66		明溪县	1005.8	581.52	1008.13	62
67		清流县	1195.89	676.99	1196.21	37
68		宁化县	852.9	1019.54	855.29	73
69		大田县	914.87	654.83	918.93	70
70		尤溪县	809.04	940.19	829.3	76
71		沙县	982.88	656.87	982.92	66
72		将乐县	1026.89	961.42	1028.44	56
73		泰宁县	976.41	1168.88	1033.88	55
74		建宁县	756.21	533.14	756.33	79

续表

序号	市（区）	县（市、区）	人均国内旅游收入/元	人均入境旅游收入/美元	人均旅游收入/元	竞争力排序
75	南平市	延平区	1432.62	400.73	1438.59	18
76		建阳区	1442.47	634.42	1445.47	17
77		邵武市	1432.62	400.73	1438.59	19
78		武夷山市	1964.8	759.78	2034.64	4
79		建瓯市	1704.31	458.31	1707.35	9
80		顺昌县	1185.49	501.63	1194.93	38
81		浦城县	1231.88	511.62	1235.85	32
82		光泽县	937.64	557.08	985.31	65
83		松溪县	910.61	557.99	922.82	69
84		政和县	974.87	646.23	989.9	63

2018 年，福建省人均入境旅游收入竞争力排名前 10 位的县域依次是罗源县、长乐区、永泰县、梅列区、集美区、海沧区、泰宁县、马尾区、台江区、洛江区，人均入境旅游收入超过 1100 美元；人均入境旅游收入竞争力排名后 10 位的县域是浦城县、顺昌县、建瓯市、福安市、思明区、邵武市、延平区、平潭综合实验区、同安区、翔安区，人均旅游收入低于 550 美元。

2018 年，福建省人均国内旅游收入竞争力排名前 10 位的县域依次是石狮市、晋江市、武夷山市、泉港区、福清市、集美区、南安市、海沧区、建瓯市、台江区，人均国内旅游收入超过 1700 元；人均国内旅游收入竞争力排名后 10 位的县域是古田县、尤溪县、上杭县、柘荣县、建宁县、秀屿区、周宁县、思明区、同安区、翔安区，人均国内旅游收入低于 850 元。

5.3.3.2　分类型特征

（1）分等级特征

福建省人均旅游收入竞争力为强的县域有 9 个，所占比例为 10.71%，主要分布在泉州市、福州市、南平市。人均旅游收入竞争力中等的县域有 38 个，所占比例为 45.24%，在各市（区）均有分布；人均旅游收入竞争力为弱的县域有 37 个，所占比例为 44.05%，主要分布在龙岩市、厦门市、三明市和宁德市，具体如图 5-9 所示。

（2）分地区特征

泉州市、南平市、福州市有超过 16% 县域人均旅游收入竞争力处于强水平，

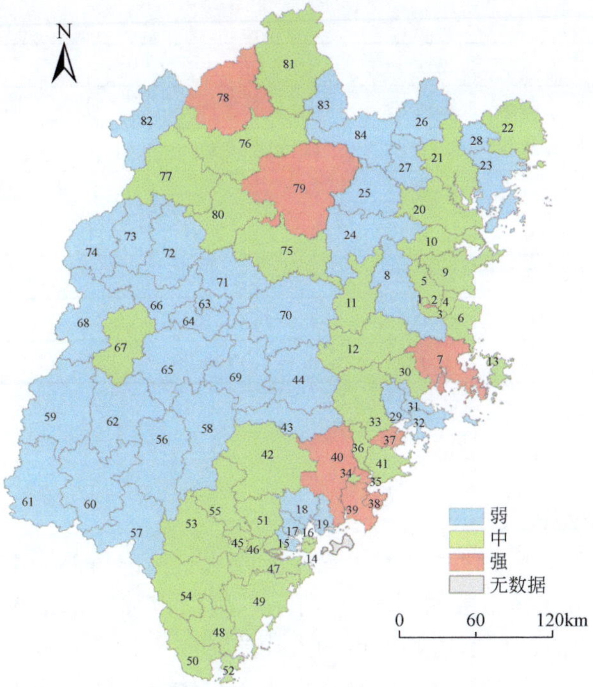

图 5-9　福建省县域人均旅游收入竞争力分布

其他市（区）无人均旅游收入竞争力处于强水平的县域，如表 5-12 所示。漳州市 11 个县域的人均旅游收入竞争力为中等水平，南平市和福州市 50% 及以上县域人均旅游收入竞争力处于中等水平；龙岩市全部县域人均旅游收入竞争力处于弱水平，三明市 1 个县域的人均旅游收入竞争力处于中等水平，其他 11 个县域的人均旅游收入竞争力处于弱水平，厦门市、宁德市和莆田市 60% 及以上县域人均旅游收入竞争力处于弱水平。沿海地区县域人均旅游收入竞争力较内陆地区强，显示沿海地区县域比内陆地区县域有更好的旅游业发展态势。

表 5-12　福建省县域人均旅游收入分地区统计

市（区）	强		中		弱		合计/个
	数量/个	比例/%	数量/个	比例/%	数量/个	比例/%	
福州市	2	22.22	9	23.68	1	2.70	12
厦门市	0	0	2	5.26	4	10.81	6
宁德市	0	0	3	7.89	6	16.22	9
莆田市	0	0	2	5.26	3	8.11	5
泉州市	5	55.56	4	10.53	2	5.40	11

续表

市（区）	等级						合计
	强	比例/%	中	比例/%	弱	比例/%	
漳州市	0	0	11	28.96	0	0	11
龙岩市	0	0	0	0	7	18.92	7
三明市	0	0	1	2.63	11	29.73	12
南平市	2	22.22	5	13.16	3	8.11	10
平潭综合实验区	0	0	1	2.63	0	0	1
合计	9	100.00	38	100.00	37	100.00	84

5.3.3.3 区域差异分析

（1）变异系数分析

运用变异系数分析福建省县域人均旅游收入，标准偏差为402.36，变异系数为33%，各个地市变异系数如图5-10所示。厦门市和宁德市人均旅游收入变异系数大于总体平均值，显示这些地市的人均旅游收入的变异程度较大，总体较为不均衡；其余地市人均旅游收入变异系数小于总体平均值，显示这些地市的人均旅游收入的变异程度较小，总体较为均衡。

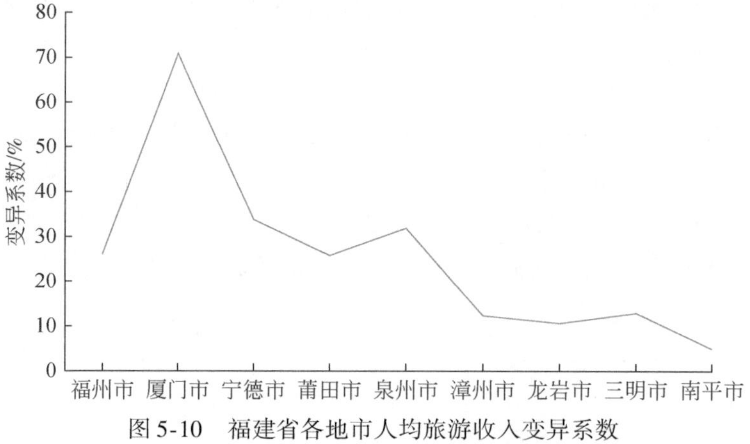

图5-10　福建省各地市人均旅游收入变异系数

（2）冷热点分析

运用ArcGIS10.3软件对县域人均旅游收入进行冷热点分析，在福州市–平潭综合实验区–莆田市–泉州市和南平市形成2个热点区域，如图5-11所示。福州市–平潭综合实验区–莆田市–泉州市县域人均旅游收入热点区域呈现带状分布，主要包含四地市沿海地区县域，范围较大，是福建省县域人均旅游收入主热点区域；南平市县域人均旅游收入热点区域主要包括武夷山市和建阳区，范围较小。

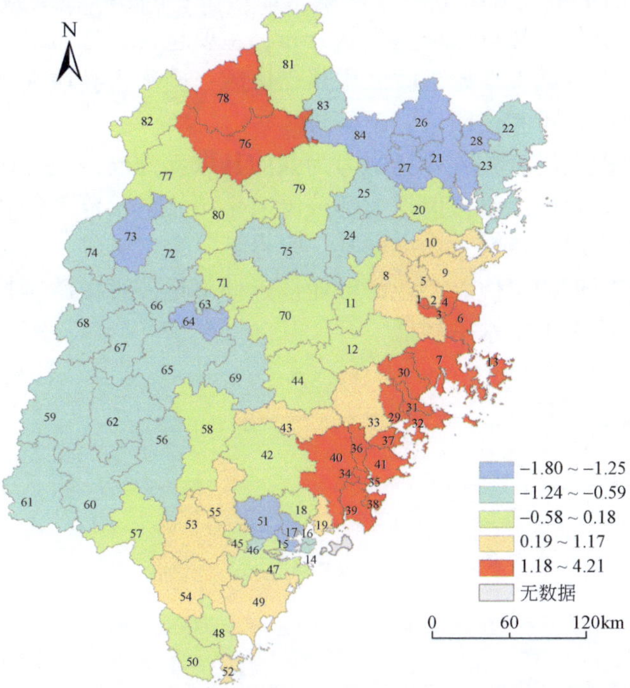

图 5-11　福建省县域人均旅游收入冷热点

5.3.4　小结

第一，福建省人均旅游收入为 1390.34 元，其竞争力总体处于中等水平。泉州市、南平市、厦门市、福州市人均旅游收入高于福建省人均旅游收入，其余市（区）均低于福建省人均旅游收入。福建省内人均旅游收入高于福建省人均旅游收入的县域有 25 个，所占比例为 29.76%，显示县域人均旅游收入水平不高。

第二，福建省县域人均旅游收入竞争力整体处于中等水平。人均旅游收入竞争力为强的县域仅有 9 个，所占比例为 10.71%，主要分布在泉州市、福州市、南平市；有 44.05% 县域人均旅游收入竞争力处于弱水平，沿海地区和内陆地区均有人均旅游收入竞争力为强的县域。

第三，福建省县域人均旅游收入的区域差异不显著。厦门市和宁德市人均旅游收入变异系数大于总体平均值，显示这些地市人均旅游收入的变异程度较大，总体较为不均衡；其余地市人均旅游收入变异系数小于总体平均值，显示这些地市人均旅游收入的变异程度较小，总体差异较小。

第四，福建省县域人均旅游收入的集聚明显。福州市–平潭综合实验区–莆田市–泉州市和南平市形成2个热点区域，福州市–平潭综合实验区–莆田市–泉州市县域人均旅游收入热点区域呈带状分布，主要包含四地市沿海地区县域，范围较大，是福建省县域人均旅游收入主热点区域；南平市县域人均旅游收入热点区域主要包括武夷山市和建阳区，范围较小。

第五，福建省人均旅游收入竞争力为强的县域部分已经成为国家全域旅游示范区创建单位，如武夷山市；但是大部分国家全域旅游示范区创建单位均为人均旅游收入竞争力为弱的地区，如屏南县、永春县、永定区等，这体现出福建省国家全域旅游示范区创建单位旅游业的产业链延伸不足，过夜游客比例不高，游客停留时间较短，旅游消费水平较低。

6 全要素竞争力评价

6.1 旅游接待能力竞争力评价

6.1.1 指标释义

6.1.1.1 概念

旅游接待能力是指旅游业的各个环节为旅游者提供服务的设备、设施和服务的能力，按接待能力所包括的范围不同，可以分为单项接待能力和综合接待能力两部分（马勇，2018）。

旅游业各个环节的单独接待能力，称为单项接待能力，如旅游饭店有客房接待能力、餐厅接待能力、交通车辆接待能力、旅游物资供应的接待能力，旅游景区有容纳游客的接待能力，旅游城市有各项公用设施的接待能力等；各个环节的单项接待能力，加以协调和综合平衡，便构成整个旅游业总的接待能力。旅游饭店、旅游交通、旅行社的接待能力，是旅游业接待能力的核心（郑家亨，1995）。

6.1.1.2 类型

(1) 旅行社

世界旅游组织把旅行社定义为，零售代理机构向公众提供关于可能的旅行、居住和相关服务，包括服务酬金和条件的信息。旅行组织者或批发商在旅游需求提出前，组织交通运输、预订不同的住宿和准备其他服务，为旅行和旅居做准备（陈永发，2014）。

我国《旅行社管理条例》把旅行社定义为，有营利目的，从事旅游业务的企业。其中，旅游业务是指为旅游者代办出境、入境和签证手续，招徕、接待旅游者，为旅游者安排食宿等有偿服务的经营活动。旅行社的营运项目通常包括了各种交通运输票券（如机票、巴士票与船票）、套装行程、旅行保险、国际旅行所需的证照（如护照、签证）的咨询与代办（陈永发，2014）。

旅行社可以分为旅游批发经营商和旅游零售商两大类。旅游批发经营商指主要经营批发业务的旅行社或旅游公司。旅游批发经营商大批量地订购交通运输工具、饭店、目的地经营接待业务的旅行社、旅游景点等有关旅游企业的产品和服务，然后将这些单向产品组合成为不同的包价旅游线路产品或包价度假集合产品，最后通过一定的销售渠道向旅游消费者出售。旅游零售商指主要经营零售业务的旅行社，包括旅游代理商和其他有关的代理预定机构（陈永发，2014）。

（2）饭店床位数

饭店床位数指旅游饭店正常供应旅游者过夜使用的床位数，不包括因旅游者较多而临时增加的床位（郑向敏，2014）。

饭店床位数是被广泛用来确切反映旅游饭店接待能力的经济指标，饭店床位数的多少，反映饭店接待能力的大小（郑家亨，1995）。

（3）民宿

民宿源自日本，是指利用当地闲置资源，民宿主人参与接待，为游客提供体验当地自然、文化与生产生活方式的小型住宿设施（张海洲等，2019）。

《旅游民宿基本要求与评价》（LB/T 065—2019）规定，旅游民宿是指利用当地民居等相关闲置资源，经营用客房不超过 1 层、建筑面积不超过 800m^2，主人参与接待，为游客提供体验当地自然、文化与生产生活方式的小型住宿设施。根据所处地域的不同可分为城镇民宿和乡村民宿，等级分为三星级、四星级和五星级三个级别。

民宿不同于传统的旅馆，没有高级奢华的设施，是一个小型的旅游目的地，但能让游客体验当地风情、感受民宿主人的热情与服务，并能体验有别于以往的生活。

6.1.2 数据来源与研究方法

6.1.2.1 数据来源

旅行社数量来自福建省文化和旅游厅、国家企业信用信息公示系统，饭店床位数来自福建省文化和旅游厅，民宿数量来自国家企业信用信息公示系统。获取数据后，邀请文化和旅游部门、旅游业界及高校教师共 5 位专家对 3 个指标的相对重要性进行比较，最终确定旅行社、饭店床位数、民宿对旅游接待能力的贡献分别为 35%、40%、25%。

以 2018 年县域旅行社数、饭店床位数、民宿数作为原始数据，采用 ArcGIS 软件的地理分析工具对带有 2018 年旅行社数、饭店床位数、民宿数数据信息的福建省县级行政区划矢量图进行空间统计与分析。

参照国内外县域旅游接待能力竞争力评价研究的相关标准，并根据国家全域旅游示范区验收认定的相关条件，按照自然断点的方式将研究样本的旅游接待能力竞争力划分为强、中、弱3个等级，具体如表6-1所示。

表6-1 旅游接待能力竞争力分级标准

竞争力	等级	旅游接待能力竞争力特征
强	Ⅰ（3.48%～10.85%）	县域旅游接待能力较强，旅游业各环节协调性较好
中	Ⅱ（1.06%～3.47%）	县域旅游接待能力中等，旅游业各环节协调性一般
弱	Ⅲ（0.15%～1.05%）	县域旅游接待能力较弱，旅游业各环节协调性较差

6.1.2.2 研究方法

(1) ArcGIS 空间分析

1）专题地图

利用ArcGIS10.3软件，制作福建省县域旅游接待能力专题地图，通过色彩分级显示县域旅游接待能力竞争力强、中、弱3个等级。

2）冷热点分析

利用冷热点分析工具识别县域旅游接待能力的高值（热点）和低值（冷点）的空间聚类。通过分析，得到具有显著统计学意义的正z得分，z得分越高，高值（热点）的聚类就越紧密；对于统计学上的显著性负z得分，z得分越低，低值（冷点）的聚类就越紧密。

(2) 变异系数

变异系数公式见4.1.2.2节式（4-1），此处不再赘述。

一般来说，县域旅游接待能力平均值越高，衡量其变异程度的变异系数越大，反之越小。

6.1.3 研究结果

6.1.3.1 总体特征

2018年，福建省各市（区）旅游接待能力竞争力排名依次是厦门市>福州市>泉州市>南平市>龙岩市>漳州市>宁德市>三明市>莆田市>平潭综合实验区，如表6-2所示。厦门市、福州市、泉州市、南平市旅游接待能力较强，超过12%；莆田市、平潭综合实验区旅游接待能力较弱，低于5%。

2018 年，福建省各市（区）饭店床位数竞争力排名依次是厦门市>福州市>泉州市>南平市>龙岩市>漳州市>宁德市>三明市>莆田市>平潭综合实验区，如表 6-2 所示。厦门市、福州市、泉州市、南平市饭店床位数超过全省平均水平，其余市（区）饭店床位数均低于全省平均水平。

2018 年，福建省各市（区）旅行社竞争力排名依次是厦门市>福州市>泉州市>漳州市>南平市>三明市>龙岩市>宁德市>平潭综合实验区>莆田市，如表 6-2 所示。厦门市、福州市、泉州市旅行社数超过全省平均水平，其余市（区）旅行社数均低于全省平均水平。

2018 年，福建省各市（区）民宿竞争力排名依次是厦门市>平潭综合实验区>南平市>宁德市>泉州市>漳州市>三明市>莆田市>福州市>龙岩市，如表 6-2 所示。厦门市、平潭综合实验区、南平市、宁德市、泉州市民宿数超过全省平均水平，其余地市民宿数均低于全省平均水平。

表 6-2　福建省各地区旅游接待能力竞争力统计

地区	旅行社/家	饭店床位数/张	民宿/家	旅游接待能力/%	旅游接待能力竞争力排序
福州市	1 346	134 249	77	14.99	2
厦门市	1 936	178 485	740	19.99	1
宁德市	303	75 670	257	8.42	7
莆田市	175	35 978	115	4.01	9
泉州市	908	117 565	245	13.12	3
漳州市	446	77 329	187	8.61	6
龙岩市	309	87 684	50	9.74	5
三明市	364	65 740	132	7.32	8
南平市	414	112 027	285	12.46	4
平潭综合实验区	240	11 734	320	1.34	10
福建省	6 441	896 461	2 408	100.00	

福建省内旅游接待能力竞争力排名前 10 位的县域依次是思明区、湖里区、鼓楼区、武夷山市、晋江市、新罗区、福鼎市、集美区、延平区、永定区，旅游接待能力均大于 1.90%。其中，思明区一枝独秀，旅游接待能力大于 10%。旅游接待能力竞争力排名后 10 位的域是诏安县、马尾区、政和县、大田县、华安县、清流县、柘荣县、洛江区、闽清县、明溪县，旅游接待能力均小于 0.35%。其中，明溪县旅游接待能力仅为 0.15%，如表 6-3 所示。

表 6-3 福建省县域旅游接待能力竞争力统计

序号	市（区）	县（市、区）	旅游接待能力/%	竞争力排序	序号	市（区）	县（市、区）	旅游接待能力/%	竞争力排序
1	福州市	鼓楼区	4.44	3	32	莆田市	秀屿区	1.02	37
2		台江区	1.13	29	33		仙游县	0.80	42
3		仓山区	1.77	12	34	泉州市	鲤城区	0.93	39
4		马尾区	0.31	76	35		丰泽区	1.60	15
5		晋安区	1.87	11	36		洛江区	0.23	82
6		长乐区	0.75	47	37		泉港区	0.37	72
7		福清市	1.11	31	38		石狮市	1.68	14
8		闽侯县	1.14	28	39		晋江市	3.47	5
9		连江县	1.04	36	40		南安市	1.74	13
10		罗源县	0.48	61	41		惠安县	1.16	27
11		闽清县	0.22	83	42		安溪县	1.05	35
12		永泰县	0.72	49	43		永春县	0.46	62
13	平潭综合实验区		1.34	20	44		德化县	0.43	66
14	厦门市	思明区	10.85	1	45	漳州市	芗城区	1.13	30
15		海沧区	0.84	41	46		龙文区	0.70	50
16		湖里区	4.60	2	47		龙海市	0.68	51
17		集美区	2.06	8	48		云霄县	0.41	69
18		同安区	0.89	40	49		漳浦县	1.28	22
19		翔安区	0.75	48	50		诏安县	0.32	75
20	宁德市	蕉城区	1.23	25	51		长泰县	0.62	55
21		福安市	0.62	56	52		东山县	1.41	19
22		福鼎市	2.72	7	53		南靖县	1.23	24
23		霞浦县	1.42	18	54		平和县	0.57	59
24		古田县	0.65	53	55		华安县	0.27	80
25		屏南县	0.76	46	56	龙岩市	新罗区	3.38	6
26		寿宁县	0.43	67	57		永定区	1.91	10
27		周宁县	0.35	74	58		漳平市	0.48	60
28		柘荣县	0.25	81	59		长汀县	1.01	38
29	莆田市	城厢区	1.09	34	60		上杭县	1.27	23
30		涵江区	0.44	64	61		武平县	0.59	57
31		荔城区	0.66	52	62		连城县	1.10	33

续表

序号	市（区）	县（市、区）	旅游接待能力/%	竞争力排序	序号	市（区）	县（市、区）	旅游接待能力/%	竞争力排序
63	三明市	梅列区	0.64	54	74	三明市	建宁县	0.40	70
64		三元区	0.46	63	75	南平市	延平区	2.06	9
65		永安市	1.42	17	76		建阳区	1.31	21
66		明溪县	0.16	84	77		邵武市	1.46	16
67		清流县	0.27	79	78		武夷山市	4.24	4
68		宁化县	0.39	71	79		建瓯市	1.11	32
69		大田县	0.29	78	80		顺昌县	0.43	65
70		尤溪县	0.76	45	81		浦城县	0.77	44
71		沙县	0.79	43	82		光泽县	0.41	68
72		将乐县	0.58	58	83		松溪县	0.36	73
73		泰宁县	1.16	26	84		政和县	0.30	77

在单项接待能力方面，思明区、湖里区、鼓楼区、武夷山市单项接待能力竞争力均为强，丰泽区、晋江市、台江区、晋安区、仓山区、集美区旅行社竞争力为强，晋江市、新罗区、福鼎市、延平区、集美区、永定区在饭店床位数上竞争力为强，霞浦县、德化县、秀屿区、东山县、延平区、南靖县、福鼎市、泰宁县民宿竞争力为强，具体如表6-4 所示。

表 6-4　福建省县域分项接待能力竞争力统计

序号	旅行社	饭店床位	民宿	旅游接待能力
1	思明区	思明区	思明区	思明区
2	湖里区	湖里区	武夷山市	湖里区
3	鼓楼区	鼓楼区	霞浦县	鼓楼区
4	丰泽区	武夷山市	德化县	武夷山市
5	晋江市	晋江市	秀屿区	晋江市
6	武夷山市	新罗区	东山县	新罗区
7	台江区	福鼎市	延平区	福鼎市
8	晋安区	延平区	南靖县	集美区
9	仓山区	集美区	福鼎市	延平区
10	集美区	永定区	泰宁县	永定区

6.1.3.2 分类型特征

（1）分等级特征

旅游接待能力竞争力为强的县域有4个，所占比例为4.76%，主要分布在厦门市、南平市、福州市。旅游接待能力竞争力中等的县域有30个，所占比例为35.71%，在各个地市均有分布；旅游接待能力竞争力为弱的县域有50个，所占比例为59.53%，主要分布在三明市、漳州市、泉州市、宁德市和福州市，如图6-1所示。

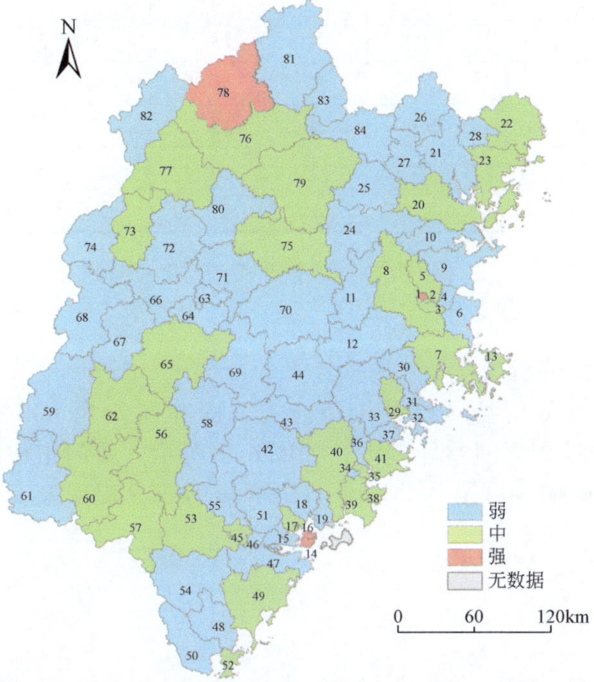

图6-1 福建省县域旅游接待能力竞争力分布

（2）分地区特征

厦门市、福州市、南平市有超过8%县域旅游接待能力竞争力为强，3个地市50%县域旅游接待能力竞争力为弱，如表6-5所示。厦门市和泉州市50%及以上县域旅游接待能力竞争力为弱；龙岩市无旅游接待能力竞争力为强的县域，旅游接待能力竞争力为弱的县域比例低于50%，三明市、宁德市、泉州市、漳州市、莆田市无旅游接待能力竞争力为强的县域，且超过50%县域旅游接待能力竞争力为弱。总体来看，沿海地区和内陆地区县域旅游接待能力竞争力较为均衡。

表 6-5　福建省县域旅游接待能力竞争力分地区统计

市（区）	强		中		弱		合计/个
	数量/个	比例/%	数量/个	比例/%	数量/个	比例/%	
福州市	1	25.00	5	16.67	6	12.00	12
厦门市	2	50.00	1	3.33	3	6.00	6
宁德市	0	0	3	10.00	6	12.00	9
莆田市	0	0	1	3.33	4	8.00	5
泉州市	0	0	5	16.67	6	12.00	11
漳州市	0	0	4	13.33	7	14.00	11
龙岩市	0	0	4	13.33	3	6.00	7
三明市	0	0	2	6.68	10	20.00	12
南平市	1	25.00	4	13.33	5	10.00	10
平潭综合实验区	0	0	1	3.33	0	0	1
合计	4	100.00	30	100.00	50	100.00	84

6.1.3.3　区域差异分析

（1）变异系数分析

运用变异系数分析县域旅游接待能力，标准偏差为 1.4037，变异系数为 118%，显示各个地市之间差异较大，如图 6-2 所示。厦门市旅游接待能力变异系数大于总体平均值，显示各县域旅游接待能力变异程度较大，总体较为不均

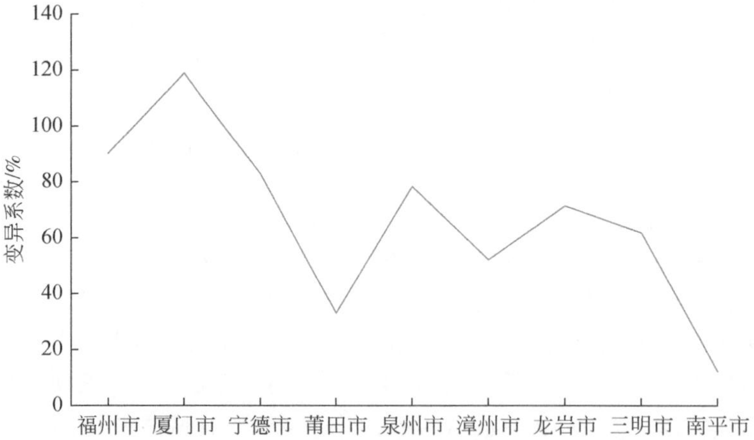

图 6-2　福建省各地市旅游接待能力变异系数

衡；其余各地市旅游接待能力变异系数均小于总体平均值，显示这些地市内的县域的旅行社数、饭店床位数和民宿数的变异程度较小，总体较为均衡。

（2）冷热点分析

运用 ArcGIS10.3 软件对县域旅游接待能力进行冷热点分析，在厦门市–漳州市、泉州市形成 2 个热点区域，如图 6-3 所示。厦门市–漳州市的热点区域以厦门市市区和漳州市市区为核心，包括长泰县、龙海市等，涵盖面积大、涉及县级单位多，是福建省旅游接待能力主热点区域；泉州市热点区包括晋江市，范围较小，是次热点区域。

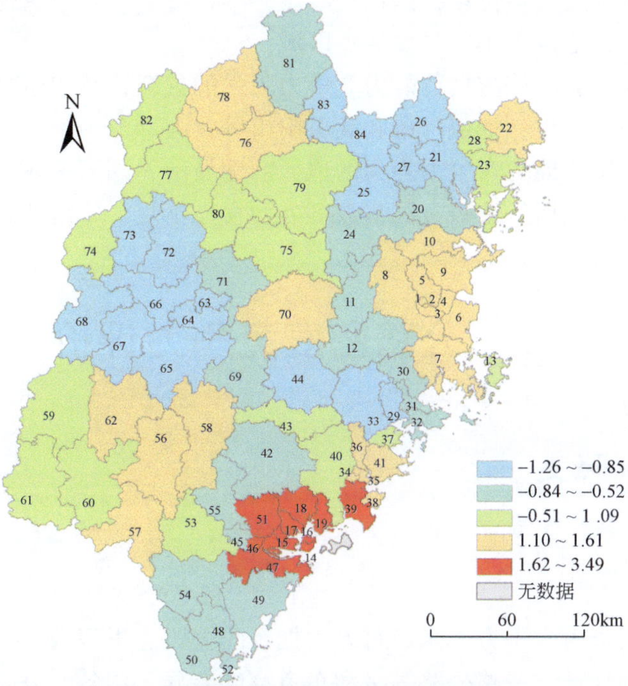

图 6-3　福建省县域旅游接待能力冷热点

6.1.4 小结

第一，2018 年，福建省处于存续状态的旅行社有 6441 家、民宿 2408 家，饭店床位数 896 461 张。厦门市、福州市、泉州市、南平市旅游接待能力竞争力为强，超过 12%；莆田市、平潭综合实验区旅游接待能力竞争力为弱，低于 5%。

第二，福建省县域旅游接待能力竞争力整体处于中等水平。旅游接待能力竞争力为强的县域有 4 个，所占比例为 4.76%，主要分布在厦门市、南平市、福州市；59.53%县域旅游接待能力竞争力处于弱水平；沿海地区和内陆地区县域旅游接待能力竞争力相差不大，旅游业各环节协调性差异较小。

第三，福建省县域旅游接待能力的区域差异显著。厦门市旅游接待能力变异系数大于总体平均值，其内部各县域旅游接待能力变异程度较大，总体较为不均衡；其余各地市旅游接待能力变异系数均小于总体平均值，显示这些地市内的县域的旅行社数、饭店床位数和民宿数的离散程度较小，总体较为均衡。

第四，福建省县域旅游接待能力的集聚明显。在厦门市–漳州市、泉州市形成2个热点区域，厦门市–漳州市的热点区域以厦门市市区和漳州市市区为核心，涵盖面积大、涉及县级单位多，是福建省旅游接待能力主热点区域；泉州市热点区域包括晋江市，范围较小，是次热点区域。

第五，福建省县域旅游接待能力竞争力为强的县级行政单位部分成为国家全域旅游示范区创建单位，如厦门市和武夷山市等；大部分国家全域旅游示范区创建单位均为旅游接待能力竞争力为弱的地区。这显示，国家全域旅游示范区创建单位在旅行社数、饭店床位数、民宿数等方面存在不足，旅游业各环节协调性需要进一步提升。

6.2 公路密度竞争力评价

6.2.1 指标释义

6.2.1.1 概念

公路密度是指每百平方千米或每万人拥有的公路总里程数。

公路密度的计算，忽略公路等级和车道宽度差异，用各类公路总里程除以总土地面积，计算方法有两种：每百平方千米的公路总里程数，常用单位为$km/100km^2$；或每万人拥有的公路总里程数，常用单位为km/万人。

其中，公路里程数指在一定时期内实际达到《公路工程技术标准》（JTG 01—2014）规定的等级公路，并经公路主管部门正式验收交付使用的公路里程数，包括大中城市的郊区公路，以及通过小城镇街道部分的公路里程和桥梁，不包括大中城市的街道和林区生产用道及农业生产用道的里程。两条或多条公路共同经由同一路段，只计算一次。该指标是反映公路建设发展规模的重要指标，也是计算运输网密度等指标的基础资料（孙根年，2000）。

公路等级是根据公路的使用任务、功能和流量进行划分的，我国将公路划分为高速公路、一级公路、二级公路、三级公路、四级公路五个等级，具体如表6-6所示（孙根年，2000）。

表6-6　公路等级与特征

公路等级	设计年限/年	特征
高速公路	20	供汽车分向行驶、分车道行驶的公路，全部控制出入的多车道公路，平均昼夜交通量为15 000辆以上
一级公路	20	供汽车分向行驶、分车道行驶的公路，平均昼夜交通量为15 000～30 000辆
二级公路	15	平均昼夜交通量为3 000～7 500辆
三级公路	10	平均昼夜交通量为1 000～4 000辆
四级公路	10	平均昼夜交通量为双车道1 500辆以下，单车道200辆以下

6.2.1.2　作用

（1）社会经济发展的重要基础设施

公路网作为一种重要的基础设施，在社会经济发展中发挥十分重要的作用，它既是人类地域活动的物质基础，又是商品流通的重要保证。

公路密度是区域公路发展水平的重要标志，也是衡量公路作为社会经济发展中重要基础设施而满足交通需求的直观指标（杨兆升，1996）。

（2）既是旅游基础设施，又可以成为旅游吸引物

公路网支撑着汽车、摩托车、自行车等旅游交通工具，是保障旅游者实现从客源地到达旅游目的地，或者在旅游目的地内部实现空间转移的载体。良好的公路网是旅游目的地能够持续发展的必要条件，对区域旅游业的发展起到制约或者促进作用（董亚娟，2016）。

在传统观念中，公路只是作为游客进入旅游目的地及在旅游目的地内进行空间移动的通道，并未纳入旅游资源的范畴。随着风景道、自驾游的兴起和公路设计理念的变革，我国已出现一批具有特殊观光审美价值、可作为旅游资源而存在的特殊公路。公路成为旅游资源，使旅游资源和景区的概念得以拓展和深化（鲁苓宜和孙根年，2017）。

6.2.1.3　背景

2018年，中国公路总里程数484.65万km，公路密度0.5048km/km^2。

2018年，福建省实现了“市市通动车、县县通高速、镇镇通干线、村村通客车”，公路通车里程108 901km，公路密度0.89km/km^2。

6.2.2 数据来源与研究方法

6.2.2.1 数据来源

公路通车里程、土地面积数据来自《福建统计年鉴（2019）》、各县（市、区）国民经济和社会发展统计公报。

以2018年福建省县域公路密度作为原始数据，采用ArcGIS软件的地理分析工具对带有2018年公路密度数据信息的福建省县级行政区划矢量图进行空间统计与分析。

参照国内外公路密度竞争力评价研究的相关标准，并根据国家全域旅游示范区验收认定的相关条件，按照自然断点的方式将研究样本的公路密度竞争力划分为强、中、弱3个等级，如表6-7所示。

表6-7 公路密度竞争力分级标准

竞争力	等级	公路密度竞争力特征
强	Ⅰ（2.00～3.53km/km^2）	公路密度较大，交通通达性较好
中	Ⅱ（1.11～1.99km/km^2）	公路密度中等，交通通达性一般
弱	Ⅲ（0.44～1.10km/km^2）	公路密度较小，交通通达性较差

6.2.2.2 研究方法

（1）ArcGIS空间分析

1）专题地图

利用ArcGIS10.3软件，制作福建省县域公路密度专题地图，通过色彩分级显示县域公路密度竞争力强、中、弱3个等级。

2）冷热点分析

利用冷热点分析工具识别县域公路密度的高值（热点）和低值（冷点）的空间聚类。通过分析，得到具有显著统计学意义的正z得分，z得分越高，高值（热点）的聚类就越紧密；对于统计学上的显著性负z得分，z得分越低，低值（冷点）的聚类就越紧密。

（2）变异系数

变异系数公式见4.1.2.2节式（4-1），此处不再赘述。

一般来说，公路密度值平均值越高，衡量其变异程度的变异系数越大，反之越小。

6.2.3 研究结果

6.2.3.1 总体特征

2018 年，福建省公路密度竞争力总体处于较弱水平。各市（区）公路密度排名依次是平潭综合实验区>莆田市>泉州市>厦门市>福州市>漳州市>宁德市>龙岩市>三明市>南平市，如表 6-8 所示。平潭综合实验区一枝独秀，其公路密度接近 2.00；龙岩市、三明市、南平市的公路密度低于全省平均水平，其余市（区）均高于全省平均水平。

表 6-8 福建省各地区公路密度竞争力统计

地区	公路通车里程/km	面积/km^2	公路密度/(km/km^2)	竞争力排序
福州市	11 477	11 310.36	1.01	5
厦门市	2 208	1 512.04	1.46	4
宁德市	12 095.6	13 330.65	0.91	7
莆田市	6 536.38	3 865.12	1.69	2
泉州市	17 696	10 971.52	1.61	3
漳州市	12 600	12 590.76	1.00	6
龙岩市	14 549	19 054.10	0.76	8
三明市	15 273	22 966.56	0.67	9
南平市	15 833	26 299.03	0.60	10
平潭综合实验区	633	317.39	1.99	1
福建省	108 901	122 217.5	0.89	

福建省县域公路密度等于高于全省平均水平（0.89km/km^2）的县域有 47 个，所占比例为 55.95%，其余 37 个县域低于全省平均水平，如表 6-9 所示。福建省内公路密度竞争力排名前 10 位的县域依次是石狮市、鲤城区、晋江市、丰泽区、台江区、秀屿区、龙文区、荔城区、永春县、东山县，公路密度均大于 1.80km/km^2；公路密度竞争力排名后 10 位的县域是屏南县、顺昌县、永安市、邵武市、浦城县、将乐县、清流县、武夷山市、光泽县、建阳区，公路密度均等于或低于 0.60km/km^2。

表 6-9　福建省县域公路密度竞争力统计

序号	市（区）	县（市、区）	公路密度/(km/km²)	竞争力排序	序号	市（区）	县（市、区）	公路密度/(km/km²)	竞争力排序
1	福州市	鼓楼区	1.58	18	32	莆田市	秀屿区	2.44	6
2		台江区	2.73	5	33		仙游县	1.46	21
3		仓山区	0.83	51	34	泉州市	鲤城区	3.51	2
4		马尾区	1.25	29	35		丰泽区	3.01	4
5		晋安区	0.89	46	36		洛江区	1.38	24
6		长乐区	1.58	19	37		泉港区	1.73	12
7		福清市	1.37	26	38		石狮市	3.53	1
8		闽侯县	0.82	52	39		晋江市	3.07	3
9		连江县	1.00	41	40		南安市	1.68	13
10		罗源县	0.93	45	41		惠安县	1.66	14
11		闽清县	1.02	40	42		安溪县	1.37	25
12		永泰县	0.87	48	43		永春县	1.84	10
13	平潭综合实验区		1.99	9	44		德化县	1.05	38
14	厦门市	思明区	1.26	28	45	漳州市	芗城区	1.43	22
15		海沧区	1.30	27	46		龙文区	2.37	7
16		湖里区	1.62	16	47		龙海市	1.22	31
17		集美区	1.18	34	48		云霄县	0.75	61
18		同安区	1.63	15	49		漳浦县	0.83	50
19		翔安区	1.40	23	50		诏安县	0.98	42
20	宁德市	蕉城区	0.74	63	51		长泰县	1.19	33
21		福安市	1.20	32	52		东山县	1.84	11
22		福鼎市	1.06	37	53		南靖县	1.03	39
23		霞浦县	0.93	44	54		平和县	0.70	66
24		古田县	0.67	68	55		华安县	1.06	36
25		屏南县	0.60	75	56	龙岩市	新罗区	0.82	53
26		寿宁县	0.96	43	57		永定区	0.82	54
27		周宁县	0.89	47	58		漳平市	0.71	65
28		柘荣县	1.23	30	59		长汀县	0.80	56
29	莆田市	城厢区	1.47	20	60		上杭县	0.74	64
30		涵江区	1.61	17	61		[illegible]	[illegible]	[illegible]
31		荔城区	2.34	8	62				

续表

序号	市（区）	县（市、区）	公路密度/(km/km^2)	竞争力排序	序号	市（区）	县（市、区）	公路密度/(km/km^2)	竞争力排序
63	三明市	梅列区	1.10	35	74	三明市	建宁县	0.64	71
64		三元区	0.75	62	75	南平市	延平区	0.85	49
65		永安市	0.59	77	76		建阳区	0.44	84
66		明溪县	0.65	69	77		邵武市	0.59	78
67		清流县	0.50	81	78		武夷山市	0.48	82
68		宁化县	0.63	72	79		建瓯市	0.62	74
69		大田县	0.79	57	80		顺昌县	0.60	76
70		尤溪县	0.77	60	81		浦城县	0.58	79
71		沙县	0.69	67	82		光泽县	0.48	83
72		将乐县	0.53	80	83		松溪县	0.78	59
73		泰宁县	0.62	73	84		政和县	0.81	55

6.2.3.2 分类型特征

（1）分等级特征

公路密度竞争力为强的县域有 8 个，所占比例为 9.52%，主要分布在泉州市、莆田市、福州市、漳州市。公路密度竞争力中等的县域有 26 个，所占比例为 30.95%，在除龙岩市、三明市、南平市外的各个地市均有分布；公路密度竞争力为弱的县域有 50 个，所占比例为 59.53%，主要分布在三明市、南平市、宁德市、龙岩市、福州市、漳州市、泉州市，具体如图 6-4 所示。

（2）分地区特征

厦门市和莆田市无公路密度竞争力为弱的县域，厦门市公路密度竞争力均为中等，莆田市 40% 县域公路密度竞争力为强，且超过 50% 县域公路密度竞争力为中等；南平市、三明市、龙岩市、宁德市无公路密度竞争力强的县域，且超过 70% 县域公路密度竞争力为弱。总体来看，福建沿海地区县域比内陆地区县域有更好的旅游交通条件，具体如表 6-10 所示。

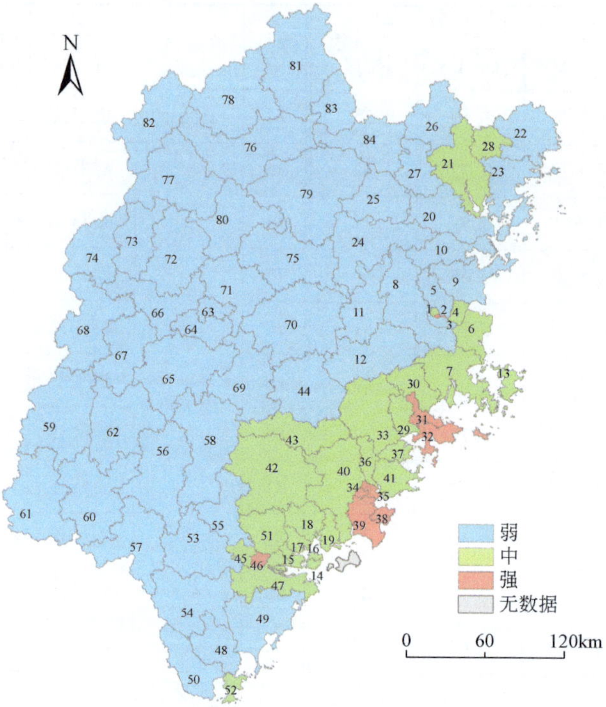

图6-4　福建省县域公路密度竞争力分布

表6-10　福建省县域公路密度竞争力分地区统计

市（区）	强		中		弱		合计/个
	数量/个	比例/%	数量/个	比例/%	数量/个	比例/%	
福州市	1	12.50	4	15.38	7.00	14.00	12
厦门市	0	0	6	23.08	0	0	6
宁德市	0	0	2	7.69	7.00	14.00	9
莆田市	2	25.00	3	11.54	0	0	5
泉州市	4	50.00	6	23.08	1	2.00	11
漳州市	1	12.50	4	15.38	6	12.00	11
龙岩市	0	0	0	0.00	7	14.00	7
三明市	0	0	0	0.00	12	24.00	12

续表

市（区）	强		中		弱		合计/个
	数量/个	比例/%	数量/个	比例/%	数量/个	比例/%	
南平市	0	0	0	0.00	10.00	20.00	10
平潭综合实验区	0	0	1	3.85	0	0	1
合计	8	100.00	26	100.00	50	100.00	84

6.2.3.3 区域差异分析

(1) 变异系数分析

运用变异系数分析县域公路密度，标准偏差为 0.6772，变异系数为 57%，各地市公路密度变异系数如图 6-5 所示。各地市公路密度变异系数均小于总体平均值，显示各地市县域公路密度的变异程度较小；福州市、泉州市、漳州市公路密度变异系数大于 40%，显示上述地市的县域公路密度变异程度相对较大，但总体上较为均衡。

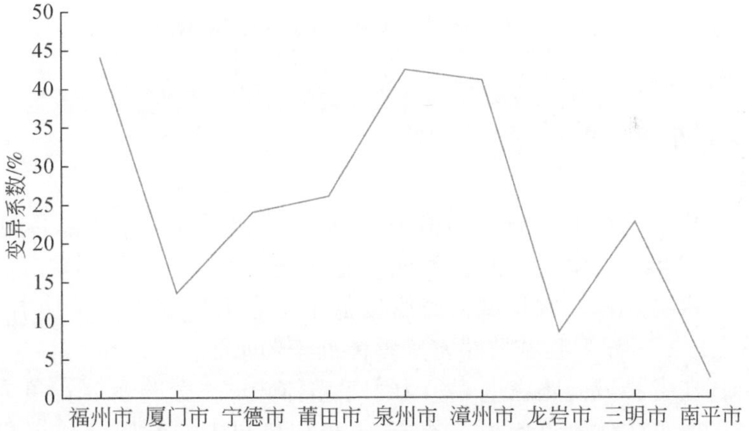

图 6-5　福建省各地市公路密度变异系数

(2) 冷热点分析

运用 ArcGIS10.3 软件对县域公路密度进行冷热点分析，发现在泉州市形成 1 个热点区域，如图 6-6 所示。泉州市的热点区域以市区为核心，北翼包括南安市、洛江区、泉港区，南翼包括晋江市、翔安区。

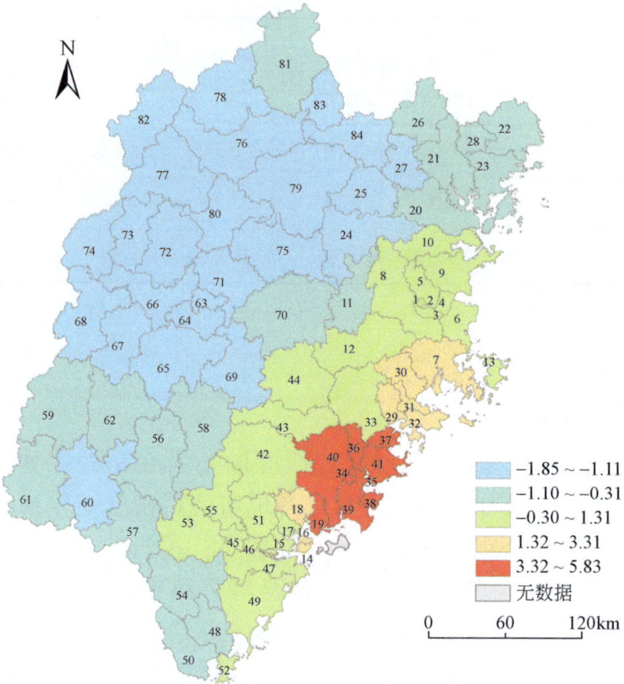

图 6-6　福建省县域公路密度冷热点

6.2.4　小结

第一，福建省公路密度的平均值为 0.89km/km^2，其竞争力总体处于较弱水平。龙岩市、三明市、南平市的公路密度低于全省平均水平，其余市（区）均高于全省平均水平。福建省县域公路密度低于全省平均水平的县域有 47 个，所占比例为 55.95%，显示县域公路密度整体处于弱水平。

第二，福建省县域公路密度竞争力水平整体较弱。公路密度竞争力为强的县域仅有 8 个，所占比例为 9.52%，主要分布在泉州市、莆田市、福州市、漳州市。有 50 个县域处于公路密度竞争力弱水平，内陆地区无公路密度竞争力为强的县域，显示沿海地区县域比内陆地区县域有更好的旅游交通条件。

第三，福建省县域公路密度的区域差异不显著。各地市变异系数均小于总体平均值，显示这些地市的县域公路密度的变异程度较小；福州市、泉州市、漳州市公路密度变异系数大于 40%，显示这些地市公路密度的变异程度相对较大，但总体上较为均衡。

第四，福建省县域公路密度的集聚明显。泉州市形成 1 个热点区域，以市区为核心，北翼包括南安市、洛江区、泉港区，南翼包括晋江市、翔安区。

第五，福建省县域公路密度为强的县级行政单位无国家全域旅游示范区创建单位；小部分国家全域旅游示范区创建单位处于公路密度竞争力中等水平，如仙游县、永春县、东山县；大部分国家全域旅游示范区创建单位的公路密度竞争力处于弱水平，这显示福建省国家全域旅游示范区创建单位交通通达性整体较差，需要进一步的改进和提升。

6.3 旅游景区综合竞争力评价研究

6.3.1 指标释义

6.3.1.1 概念

旅游景区是指以旅游及其相关活动为主要功能或主要功能之一的区域场所，能够满足游客参观游览、休闲度假、康乐健身等旅游需求，具备相应的旅游设施并提供相应的旅游服务的独立管理区（吴必虎和黄潇婷，2013）。

旅游景区应有统一的经营管理机构和明确的地域范围，类型有自然景区、人文景区、自然与人文混合型景区，具体类型有 A 级景区、乡村旅游点、自然或非物质文化遗产、地质公园、森林公园、水利风景区、观光工厂、文物保护单位、风景名胜区、自然保护区等。

6.3.1.2 作用

旅游景区是旅游业的核心要素，是旅游产品的主体成分，是旅游产业链中的中心环节，是旅游消费的吸引中心，是旅游产业的辐射中心，主要作用体现在以下四个方面：①旅游景区作为游客的旅游目的地，其自身独特的资源和氛围吸引着游客前往体验；②旅游景区具有很强的联动性，如交通运输业、餐饮业、娱乐业等；③旅游景区为安排劳动力、旅游扶贫、带动地方经济发展做出了贡献；④旅游景区为旅游产业的各个环节，如旅行社、宾馆、饭店等，提供了整合的可能，是其他相关产业融合的基础（杨广虎，2009）。

6.3.1.3 背景

根据《中华人民共和国文化和旅游部 2018 年文化和旅游发展统计公报》，截至 2018 年底，我国共有 A 级景区 11 924 个，全年接待游客 60.24 亿人次，实现旅游收入 4707.54 亿元。

截至 2018 年底，福建省共有 A 级景区 219 家，约占全国 A 级景区总数的 1.84%。

6.3.2 数据来源与研究方法

6.3.2.1 数据来源

福建省县域旅游景区数据来自《福建统计年鉴（2019)》、福建省文化和旅游厅官网和福建省各县（市、区）文化和旅游部门官网。A 级景区、乡村旅游点、自然或非物质文化遗产、地质公园、森林公园、水利风景区、观光工厂、文物保护单位、风景名胜区、自然保护区 10 种主要类型旅游景区数量的统计日期截至 2018 年 12 月 31 日。

参照国内外旅游景区综合竞争力评价研究的相关标准，并根据国家全域旅游示范区验收认定的相关条件，按照自然断点的方式将研究样本的旅游景区综合竞争力划分为强、中、弱 3 个等级，具体如表 6-11 所示。

表 6-11 旅游景区综合竞争力分级标准

竞争力	等级	旅游景区综合竞争力特征
弱	Ⅲ（5.29～10）	景区类型不全，数量和丰度较低，旅游业基础较差
中	Ⅱ（2.52～5.28）	景区类型一般，数量和丰度一般，旅游业基础一般
强	Ⅰ（0～2.51）	景区类型齐全，数量和丰度较高，旅游业基础较好

6.3.2.2 研究方法

（1）层次分析法

1）指标体系构建

研究样本以县级行政单位为基础，兼顾全域旅游的时代特征和数据的可获取性，特别是各县数据的可比性，选取 A 级景区、乡村旅游点、自然或非物质文化遗产、地质公园、森林公园、水利风景区、观光工厂、文物保护单位、风景名胜区、自然保护区 10 种主要类型旅游景区作为评价指标体系的二级指标，选取世界级（或 AAAAA)、国家级（或 AAAA)、省级（或 AAA）作为三级指标，构建旅游景区综合竞争力评价指标体系，如表 6-12 所示。

表 6-12 旅游景区综合竞争力评价指标与权重

指标		权重	
二级指标	三级指标	等级权重	类型权重
A 级景区	AAAAA	10	0.3044
	AAAA	5	
	AAA	1	
风景名胜区	国家级	5	0.1516
	省级	1	
森林公园	国家级	5	0.0333
	省级	1	
地质公园	世界级	10	0.0251
	国家级	5	
水利风景区	国家级	5	0.0169
	省级	1	
乡村旅游点	国家级	5	0.0590
	省级	1	
观光工厂	国家级	5	0.0137
	省级	1	
自然保护区	国家级	5	0.0776
	省级	1	
文物保护单位	国家级	5	0.2269
	省市级	1	
自然或非物质文化遗产	世界级	10	0.0915
	国家级	5	

注：CR<0.1，通过一致性检验

2）评价指标权重确定

采用 AHP 法确定 10 个类型旅游景区在旅游景区综合竞争力评价指标体系中的权重。遴选地理学、旅游管理、林业经济、水利、土地利用、文化学等专业的专家、政府部门负责人各 3 名，采用德尔菲法向专家发放问卷，以确定 10 个类型旅游景区的相对重要性、各景区不同等级的相对重要性。按照极端、强烈、较强、稍微、同等五个重要程度，分别赋值 9、7、5、3、1，两相邻判断的中间值赋值 8、6、4、2，采用 yaahp V10.1 对回收问卷数据进行统计，计算各类型旅游景区在发展全域旅游中的权重，具体如表 6-12 所示。

3）旅游景区综合竞争力分级比较

为方便旅游景区综合竞争力的分级与比较，对旅游景区综合竞争力数值进行标准化处理，具体计算方法如下：

$$T_i = \frac{Z_i - Z_{\min}}{Z_{\max} - Z_{\min}} \times 10 \tag{6-1}$$

式中，T_i为第 i 个县（市、区）竞争力指数的标准化值，变化范围为 0 ~ 10；Z_i为第 i 个县（市、区）竞争力指数的实际值；$Z_{\max}$为县（市、区）竞争力指数最大值；$Z_{\min}$为县（市、区）竞争力指数最小值。

（2）ArcGIS 空间分析

1）专题地图

利用 ArcGIS10.3 软件，制作福建省县域旅游景区综合竞争力专题地图，通过色彩分级显示县域旅游景区综合竞争力强、中、弱 3 个等级。

2）冷热点分析

利用冷热点分析工具识别县域旅游景区综合竞争力的高值（热点）和低值（冷点）的空间聚类。通过分析，得到具有显著统计学意义的正 z 得分，z 得分越高，高值（热点）的聚类就越紧密；对于统计学上的显著性负 z 得分，z 得分越低，低值（冷点）的聚类就越紧密。

（3）变异系数

变异系数公式见 4.1.2.2 节式（4-1），此处不再赘述。

一般来说，旅游景区综合竞争力平均值越高，衡量其变异程度的变异系数越大，反之越小。

6.3.3 研究结果

6.3.3.1 总体特征

福建省各市（区）旅游景区综合竞争力排名依次是泉州市>福州市>漳州市>龙岩市>南平市>三明市>宁德市>厦门市>莆田市>平潭综合实验区，如表 6-13 所示。其中，A 级景区竞争力最强的是南平市，风景名胜区竞争力最强的是宁德市，乡村旅游点竞争力最强的是福州市，森林公园、地质公园、自然保护区竞争力最强的是三明市，水利风景区竞争力最强的是南平市，观光工厂、文物保护单位、自然或非物质文化遗产竞争力最强的是泉州市。

表 6-13 福建省各市（区）旅游景区分类型竞争力统计

市（区）	旅游景区综合竞争力	A级景区	风景名胜区	森林公园	地质公园	水利风景区	乡村旅游点	观光工厂	自然保护区	文物保护单位	自然或非物质文化遗产
泉州市	10.00	29.22	1.21	0.23	0.25	0.51	2.54	0.32	1.32	52.19	20.57
福州市	8.38	31.05	2.73	0.87	0.00	0.17	2.66	0.07	0.93	40.84	12.34
漳州市	7.53	22.22	1.52	0.87	0.25	0.27	2.18	0.08	0.93	41.80	12.80
龙岩市	6.23	30.74	1.06	0.70	0.13	0.47	2.24	0.07	1.24	27.23	5.58
南平市	6.22	31.35	3.49	0.50	0.13	0.73	2.12	0.10	1.01	24.73	5.21
三明市	5.82	26.48	3.64	1.03	0.88	0.30	1.30	0.08	3.26	23.60	4.66
宁德市	5.16	14.00	3.79	0.77	0.75	0.68	1.89	0.10	0.85	21.39	14.26
厦门市	4.12	25.27	1.06	0.53	0.00	0.08	0.18	0.10	0.39	12.71	7.40
莆田市	3.86	11.87	1.21	0.17	0.00	0.29	0.89	0.07	0.16	22.46	7.95
平潭综合实验区	0	2.13	0.76	0.17	0.13	0.00	0.12	0.00	0.08	1.82	0.00

福建省县域旅游景区综合竞争力的平均值为7.66，总体处于较弱水平。旅游景区综合竞争力等级为强的县域有11个，所占比例为13.10%；旅游景区综合竞争力中等的县域有30个，所占比例为35.71%；旅游景区综合竞争力为弱的县域有43个，所占比例为51.19%，如表6-14、图6-7所示。

表 6-14 福建省县域旅游景区综合竞争力统计

序号	市（区）	县（市、区）	旅游景区综合竞争力	竞争力排序	序号	市（区）	县（市、区）	旅游景区综合竞争力	竞争力排序
1	福州市	鼓楼区	8.37	3	14	厦门市	思明区	9.40	2
2		台江区	0.41	79	15		海沧区	2.32	47
3		仓山区	1.03	72	16		湖里区	0.00	84
4		马尾区	2.95	36	17		集美区	3.97	28
5		晋安区	4.18	23	18		同安区	3.56	32
6		长乐区	2.71	40	19		翔安区	0.01	83
7		福清市	3.66	30	20	宁德市	蕉城区	2.51	42
8		闽侯县	4.64	17	21		福安市	2.97	35
9		连江县	2.49	43	22		福鼎市	4.37	21
10		罗源县	1.99	53	23		霞浦县	1.93	54
11		闽清县	0.13	81	24		古田县	1.39	62
12		永泰县	3.98	27	25		屏南县	4.39	20
13	平潭综合实验区		1.83	56	26		寿宁县	1.08	70

续表

序号	市（区）	县（市、区）	旅游景区综合竞争力	竞争力排序	序号	市（区）	县（市、区）	旅游景区综合竞争力	竞争力排序
27	宁德市	周宁县	1.05	71	56	龙岩市	新罗区	3.31	33
28		柘荣县	1.91	55	57		永定区	5.82	11
29	莆田市	城厢区	4.63	18	58		漳平市	1.72	59
30		涵江区	1.47	61	59		长汀县	4.78	15
31		荔城区	4.12	24	60		上杭县	6.59	7
32		秀屿区	2.43	45	61		武平县	1.26	66
33		仙游县	5.93	10	62		连城县	5.28	12
34	泉州市	鲤城区	7.43	5	63	三明市	梅列区	1.13	68
35		丰泽区	4.90	14	64		三元区	1.80	57
36		洛江区	1.53	60	65		永安市	4.08	25
37		泉港区	0.12	82	66		明溪县	0.50	77
38		石狮市	1.28	64	67		清流县	1.26	65
39		晋江市	10.00	1	68		宁化县	0.97	74
40		南安市	5.94	9	69		大田县	1.15	67
41		惠安县	4.92	13	70		尤溪县	3.57	31
42		安溪县	4.18	22	71		沙县	1.09	69
43		永春县	2.46	44	72		将乐县	1.78	58
44		德化县	2.29	49	73		泰宁县	3.75	29
45	漳州市	芗城区	4.75	16	74		建宁县	2.37	46
46		龙文区	1.33	63	75	南平市	延平区	2.12	51
47		龙海市	2.88	37	76		建阳区	2.31	48
48		云霄县	2.24	50	77		邵武市	4.63	19
49		漳浦县	7.76	4	78		武夷山市	7.18	6
50		诏安县	0.46	78	79		建瓯市	2.72	39
51		长泰县	0.68	76	80		顺昌县	2.01	52
52		东山县	2.67	41	81		浦城县	6.12	8
53		南靖县	4.02	26	82		光泽县	1.00	73
54		平和县	3.12	34	83		松溪县	0.29	80
55		华安县	2.81	38	84		政和县	0.86	75

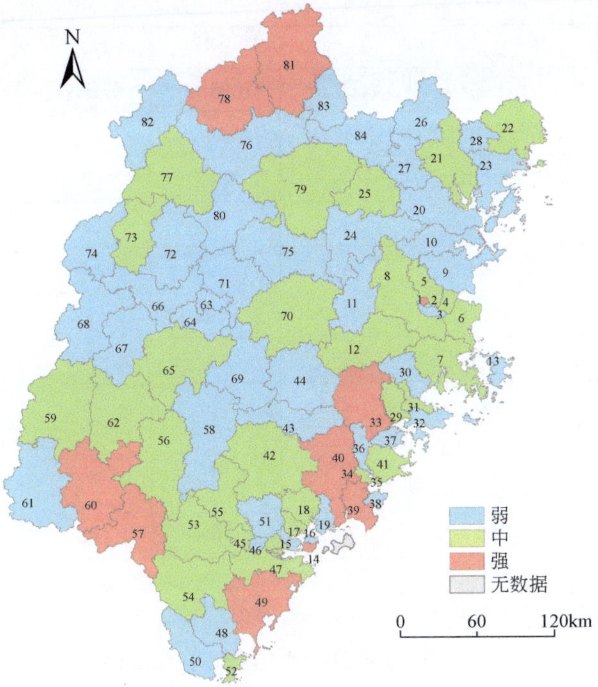

图 6-7　福建省县域旅游景区综合竞争力分布

6.3.3.2　分类型特征

(1) 分等级特征

福建省旅游景区综合竞争力为强的县域包括晋江市、思明区、鼓楼区、漳浦县、鲤城区、武夷山市、上杭县、浦城县、南安市、仙游县和永定区，主要分布在泉州市（3 个）、龙岩市（2 个）、南平市（2 个）、福州市（1 个）、厦门市（1 个）、漳州市（1 个）、莆田市（1 个），宁德市和三明市没有旅游景区综合竞争力为强的县域，显示这两个市在旅游景区的数量和等级方面与其他地市存在差距。平潭综合实验区由于 2013 年才成立，当前尚未设立县域，因此没有综合竞争力为强的县域，具体如表 6-15 所示。

表 6-15　福建省各地区旅游景区综合竞争力统计

市（区）	高		中		低		合计/个
	数量/个	比例/%	数量/个	比例/%	数量/个	比例/%	
福州市	1	9.10	6	20.00	5	11.63	12
厦门市	1	9.10	2	6.67	3	6.98	6

续表

市（区）	高		中		低		合计/个
	数量/个	比例/%	数量/个	比例/%	数量/个	比例/%	
宁德市	0	0	3	10	6	13.95	9
莆田市	1	9.10	2	6.67	2	4.65	5
泉州市	3	27.26	3	10	5	11.63	11
漳州市	1	9.10	6	20	4	9.30	11
龙岩市	2	18.17	3	10	2	4.65	7
三明市	0	0	3	10	9	20.93	12
南平市	2	18.17	2	6.67	6	13.95	10
平潭综合实验区	0	0	0	0	1	2.33	1
合计	11	100.00	30	100.00	43	100.00	84

（2）分地区特征

从各市（区）县域旅游景区综合竞争力和单位面积综合竞争力两个方面，进一步分析各市（区）的县域旅游景区综合竞争力特征。县域旅游景区综合竞争力平均值高于全省县域旅游景区综合竞争力平均值的地市有龙岩市、泉州市、莆田市、厦门市，其余市（区）县域旅游景区综合竞争力平均值均低于全省县域旅游景区综合竞争力平均值，显示上述四个地市县域旅游景区综合竞争力明显高于其他地市。各市（区）单位面积综合竞争力排序依次是厦门市>平潭综合实验区>莆田市>泉州市>福州市>漳州市>宁德市>龙岩市>三明市>南平市，如表6-16所示。平潭综合实验区、厦门市、莆田市等面积较小的市（区）在单位面积综合竞争力排序中有了较大的提高，显示这些地市旅游景区有较高的丰度。

表6-16 福建省县域旅游景区综合竞争力分地区特征

市（区）	县域旅游景区综合竞争力			单位面积综合竞争力		
	县域数量/个	平均值	竞争力排序	面积/km^2	平均值/10^{-4}	竞争力排序
福州市	12	7.64	5	11968	76.58	5
厦门市	6	7.95	4	1700	280.67	1
宁德市	9	6.50	8	13452	43.47	7
莆田市	5	9.01	3	4119	109.40	3

续表

市（区）	县域旅游景区综合竞争力			单位面积综合竞争力		
	县域数量/个	平均值	竞争力排序	面积/km^2	平均值/10^{-4}	竞争力排序
泉州市	11	9.85	2	11015	98.37	4
漳州市	11	7.54	6	12600	65.81	6
龙岩市	7	9.92	1	19027	36.51	8
三明市	12	5.44	9	22965	28.41	9
南平市	10	6.94	7	26300	26.37	10
平潭综合实验区	1	5.19	10	372	139.56	2

（3）景区类型特征

福建省县域旅游景区分类型竞争力特征如表 6-17 所示。A 级景区、风景名胜区、森林公园、地质公园、水利风景区、乡村旅游点、观光工厂、自然保护区、文物保护单位和自然或非物质文化遗产 10 种类型景区竞争力最强的县级行政单位分别为武夷山市、永安市、闽侯县、泰宁县、蕉城区、安溪县、晋江市、泰宁县、鼓楼区和思明区。其中，泰宁县地质公园和自然保护区的竞争力特别突出，晋江市、安溪县、屏南县、永春县、南安市等县（市）在两个及以上旅游景区类型中有为强的竞争力。

表 6-17　福建省县域旅游景区分类型竞争力特征

景区类型	分类型竞争力前三名		
	第一	第二	第三
A 级景区	武夷山市	永定区	漳浦县
风景名胜区	永安市	永泰县	平和县
森林公园	闽侯县	上杭县	屏南县
地质公园	泰宁县	福安市	屏南县
水利风景区	蕉城区	永春县	南安市
乡村旅游点	安溪县	永春县	闽侯县
观光工厂	晋江市	安溪县	德化县
自然保护区	泰宁县	建宁县	将乐县

续表

景区类型	分类型竞争力前三名		
	第一	第二	第三
文物保护单位	鼓楼区	晋江市	南安市
自然或非物质文化遗产	思明区	晋江市	芗城区

6.3.3.3 区域差异分析

（1）变异系数分析

运用变异系数分析县域旅游景区综合竞争力，标准偏差为4.60，变异系数为60.1%，各个地市变异系数如图6-8所示。旅游景区综合竞争力变异系数大于总体平均值的地市有福州市、厦门市、泉州市和南平市，显示这些地市的县域旅游景区综合竞争力的变异程度较大；其余地市旅游景区综合竞争力变异系数小于总体平均值，显示这些地市的县域旅游景区综合竞争力的变异程度较小，总体较为均衡。

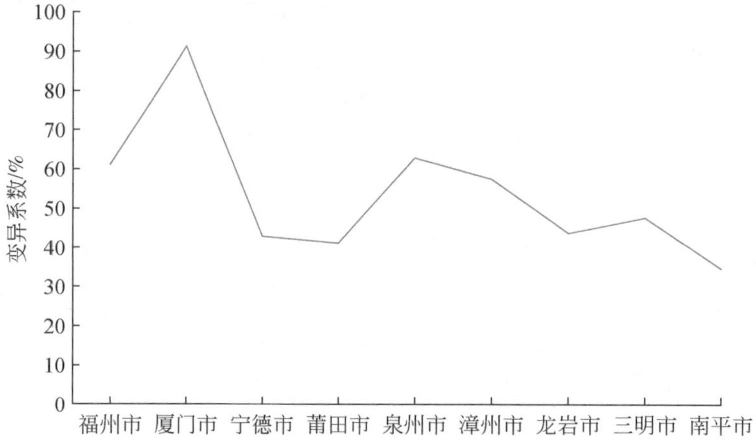

图6-8　福建省各地市旅游景区综合竞争力变异系数

（2）冷热点分析

运用ArcGIS10.3软件对县域旅游景区综合竞争力进行冷热点分析，发现在泉州市-厦门市、龙岩市和南平市形成3个热点区域，如图6-9所示。泉州市-厦门市的热点区域以泉州市区为核心，右翼包括惠安县、泉港区和石狮市，左翼包括同安区、翔安区、南安市、丰泽区、鲤城区、晋江市，涵盖面积大、涉及县级单位多，是福建省县域旅游景区综合竞争力主热点区域。龙岩市热点区域包括永定区、长汀县、上杭县、连城县，辐射范围较小，是次热点区。南平市热点区包括建阳区和武夷山市，辐射范围最小。

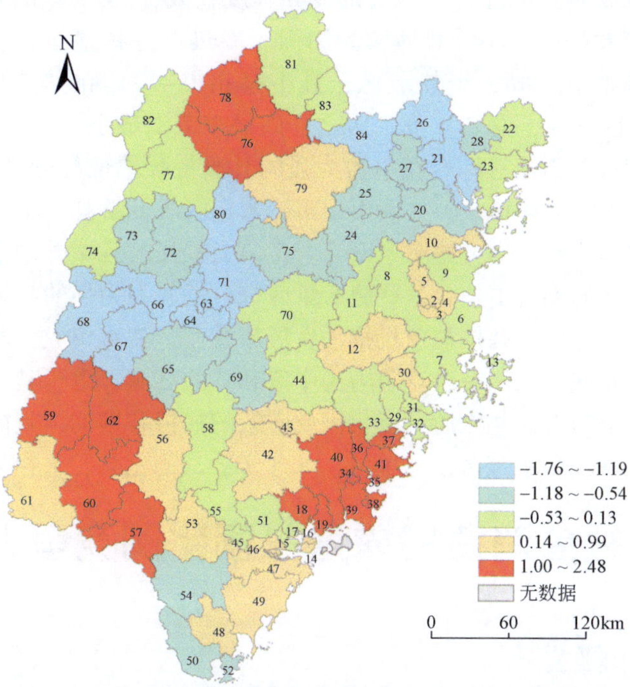

图 6-9　福建省县域旅游景区综合竞争力冷热点

6.3.4　小结

第一，福建省县域旅游景区综合竞争力的平均值为 7.66，总体处于较弱水平。A 级景区竞争力最强的是南平市，风景名胜区竞争力最强的是宁德市，乡村旅游点竞争力最强的是福州市，森林公园、地质公园、自然保护区竞争力最强的是三明市，水利风景区竞争力最强的是南平市，观光工厂、文物保护单位、自然或非物质文化遗产竞争力最强的是泉州市。

第二，福建省旅游景区综合竞争力为强的县域分布在宁德市、三明市和平潭综合实验区之外的其他地市。龙岩市、泉州市、莆田市和厦门市的县域旅游景区综合竞争力平均值高于全省平均值；厦门市、平潭综合实验区、莆田市等面积较小的市（区）在单位面积综合竞争力排序中有较大的提高；泰宁县地质公园和自然保护区的竞争力特别突出，晋江市、安溪县、屏南县、永春县、南安市等县（市）在两个及以上旅游景区类型中有较强的竞争力。

第三，福建省县域旅游景区综合竞争力的区域差异比较显著。福州市、厦门市、泉州市和南平市的县域旅游景区综合竞争力变异系数大于总体平均值，显示这些地市的县域旅游景区综合竞争力的变异程度较大；其余地市的县域旅游景区综合竞争力的变异程度较小，总体较为均衡。冷热点分析显示，在泉州市–厦门市、龙岩市和南平市形成3个热点区，其中泉州市–厦门市热点区包含10个县（市、区）是主热点区，龙岩市范围次之，南平市范围最小。

第四，福建省旅游景区综合竞争力为强的县级行政单位部分已经成为国家级、省级全域旅游示范区创建单位，如武夷山市、永定区、仙游县、厦门市是国家全域旅游示范区创建单位；大部分旅游景区综合竞争力较强的县域并未成为国家级、省级全域旅游示范区的创建单位，这些旅游景区综合竞争力为强的县域只需借助旅游景区的数量和质量优势，并依靠市场推动发展旅游业，就有望成为国家全域旅游示范区创建单位。而旅游景区综合竞争力为中等和弱的县域，由于其某一类型旅游景区具备较强的竞争力，这些旅游景区只需要政策的扶持和推动，就能快速发展成为国家级、省级全域旅游示范区创建单位，如建宁县、德化县、永春县、屏南县等。

6.4 社会消费品零售总额比例竞争力评价

6.4.1 指标释义

6.4.1.1 概念

社会消费品零售总额是指各种经济类型的批发零售贸易业、餐饮业、制造业和其他行业对城乡居民和社会集团的消费品零售额，以及农民对非农业居民零售额的总和（孙艳和彭阳阳，2016）。

社会消费品零售总额按消费形态分为商品零售和餐饮收入两部分。其中，商品零售指售卖非生产、非经营用实物商品的金额，包括批发和零售业零售额、限额以上住宿和餐饮业商品销售额；餐饮收入指提供餐饮服务所取得的收入金额，包括限额以下住宿和餐饮业零售额、限额以上住宿和餐饮业餐费收入（高鸿业，2016）。

社会消费品零售总额比例指社会消费品零售总额与GDP的比例。

6.4.1.2 作用

社会消费品零售总额由社会商品供给和有支付能力的商品需求规模所决定，是研究居民生活水平、社会零售商品购买力、社会生产、货币流通和物价的发展变化趋势的重要指标，反映一定时期内人民物质文化生活水平、社会商品购买力和零售市场的规模状况（孙艳和彭阳阳，2016）。

在各类与消费有关的统计数据中，社会消费品零售总额可最直接反映国内消费需求，也可反映旅游业食、住、行、游、购、娱等要素的发展水平。社会消费品零售总额比例是反映居民生活质量消费水平，研究居民购买力、商品生产、商品流通、市场物价等的依据（高鸿业，2016）。

6.4.1.3 背景

2018 年，中国社会消费品零售总额 380 987 亿元。其中，限额以上单位消费品零售额 145 311 亿元；城镇消费品零售额 325 637 亿元，乡村消费品零售额 55 350亿元；餐饮收入额 42 716 亿元，商品零售额 338 271 亿元。

2018 年，福建省社会消费品零售总额 14 317.43 亿元。其中，城镇消费品零售额 12 895.72 亿元，乡村消费品零售额 1421.71 亿元；商品零售额 12 869.97 亿元，餐饮收入额 1447.46 亿元。

6.4.2 数据来源与研究方法

6.4.2.1 数据来源

福建省各县域社会消费品零售总额和 GDP 数据来自《福建统计年鉴（2019）》。以 2018 年福建省县域社会消费品零售总额和 GDP 作为原始数据，采用 ArcGIS10.3 软件的地理分析工具对带有 2018 年社会消费品零售总额比例数据信息的福建省县级行政区划矢量图进行空间统计与分析。

参照国内外社会消费品零售总额比例竞争力评价研究的相关标准（高鸿业，2016），并根据国家全域旅游示范区验收认定的相关条件，按照自然断点的方式将研究样本的社会消费品零售总额比例竞争力划分为强、中、弱 3 个等级，具体如表 6-18 所示。

表 6-18　社会消费品零售总额比例竞争力分级标准

竞争力	等级	社会消费品零售总额比例竞争力特征
强	Ⅰ（60.22% ~93.67%）	社会消费品零售总额比例较高，旅游业食、住、行、游、购、娱等要素发展水平较高
中	Ⅱ（33.91% ~60.21%）	社会消费品零售总额比例中等，旅游业食、住、行、游、购、娱等要素发展水平一般
弱	Ⅲ（14.12% ~33.90%）	社会消费品零售总额比例较弱，旅游业食、住、行、游、购、娱等要素发展水平较差

6.4.2.2 研究方法

(1) ArcGIS 空间分析

1) 专题地图

利用 ArcGIS10.3 软件，制作福建省县域社会消费品零售总额比例专题地图，通过色彩分级显示县域社会消费品零售总额比例竞争力强、中、弱 3 个等级。

2) 冷热点分析

利用冷热点分析工具识别县域社会消费品零售总额比例的高值（热点）和低值（冷点）的空间聚类。通过分析，得到具有显著统计学意义的正 z 得分，z 得分越高，高值（热点）的聚类就越紧密；对于统计学上的显著性负 z 得分，z 得分越低，低值（冷点）的聚类就越紧密。

(2) 变异系数

变异系数公式见 4.1.2.2 节式（4-1），此处不再赘述。

一般来说，社会消费品零售总额比例平均值越高，衡量其变异程度的变异系数越大，反之越小。

6.4.3 研究结果

6.4.3.1 总体特征

2018 年，福建省社会消费品零售总额比例竞争力总体处于中等水平。各市（区）社会消费品零售总额比例竞争力排名依次是福州市>泉州市>龙岩市>南平市>莆田市>厦门市>宁德市>平潭综合实验区>漳州市>三明市，如表 6-19 所示。福州市社会消费品零售总额比例一枝独秀，超过 50%；福州市和泉州市社会消费品零售总额比例超过全省平均水平，其余市（区）社会消费品零售总额比例均低于全省平均水平；漳州市、平潭综合实验区、三明市社会消费品零售总额比例低于 30%，远低于全省平均水平。

表 6-19 福建省各地区社会消费品零售总额比例统计

地区	社会消费品零售总额/亿元	GDP/亿元	社会消费品零售总额比例/%	竞争力排序
福州市	4 666.46	7 856.81	59.39	1
厦门市	1 542.42	4 791.41	32.19	6
宁德市	611.11	1 942.8	31.46	7
莆田市	763.42	2 242.41	34.04	5

续表

地区	社会消费品零售总额/亿元	GDP/亿元	社会消费品零售总额比例/%	竞争力排序
泉州市	3 407.89	8 467.98	40.24	2
漳州市	1 111.60	3 947.63	28.16	9
龙岩市	907.42	2 393.3	37.92	3
三明市	588.50	2 353.72	25.00	10
南平市	675.09	1 792.51	37.66	4
平潭综合实验区	68.54	254.28	28.49	8
福建省	14 317.43	35 804.04	39.99	

福建省社会消费品零售总额比例高于全省平均值的县域有 23 个，所占比例为 27.38%，其余 61 个县域社会消费品零售总额比例低于全省平均值（表 6-20）。社会消费品零售总额比例排名前 10 位的县域依次是台江区、仓山区、鲤城区、鼓楼区、晋安区、龙文区、城厢区、石狮市、同安区、邵武市，比例均大于 52%；社会消费品零售总额比例竞争力排名后 10 位的县域是东山县、集美区、将乐县、福安市、秀屿区、龙海市、泉港区、南靖县、长泰县、翔安区，比例均低于 22%。

表 6-20　福建省县域社会消费品零售总额比例竞争力统计

序号	市（区）	县（市、区）	社会消费品零售总额比例/%	竞争力排序	序号	市（区）	县（市、区）	社会消费品零售总额比例/%	竞争力排序
1	福州市	鼓楼区	74.48	4	14	厦门市	思明区	40.05	23
2		台江区	93.67	1	15		海沧区	24.78	66
3		仓山区	90.81	2	16		湖里区	38.11	25
4		马尾区	37.57	27	17		集美区	20.92	76
5		晋安区	70.03	5	18		同安区	52.61	9
6		长乐区	28.72	53	19		翔安区	14.12	84
7		福清市	43.02	19	20	宁德市	蕉城区	35.00	36
8		闽侯县	49.41	13	21		福安市	20.33	78
9		连江县	36.38	31	22		福鼎市	33.05	41
10		罗源县	26.01	61	23		霞浦县	37.04	29
11		闽清县	30.82	45	24		古田县	44.45	17
12		永泰县	36.27	33	25		屏南县	33.34	40
13	平潭综合实验区		28.49	54	26		寿宁县	36.57	30

续表

序号	市（区）	县（市、区）	社会消费品零售总额比例/%	竞争力排序	序号	市（区）	县（市、区）	社会消费品零售总额比例/%	竞争力排序
27	宁德市	周宁县	37.51	28	56	龙岩市	新罗区	44.92	16
28		柘荣县	28.77	52	57		永定区	35.93	34
29	莆田市	城厢区	60.21	7	58		漳平市	30.58	46
30		涵江区	25.48	62	59		长汀县	37.87	26
31		荔城区	46.16	14	60		上杭县	27.01	58
32		秀屿区	17.87	79	61		武平县	41.80	22
33		仙游县	26.41	60	62		连城县	32.90	42
34	泉州市	鲤城区	89.75	3	63	三明市	梅列区	27.23	57
35		丰泽区	42.09	20	64		三元区	28.98	50
36		洛江区	22.87	71	65		永安市	25.20	65
37		泉港区	16.97	81	66		明溪县	23.40	70
38		石狮市	57.63	8	67		清流县	22.84	72
39		晋江市	33.68	39	68		宁化县	30.46	47
40		南安市	45.05	15	69		大田县	26.53	59
41		惠安县	28.84	51	70		尤溪县	22.45	74
42		安溪县	50.83	12	71		沙县	23.95	67
43		永春县	23.41	69	72		将乐县	20.84	77
44		德化县	27.97	56	73		泰宁县	25.42	63
45	漳州市	芗城区	33.90	37	74		建宁县	25.31	64
46		龙文区	60.21	6	75	南平市	延平区	41.96	21
47		龙海市	17.15	80	76		建阳区	32.19	43
48		云霄县	35.37	35	77		邵武市	52.15	10
49		漳浦县	30.28	48	78		武夷山市	30.97	44
50		诏安县	43.79	18	79		建瓯市	36.28	32
51		长泰县	14.50	83	80		顺昌县	30.06	49
52		东山县	21.89	75	81		浦城县	33.71	38
53		南靖县	16.04	82	82		光泽县	23.90	68
54		平和县	28.44	55	83		松溪县	51.19	11
55		华安县	22.47	73	84		政和县	39.21	24

6.4.3.2 分类型特征

(1) 分等级特征

福建省社会消费品零售总额比例竞争力为强的县域有 5 个，所占比例为 5.95%，主要分布在福州市、泉州市。社会消费品零售总额比例竞争力中等的县域有 31 个，所占比例为 36.90%，在除三明市、平潭综合实验区外的各个地市均有分布；社会消费品零售总额比例竞争力为弱的县域有 48 个，所占比例为 57.15%，主要分布在三明市、漳州市和泉州市等，如图 6-10 所示。

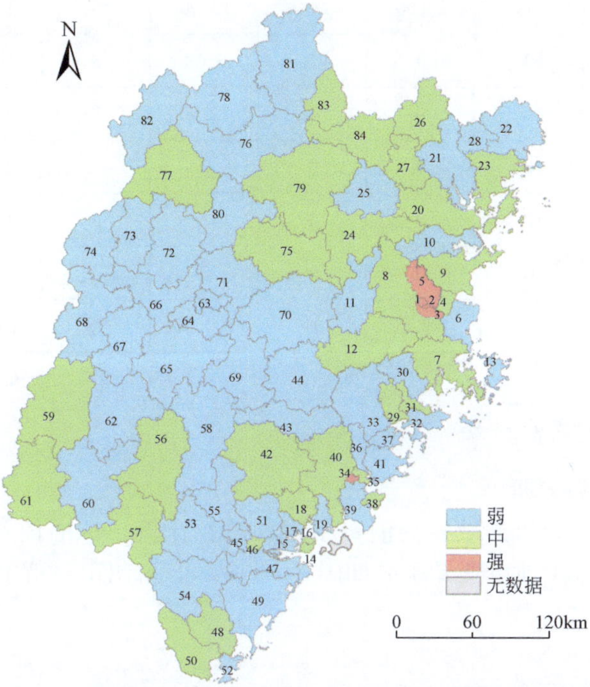

图 6-10 福建省县域社会消费品零售总额比例竞争力分布

(2) 分地区特征

福州市和泉州市有社会消费品零售总额比例竞争力为强的县域，福州市社会消费品零售总额比例竞争力为强的县域超过 30%；三明市各县域社会消费品零售总额比例竞争力均为弱，漳州市、莆田市、泉州市、南平市、厦门市 50% 及以上县域的社会消费品零售总额比例竞争力为弱。总体来看，沿海地区和内陆地区县域的社会商品购买力相差不大，旅游业食、住、行、游、购、娱等要素的发展水平比较均衡，具体如表 6-21 所示。

表 6-21　福建省县域社会消费品零售总额比例统计

市（区）	强		中		弱		合计/个
	数量/个	比例/%	数量/个	比例/%	数量/个	比例/%	
福州市	4	80.00	5	16.13	3	6.25	12
厦门市	0	0	3	9.68	3	6.25	6
宁德市	0	0	5	16.13	4	8.33	9
莆田市	0	0	2	6.45	3	6.25	5
泉州市	1	20.00	4	12.90	6	12.50	11
漳州市	0	0	3	9.68	8	16.67	11
龙岩市	0	0	4	12.90	3	6.25	7
三明市	0	0	0	0	12	25.00	12
南平市	0	0	5	16.13	5	10.42	10
平潭综合实验区	0	0	0	0	1	2.08	1
合计	5	100.00	31	100.00	48	100.00	84

6.4.3.3　区域差异分析

(1) 变异系数分析

运用变异系数分析县域社会消费品零售总额比例，标准偏差为16.0954，变异系数为45%，各个地市变异系数如图6-11所示。泉州市、莆田市、福州市、漳

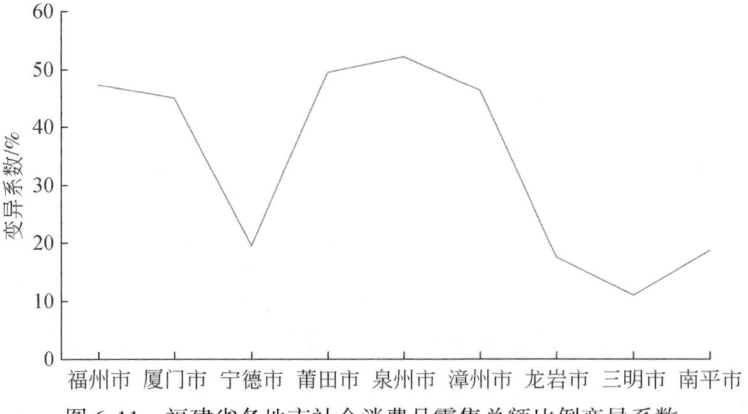

图6-11　福建省各地市社会消费品零售总额比例变异系数

州市、厦门市社会消费品零售总额比例变异系数大于总体平均值，显示这些地市的社会消费品零售总额比例的变异程度较大，总体较为不均衡；其他各地市社会消费品零售总额比例变异系数均小于总体平均值，显示这些地市的县域社会消费品零售总额比例的变异程度较小。

（2）热点分析

运用 ArcGIS10. 3 软件对县域社会消费品零售总额比例进行热点分析，福州市和泉州市形成 2 个热点区域，如图 6-12 所示。福州市的热点区域以市区为核心，北翼包括闽侯县、连江县和罗源县，南翼包括福清市，涵盖面积大、涉及县级单位多，是福建省社会消费品零售总额比例主热点区域。泉州市的热点区域以惠安县为核心，面积较小。

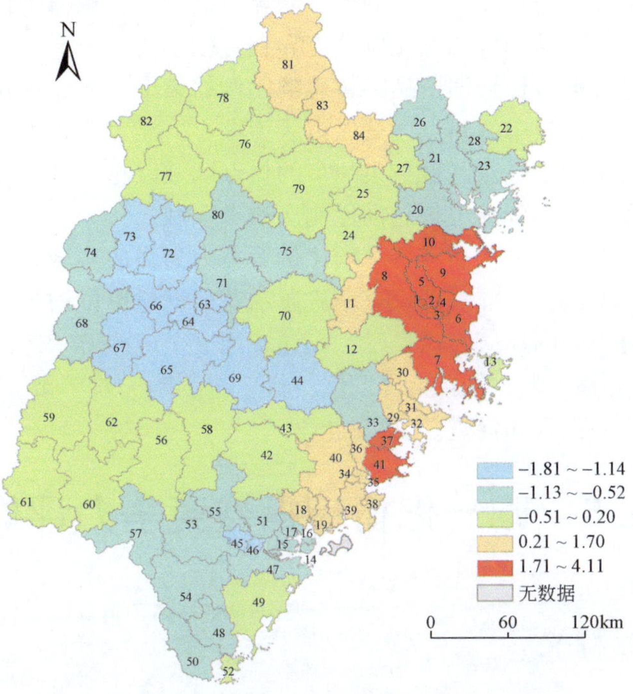

图 6-12　福建省县域社会消费品零售总额比例冷热点

6.4.4　小结

第一，福建省社会消费品零售总额比例的平均值为 39.99%，其竞争力总体处于中等水平。福州市、泉州市社会消费品零售总额比例高于全省平均水平，其他市（区）社会消费品零售总额比例均低于全省平均水平。社会消费品零售总额比例高于全省平均值的县域有 23 个，所占比例为 27.38%，其余 61 个县域低于全省平均值。

第二，福建省县域社会消费品零售总额比例竞争力整体处于中等水平。社会消费品零售总额比例竞争力为强的县域有 5 个，所占比例为 5.95%，主要分布在福州市、泉州市；57.15% 县域社会消费品零售总额比例竞争力处于弱水平；沿海地区和内陆地区县域社会商品购买力相差不大，旅游业食、住、行、游、购、娱等要素的发展水平比较均衡。

第三，福建省县域社会消费品零售总额比例的区域差异不显著。泉州市、莆田市、福州市、漳州市、厦门市社会消费品零售总额比例变异系数大于总体平均值，显示这些地市的社会消费品零售总额比例的变异程度较大，总体较为不均衡；其他各地市社会消费品零售总额比例变异系数均小于总体平均值，显示这些地市的县域社会消费品零售总额比例的变异程度较小。

第四，福建省县域社会消费品零售总额比例的集聚明显。福州市和泉州市形成 2 个热点区域，福州市的热点区域以市区为核心，涵盖面积大，是福建省社会消费品零售总额比例主热点区域；泉州市的热点区域以惠安县为核心，涵盖面积较小，是福建省社会消费品零售总额比例次热点区域。

第五，福建省社会消费品零售总额比例竞争力为强的县域尚未成为国家全域旅游示范区创建单位，大部分国家全域旅游示范区创建单位均为社会消费品零售总额比例竞争力为弱的地区。这显示，福建省国家全域旅游示范区创建单位的居民社会商品购买力较低，旅游业食、住、行、游、购、娱等要素的发展动力不足，需要进一步的提升和促进。

6.5 归一化植被指数竞争力评价

6.5.1 指标释义

6.5.1.1 概念

归一化植被指数是反映植被所吸收的光合有效辐射比例的一个重要指数，一般通过可见光和近红外波段的反射率得到（Tucker，1979）。

归一化植被指数指遥感影像中，近红外波段的反射值与红光波段的反射值之差比上两者之和，即（NIR−R）/（NIR+R），NIR 为近红外波段的反射值，R 为红光波段的反射值（刘少华等，2014）。

归一化植被指数取值范围为［-1，1］，负值，表示地面覆盖为云、水、雪等，对可见光高反射；0 表示有岩石或裸土等，NIR 和 R 近似相等；正值，表示有植被覆盖，且随覆盖度增大而增大（李民赞，2006）。

6.5.1.2 作用

归一化植被指数对植被的生长势和生长量非常敏感。归一化植被指数可以消除大部分与仪器定标、太阳角、地形、云阴影和大气条件有关辐射照度的变化，增强对植被的响应能力，因此可以很好地反映地表植被的繁茂程度，在一定程度上能代表地表植被覆盖变化（李春晖和杨志峰，2004）。

归一化植被指数常用来描述植被生长状况，估测土地覆盖面积的大小、植被光合能力、叶面积指数、现存绿色生物量和植被生产力，还可以用来估算区域蒸散量、土壤水和旱情分析等（朴世龙和方精云，2001；Bang et al.，2003）。

6.5.2 数据来源与研究方法

6.5.2.1 数据来源

归一化植被指数数据为美国地质勘探局地球资源观测系统数据中心免费下载的 NOAA/AVHRR 数据，空间分辨率为 1km×km。

利用最大值合成（maximum value composites，MVC）法消除云和大气的部分干扰，利用 ArcGIS 软件对其进行投影转换，使之与研究区的矢量文件投影一致（毕晓丽等，2005），采用 ArcGIS10.3 软件的地理分析工具对带有 2018 年归一化植被指数数据信息的福建省县级行政区划矢量图进行空间统计与分析。

参照国内外归一化植被指数竞争力评价研究的相关标准，并根据国家全域旅游示范区验收认定的相关条件，按照自然断点的方式将研究样本的归一化植被指数竞争力划分为强、中、弱 3 个等级，具体如表 6-22 所示。

表 6-22　归一化植被指数竞争力分级标准

竞争力	等级	归一化植被指数竞争力特征
强	Ⅰ（0.12 ~ 0.28）	地表植被覆盖率较高，生态环境质量较好
中	Ⅱ（-0.07 ~ 0.11）	地表植被覆盖率中等，生态环境质量一般
弱	Ⅲ（-0.25 ~ -0.08）	地表植被覆盖率较低，生态环境质量较差

6.5.2.2 研究方法

(1) ArcGIS 空间分析

1) 专题地图

利用 ArcGIS10.3 软件，制作福建省县域归一化植被指数专题地图，通过色彩分级显示县域归一化植被指数竞争力强、中、弱 3 个等级。

2) 冷热点分析

利用冷热点分析工具识别县域归一化植被指数的高值（热点）和低值（冷点）的空间聚类。通过分析，得到具有显著统计学意义的正 z 得分，z 得分越高，高值（热点）的聚类就越紧密；对于统计学上的显著性负 z 得分，z 得分越低，低值（冷点）的聚类就越紧密。

(2) 变异系数

变异系数公式见 4.1.2.2 节式（4-1），此处不再赘述。

一般来说，归一化植被指数平均值越高，衡量其变异程度的变异系数越大，反之越小。

6.5.3 研究结果

6.5.3.1 总体特征

2018 年，福建省归一化植被指数竞争力总体处于较强水平。各市（区）归一化植被指数竞争力排名依次是龙岩市>南平市>三明市>漳州市>宁德市>泉州市>莆田市>厦门市>福州市>平潭综合实验区，如表 6-23 所示。龙岩市、南平市、三明市、漳州市的归一化植被指数高于全省平均水平，其余市（区）归一化植被指数均低于全省平均水平。

表 6-23 福建省各地区归一化植被指数统计

地区	归一化植被指数	竞争力排序
福州市	0.10	9
厦门市	0.13	8
宁德市	0.17	5
莆田市	0.13	7
泉州市	0.16	6

续表

地区	归一化植被指数	竞争力排序
漳州市	0.18	4
龙岩市	0.24	1
三明市	0.19	3
南平市	0.20	2
平潭综合实验区	-0.13	10
福建省	0.18	

福建省归一化植被指数高于全省平均值的县域有 41 个，所占比例为 48.81%，其余 42 个县域归一化植被指数低于全省平均值，如表 6-24 所示。福建省内归一化植被指数排名前 10 位的县域依次是武平县、南靖县、永定区、新罗区、华安县、漳平市、屏南县、长泰县、武夷山市、上杭县，归一化植被指数均大于或等于 0.239；归一化植被指数竞争力排名后 10 位的县域是惠安县、晋江市、石狮市、湖里区、东山县、仓山区、秀屿区、鼓楼区、平潭综合实验区、台江区，归一化植被指数均低于-0.01。

表 6-24　福建省县域归一化植被指数竞争力统计

序号	市（区）	县（市、区）	归一化植被指数	竞争力排序	序号	市（区）	县（市、区）	归一化植被指数	竞争力排序
1	福州市	鼓楼区	-0.127	82	14	厦门市	思明区	-0.010	74
2		台江区	-0.250	84	15		海沧区	0.090	62
3		仓山区	-0.101	80	16		湖里区	-0.080	78
4		马尾区	0.022	69	17		集美区	0.120	58
5		晋安区	0.170	45	18		同安区	0.200	27
6		长乐区	-0.006	73	19		翔安区	0.110	59
7		福清市	0.026	67	20	宁德市	蕉城区	0.085	63
8		闽侯县	0.142	54	21		福安市	0.181	40
9		连江县	0.001	71	22		福鼎市	0.129	56
10		罗源县	0.148	52	23		霞浦县	0.148	51
11		闽清县	0.165	48	24		古田县	0.182	38
12		永泰县	0.181	39	25		屏南县	0.250	7
13	平潭综合实验区		-0.130	83	26		寿宁县	0.204	25

续表

序号	市（区）	县（市、区）	归一化植被指数	竞争力排序	序号	市（区）	县（市、区）	归一化植被指数	竞争力排序
27	宁德市	周宁县	0.215	16	56	龙岩市	新罗区	0.263	4
28		柘荣县	0.213	17	57		永定区	0.267	3
29	莆田市	城厢区	0.098	61	58		漳平市	0.253	6
30		涵江区	0.175	43	59		长汀县	0.196	30
31		荔城区	-0.005	72	60		上杭县	0.239	10
32		秀屿区	-0.112	81	61		武平县	0.276	1
33		仙游县	0.208	22	62		连城县	0.215	15
34	泉州市	鲤城区	0.022	70	63	三明市	梅列区	0.170	44
35		丰泽区	0.023	68	64		三元区	0.17	47
36		洛江区	0.193	31	65		永安市	0.190	34
37		泉港区	0.042	66	66		明溪县	0.210	18
38		石狮市	-0.047	77	67		清流县	0.210	21
39		晋江市	-0.034	76	68		宁化县	0.170	46
40		南安市	0.143	53	69		大田县	0.190	33
41		惠安县	-0.023	75	70		尤溪县	0.200	28
42		安溪县	0.216	14	71		沙县	0.190	36
43		永春县	0.209	20	72		将乐县	0.210	19
44		德化县	0.236	11	73		泰宁县	0.180	42
45	漳州市	芗城区	0.155	50	74		建宁县	0.160	49
46		龙文区	0.054	65	75	南平市	延平区	0.180	41
47		龙海市	0.140	55	76		建阳区	0.220	12
48		云霄县	0.074	64	77		邵武市	0.200	29
49		漳浦县	0.128	57	78		武夷山市	0.240	9
50		诏安县	0.101	60	79		建瓯市	0.190	37
51		长泰县	0.241	8	80		顺昌县	0.200	24
52		东山县	-0.090	79	81		浦城县	0.210	23
53		南靖县	0.272	2	82		光泽县	0.190	32
54		平和县	0.221	13	83		松溪县	0.190	35
55		华安县	0.260	5	84		政和县	0.200	26

6.5.3.2 分类型特征

(1) 分等级特征

归一化植被指数竞争力为强的县域有58个，所占比例为69.05%，主要分布在南平市、龙岩市、漳州市、三明市和宁德市。归一化植被指数竞争力中等的县域有19个，所占比例为22.62%，主要分布在泉州市、福州市、厦门市；归一化植被指数竞争力为弱的县域有7个，所占比例为8.33%，主要分布在福州市，如图6-13所示。

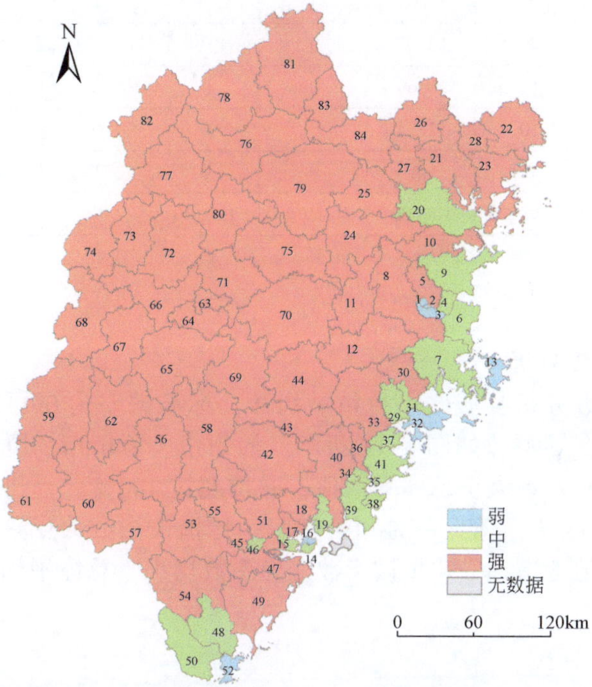

图6-13 福建省县域归一化植被指数竞争力分布

(2) 分地区特征

龙岩市、三明市、南平市、宁德市、泉州市无归一化植被指数竞争力为弱的县域，龙岩市、三明市、南平市三地市各县域归一化植被指数竞争力均为强，漳州市、泉州市和宁德市超过45%县域归一化植被指数竞争力为强；福州市、莆田市20%及以上县域归一化植被指数竞争力为弱，显示内陆地区县域比沿海地区有更好的植被覆盖条件，如表6-25所示。

表 6-25 福建省县域归一化植被指数竞争力分地区统计

市（区）	强		中		弱		合计/个
	数量/个	比例/%	数量/个	比例/%	数量/个	比例/%	
福州市	5	8.62	4	21.05	3	42.84	12
厦门市	2	3.45	3	15.79	1	14.29	6
宁德市	8	13.79	1	5.26	0	0	9
莆田市	2	3.45	2	10.53	1	14.29	5
泉州市	5	8.62	6	31.58	0	0	11
漳州市	7	12.07	3	15.79	1	14.29	11
龙岩市	7	12.07	0	0	0	0	7
三明市	12	20.69	0	0	0	0	12
南平市	10	17.24	0	0	0	0	10
平潭综合实验区	0	0	0	0	1	14.29	1
合计	58	100.00	19	100.00	7	100.00	84

6.5.3.3 区域差异分析

（1）变异系数分析

运用变异系数分析县域归一化植被指数，标准偏差为 0.1121，变异系数为 84%，各个地市变异系数如图 6-14 所示。福州市、莆田市、厦门市、泉州市归一化植被指数变异系数大于总体平均值，并均超过 100%，福州市归一化植被指数变异系数达到 445%，显示该地市县域归一化植被指数的变异程度较大，总体较为不均衡；其他地市归一化植被指数变异系数均小于总体平均值，三明市、南

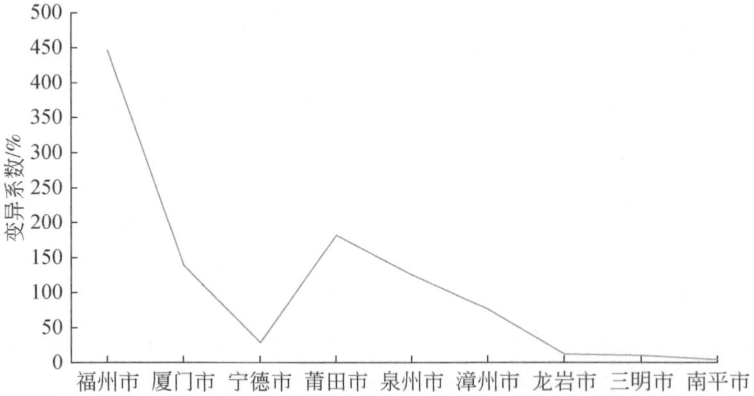

图 6-14 福建省各地市归一化植被指数变异系数

平市归一化植被指数变异系数均小于10%，显示这些地市县域归一化植被指数的变异程度较小，总体较为均衡。

（2）冷热点分析

运用ArcGIS10.3软件对县域归一化植被指数进行冷热点分析，龙岩市-漳州市-泉州市和宁德市-南平市形成2个热点区域，如图6-15所示。龙岩市-漳州市-泉州市的热点区域以龙岩市区为核心，向东涵盖漳平市，华安县、南靖县，以及安溪县、德化县；向西涵盖龙岩市上杭县、连城县、武平县，涵盖面积大、涉及县级单位多，是福建省归一化植被指数主热点区域。宁德市-南平市的热点区域包括屏南县、政和县，面积较小，是福建省归一化植被指数次热点区域。

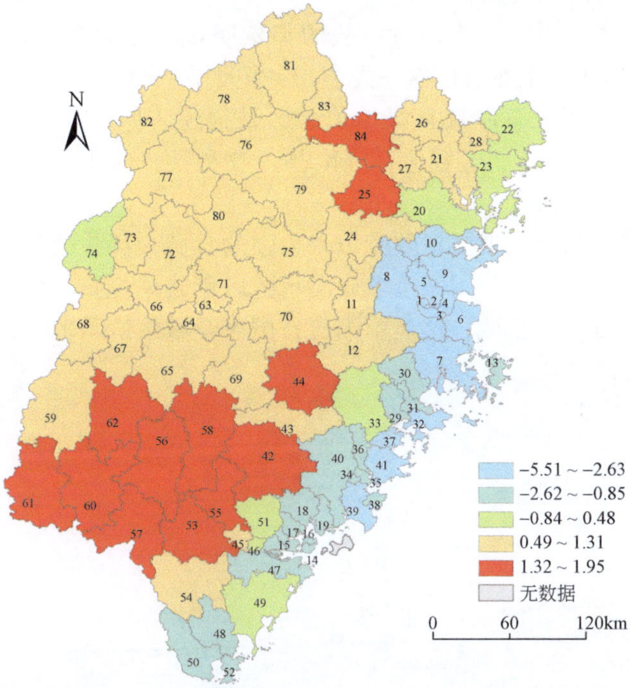

图6-15 福建省县域归一化植被指数冷热点

6.5.4 小结

第一，福建省归一化植被指数的平均值为0.18，其竞争力总体处于较强水平。龙岩市、南平市、三明市、漳州市的归一化植被指数高于全省平均水平，其余市（区）均低于全省平均水平。福建省归一化植被指数高于全省平均值的县域有41个，所占比例为48.81%，显示县域归一化植被指数整体水平较高。

第二，福建省县域归一化植被指数竞争力整体水平较强。归一化植被指数竞争力为强的县域有 58 个，所占比例为 69.05%，主要分布在南平市、龙岩市、漳州市、三明市和宁德市；仅有 8.33% 县域归一化植被指数竞争力处于弱水平，内陆地区无归一化植被指数竞争力为弱的县域，显示内陆地区县域比沿海地区县域有更好的植被覆盖条件。

第三，福建省县域归一化植被指数的区域差异显著。福州市、莆田市、厦门市、泉州市归一化植被指数变异系数大于总体平均值，并均超过 100%，显示这些地市县域归一化植被指数的变异程度较大，总体较为不均衡；三明市、南平市归一化植被指数变异系数均小于 10%，显示这些地市县域归一化植被指数的变异程度较小，总体较为均衡。

第四，福建省县域归一化植被指数的集聚明显。龙岩市–漳州市–泉州市和宁德市–南平市形成 2 个热点区域，龙岩市–漳州市–泉州市的热点区域以龙岩市区为核心，涵盖面积大、涉及县级单位多，是福建省归一化植被指数主热点区域；宁德市–南平市的热点区域包括屏南县、政和县，面积较小，是福建省归一化植被指数次热点区域。

第五，福建省归一化植被指数竞争力为强的县域大部分成为国家全域旅游示范区创建单位，仅有小部分国家全域旅游示范区创建单位归一化植被指数竞争力处于弱水平，如厦门市全域，这显示福建省国家全域旅游示范区创建单位的植被覆盖率较高，生态环境质量较好。

| 7 | 全管理竞争力评价

7.1 旅游微信公众号竞争力评价

7.1.1 指标释义

7.1.1.1 概念

旅游微信公众平台是旅游开发者或商家在微信公众平台上申请的应用账号，该账号与QQ账号互通，旅游商家通过微信公众号可在微信公众平台上实现和特定群体的文字、图片、语音、视频的全方位沟通和互动，形成线上线下微信互动营销方式。

旅游微信公众平台包含服务号、订阅号、企业号三种类型，如表7-1所示。

表7-1 旅游微信公众平台功能

类型	特征
服务号	旨在为用户提供服务，1个月（自然月）内仅可以发送4条群发消息，可申请自定义菜单
订阅号	旨在为用户提供信息，每天（24h）可以发送1条群发消息，个人只能申请订阅号
企业号	旨在帮助企业、政府机关、学校、医院等事业单位和非政府组织建立与员工、上下游合作伙伴及内部IT系统间的连接，并能有效地简化管理流程、提高信息的沟通和协同效率、提升对一线员工的服务及管理能力，可以1对1交流

7.1.1.2 作用

(1) 新时代重要的旅游营销工具

微信是当前最为重要的社交工具之一。据不完全统计，微信公众号已覆盖中国90%以上的智能手机，每月活跃用户达5.49亿；微信公众号总数已经超过800万个，关注微信公众号的微信用户比例高达89%（唐健雄等，2016），通过微信公众号平台开展O2O营销，已经成为旅游产品定制化消费的商业模式（林晓华和陈秀琼，2015）。

（2）反映旅游信息化水平

旅游信息化是通过对信息技术的运用来改变传统的旅游生产、分配和消费机制，以信息化的发展来优化旅游经济的运作，实现旅游经济的快速增长（张津航，2017）。旅游产品具有无形性的特点，适合通过图片、视频和即时通信等方式在网络上向潜在游客进行宣传与展示。微信营销在旅游业中得到充分发展，体现在旅行社可以建立科学化的微信风险预警机制，景区可以构建景区介绍、游客互动等微信功能模块，以及酒店可以完善微信营销体系等，这些均是微信公众号促进旅游信息化建设的重要途径（唐健雄等，2016）。

7.1.2 数据来源与研究方法

7.1.2.1 数据来源

本书使用微信公众平台，采用“县域+旅游”关键词，查询县域旅游微信公众号的数量。

参照国内外旅游微信公众平台竞争力评价研究的相关标准，并根据国家全域旅游示范区验收认定的相关条件，按照自然断点的方式将研究样本的旅游微信公众号竞争力划分为强、中、弱3个等级，具体如表7-2所示。

表7-2 旅游微信公众号竞争力分级标准

竞争力	等级	旅游微信公众号竞争力特征
强	Ⅰ（33～63个）	旅游微信公众号数量较多，旅游信息化水平较高
中	Ⅱ（12～32个）	旅游微信公众号数量中等，旅游信息化水平一般
弱	Ⅲ（1～11个）	旅游微信公众号数量较少，旅游信息化水平较低

7.1.2.2 研究方法

（1）ArcGIS空间分析

1）专题地图

利用ArcGIS10.3软件，制作福建省县域旅游微信公众号专题地图，通过色彩分级显示县域旅游微信公众号竞争力强、中、弱3个等级。

2）冷热点分析

利用冷热点分析工具识别县域旅游微信公众号数量的高值（热点）和低值（冷点）的空间聚类。通过分析，得到具有显著统计学意义的正 z 得分，z 得分越高，高值（热点）的聚类就越紧密；对于统计学上的显著性负 z 得分，z 得分越低，低值（冷点）的聚类就越紧密。

（2）变异系数

变异系数公式见4.1.2.2节式（4-1），此处不再赘述。

一般来说，旅游微信公众号数量平均值越高，衡量其变异程度的变异系数越大，反之越小。

7.1.3 研究结果

7.1.3.1 总体特征

2018年，福建省各市（区）旅游微信公众号竞争力排名依次是漳州市>泉州市>宁德市>南平市>福州市>三明市>龙岩市>平潭综合实验区>厦门市>莆田市，如表7-3所示。漳州市、泉州市旅游微信公众号所占比例远高于其他市（区），均超过17%；厦门市、莆田市旅游微信公众号所占比例远低于其他市（区），均低于3%。

表7-3 福建省各地区旅游微信公众号统计

地区	旅游微信公众号数量/个	比例/%	竞争力排序
福州市	107	10.65	5
厦门市	29	2.89	9
宁德市	130	12.94	3
莆田市	18	1.79	10
泉州市	175	17.41	2
漳州市	198	19.70	1
龙岩市	73	7.26	7
三明市	93	9.25	6

续表

地区	旅游微信公众号数量/个	比例/%	竞争力排序
南平市	119	11.84	4
平潭综合实验区	63	6.27	8
福建省	1005	100.00	

福建省旅游微信公众号数量高于县域旅游微信公众号数量平均值的县域有32个，所占比例为38.10%，其余52个县域的旅游微信公众号数量低于县域旅游微信公众号数量平均值。福建省旅游微信公众号竞争力排名前10位的县域依次是平潭综合实验区、武夷山市、东山县、霞浦县、晋江市、南靖县、石狮市、永春县、云霄县、长乐区，旅游微信公众号数量均超过20个；旅游微信公众号竞争力排名后10位的县域是清流县、松溪县、仓山区、同安区、蕉城区、城厢区、新罗区、永安区、荔城区、梅列区，微信公众号数量少于或等于3个，如表7-4所示。

表7-4　福建省县域旅游微信公众号竞争力统计

序号	市（区）	县（市、区）	旅游微信公众号数量/个	竞争力排序	序号	市（区）	县（市、区）	旅游微信公众号数量/个	竞争力排序
1	福州市	鼓楼区	3	68	14	厦门市	思明区	3	70
2		台江区	4	56	15		海沧区	5	49
3		仓山区	2	77	16		湖里区	3	71
4		马尾区	4	57	17		集美区	9	37
5		晋安区	3	69	18		同安区	2	78
6		长乐区	24	10	19		翔安区	7	43
7		福清市	12	29	20	宁德市	蕉城区	2	79
8		闽侯县	7	42	21		福安市	15	23
9		连江县	13	27	22		福鼎市	19	13
10		罗源县	16	20	23		霞浦县	52	4
11		闽清县	4	58	24		古田县	3	72
12		永泰县	15	22	25		屏南县	18	15
13	平潭综合实验区		63	1	26		寿宁县	4	59

续表

序号	市（区）	县（市、区）	旅游微信公众号数量/个	竞争力排序	序号	市（区）	县（市、区）	旅游微信公众号数量/个	竞争力排序
27	宁德市	周宁县	12	30	56	龙岩市	新罗区	2	81
28		柘荣县	5	50	57		永定区	7	45
29	莆田市	城厢区	2	80	58		漳平市	14	25
30		涵江区	4	60	59		长汀县	10	35
31		荔城区	1	83	60		上杭县	15	24
32		秀屿区	6	46	61		武平县	8	40
33		仙游县	5	51	62		连城县	17	19
34	泉州市	鲤城区	3	73	63	三明市	梅列区	1	84
35		丰泽区	5	52	64		三元区	16	21
36		洛江区	4	61	65		永安市	2	82
37		泉港区	5	53	66		明溪县	4	64
38		石狮市	27	7	67		清流县	3	75
39		晋江市	39	5	68		宁化县	11	33
40		南安市	17	18	69		大田县	11	34
41		惠安县	12	31	70		尤溪县	14	26
42		安溪县	18	16	71		沙县	8	41
43		永春县	25	8	72		将乐县	6	47
44		德化县	20	12	73		泰宁县	5	54
45	漳州市	芗城区	7	44	74		建宁县	12	32
46		龙文区	3	74	75	南平市	延平区	4	65
47		龙海市	19	14	76		建阳区	5	55
48		云霄县	25	9	77		邵武市	10	36
49		漳浦县	24	11	78		武夷山市	61	2
50		诏安县	9	38	79		建瓯市	13	28
51		长泰县	18	17	80		顺昌县	6	48
52		东山县	53	3	81		浦城县	4	62
53		南靖县	32	6	82		光泽县	4	62
54		平和县	4	62	83		松溪县	3	76
55		华安县	4	62	84		政和县	9	39

7.1.3.2 分类型特征

（1）分等级特征

福建省旅游微信公众号竞争力为强的县域有 5 个，所占比例为 5.95%，主要分布在泉州市、漳州市、南平市、宁德市、平潭综合实验区。旅游微信公众号竞争力中等的县域有 27 个，所占比例为 32.14%，在除厦门市、莆田市、平潭综合实验区外的各个地市均有分布；旅游微信公众号竞争力为弱的县域有 52 个，所占比例为 61.91%，主要分布在三明市、南平市、福州市等，如图 7-1 所示。

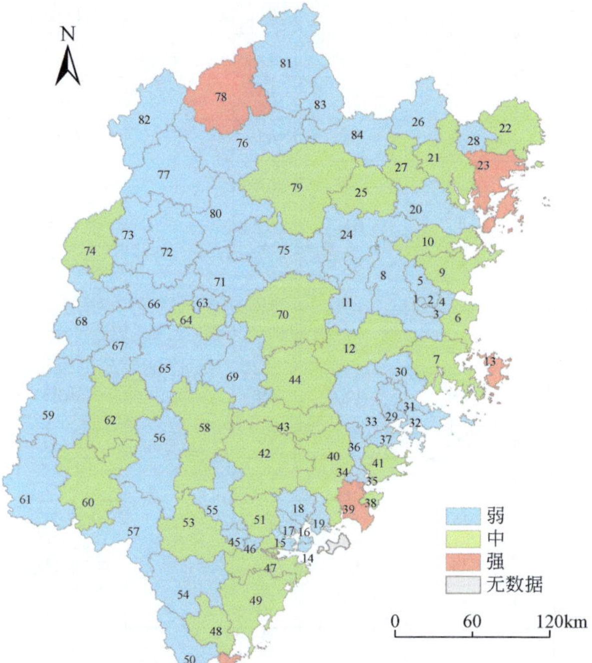

图 7-1　福建省县域旅游微信公众号竞争力分布

（2）分地区特征

福州市、厦门市、莆田市、龙岩市和三明市无旅游微信公众号竞争力为强的县域，厦门市和莆田市全部县域旅游微信公众号竞争力为弱，福州市、龙岩市、三明市、厦门市、莆田市、南平市超过 50% 县域旅游微信公众号竞争力为弱；南平市虽然有旅游微信公众号竞争力为强的县域，但是 80% 县域旅游微信公众号竞争力为弱，宁德市、泉州市、漳州市旅游微信公众号竞争力为弱的县域比例低于 50%，具体如表 7-5 所示。沿海地区县域旅游微信公众号竞争力比内陆地区更强，显示沿海地区县域旅游信息化水平更高。

表 7-5　福建省县域旅游微信公众号竞争力分地区统计

市（区）	强		中		弱		合计/个
	数量/个	比例/%	数量/个	比例/%	数量/个	比例/%	
福州市	0	0	5	18.52	7	13.46	12
厦门市	0	0	0	0	6	11.54	6
宁德市	1	20.00	4	14.81	4	7.69	9
莆田市	0	0	0	0	5	9.62	5
泉州市	1	20.00	6	22.23	4	7.69	11
漳州市	1	20.00	5	18.52	5	9.62	11
龙岩市	0	0	3	11.11	4	7.69	7
三明市	0	0	3	11.11	9	17.31	12
南平市	1	20.00	1	3.70	8	15.38	10
平潭综合实验区	1	20.00	0	0	0	0	1
合计	5	10.00	27	100.00	52	100.00	84

7.1.3.3　区域差异分析

(1) 变异系数分析

运用变异系数分析县域旅游微信公众号，标准偏差为 12.8057，变异系数为 107%，总体差异较大，各个地市旅游微信公众号变异系数如图 7-2 所示。宁德市旅游微信公众号变异系数大于总体平均值，显示该市各县域旅游信息化的变异程度较大，总体较为不均衡。其余各地市旅游微信公众号变异系数均小于总体平均值，显示这些地市县域旅游信息化的变异程度较小。

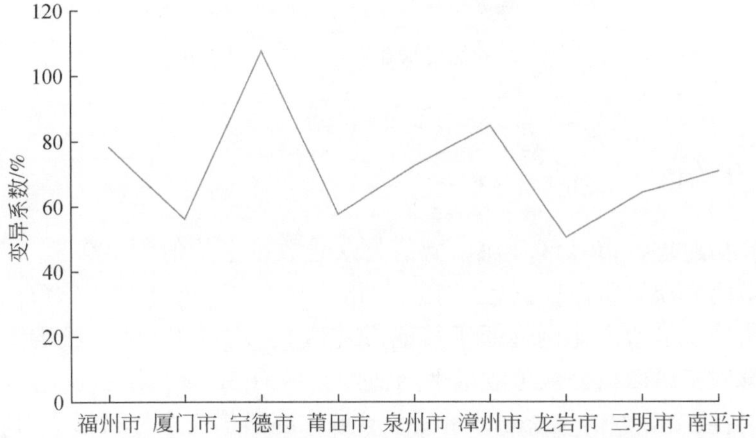

图 7-2　福建省各地市旅游微信公众号变异系数

（2）冷热点分析

运用 ArcGIS10.3 软件对县域旅游微信公众号进行冷热点分析，南平市、宁德市、平潭综合实验区、漳州市形成 4 个热点区域，如图 7-3 所示。南平市的热点区域以武夷山市和建阳区为主，涵盖面积最大，是福建省信息化主热点区域；漳州市热点区域包括东山县、诏安县和云霄县，涉及县域最多；宁德市热点区域包括福鼎市；平潭综合实验区全区均为热点区域。

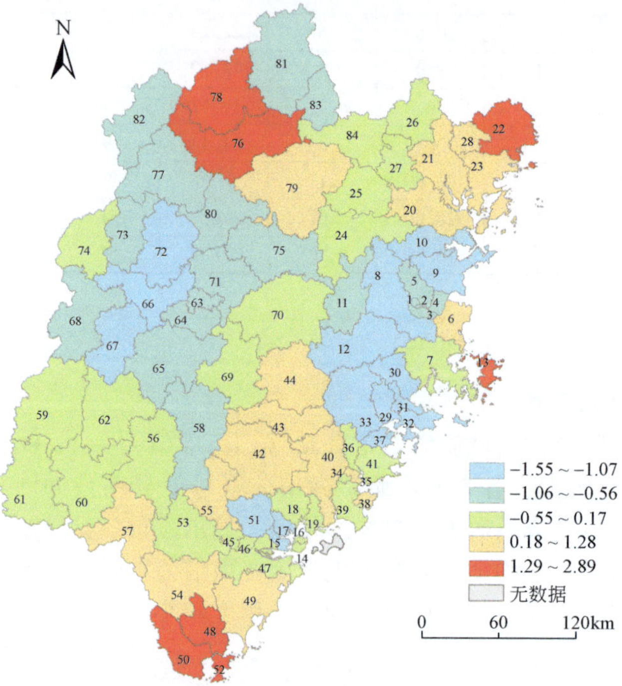

图 7-3　福建省县域旅游微信公众号冷热点

7.1.4　小结

第一，福建省各市（区）旅游微信公众号数量平均值为 100.5，漳州市、泉州市旅游微信公众号所占比例远高于其他市（区），均超过 17%；厦门市、莆田市旅游微信公众号所占比例远低于其他市（区），均低于 3%。旅游微信公众号数量高于县域旅游微信公众号数量平均值的县域有 32 个，所占比例为 38.10%，其余 52 个县域旅游微信公众号数量低于县域旅游微信公众号数量平均值。

第二，福建省县域旅游微信公众号竞争力整体处于弱水平。旅游微信公众号竞争力为强的县域有 5 个，所占比例为 5.95%，主要分布在泉州市、漳州市、南平市、宁德市、平潭综合实验区；61.91%县域旅游微信公众号竞争力处于弱水平，主要分布在三明市、南平市、福州市等；沿海地区县域旅游微信公众号竞争力比内陆地区更强，显示沿海地区县域旅游信息化水平更高。

第三，福建省县域旅游微信公众号的区域差异显著。宁德市旅游微信公众号变异系数大于总体平均值，显示该市各县域旅游信息化的变异程度较大，总体较为不均衡；其余各地市旅游微信公众号变异系数均小于总体平均值，显示这些地市县域旅游信息化的变异程度较小。

第四，福建省县域旅游微信公众号的集聚明显。南平市、宁德市、平潭综合实验区、漳州市形成4个热点区域，南平市的热点区域以武夷山市和建阳区为主，涵盖面积最大，是福建省信息化主热点区域；漳州市热点区域包括东山县、诏安县和云霄县，涉及县域最多；宁德市热点区域包括福鼎市；平潭综合实验区全区均为热点区域。

第五，福建省县域旅游微信公众号竞争力为强的县域部分成为国家全域旅游示范区创建单位，如武夷山市和东山县；大部分国家全域旅游示范区创建单位均位于旅游微信公众号竞争力为弱的地区，这显示福建省国家全域旅游示范区创建单位的信息化程度不足，仍需不断地提升和完善。

7.2 旅游生产安全竞争力评价

7.2.1 指标释义

7.2.1.1 概念

旅游生产安全指旅游企业生产过程中的企业员工人身安全、设备和产品安全，以及交通运输安全等，基本内涵就是旅游企业在生产经营活动中，为了避免造成人员伤害和财产损失的事故而采取相应的事故预防和控制措施，以保证从业人员的人身安全，保证生产经营活动得以顺利进行（刘洋，2014）。

旅游生产安全用亿元GDP生产安全事故死亡率来表示。亿元GDP生产安全事故死亡率指每生产1亿元GDP过程中，因生产安全事故而死亡的人数。

7.2.1.2 作用

（1）旅游生产安全是旅游业的生命线

没有安全，便没有旅游。旅游生产安全事故的出现，不仅影响旅游活动的顺利进行，而且可能带来巨额经济损失；旅游生产安全事故危及旅游者生命和财产，直接影响社会的安定团结；旅游生产安全事故还会损害国家的旅游声誉，阻碍旅游业发展（郑向敏，2009）。

（2）旅游生产安全是旅游业发展的基础和保障

旅游生产安全事故包括犯罪、疾病（中毒）、交通事故、火灾与爆炸、自然灾害和其他意外事故六种表现形态，各种表现形态的旅游生产安全事故在旅游活动的各环节交替或同时出现，难以划出泾渭分明的界线。概括地说，旅游业安全生产指采取一系列措施，使生产过程在符合规定的物质条件和工作秩序下进行，有效消除或控制危险和有害因素，无人身伤亡和财产损失等生产事故发生，从而保障人员安全与健康、设备和设施免受损坏、环境免遭破坏，生产经营活动得以顺利进行（刘洋，2014）。

7.2.1.3　背景

2018 年，中国各类生产安全事故共死亡 34 046 人，亿元 GDP 生产安全事故死亡率为 0.038%。

2018 年，福建省发生各类生产安全事故 1726 起，死亡 939 人，亿元 GDP 生产安全事故死亡率为 0.026%。

7.2.2　数据来源与研究方法

7.2.2.1　数据来源

亿元 GDP 生产安全事故死亡率数据来自《福建统计年鉴（2019）》、各县（市、区）国民经济和社会发展统计公报、各县（市、区）安全生产事故统计分析报告等。

参照国内外旅游生产安全竞争力评价研究的相关标准，并根据国家全域旅游示范区验收认定的相关条件，按照自然断点的方式将研究样本的旅游生产安全竞争力划分为强、中、弱 3 个等级，具体如表 7-6 所示。

表 7-6　旅游生产安全竞争力分级标准

竞争力	等级	旅游生产安全竞争力特征
强	Ⅰ（0.14% ~2.33%）	县域旅游生产安全事故较少，旅游生产安全环境较好
中	Ⅱ（2.34% ~4.64%）	县域旅游生产安全事故中等，旅游生产安全环境一般
弱	Ⅲ（4.65% ~10.35%）	县域旅游生产安全事故较多，旅游生产安全环境较差

7.2.2.2 研究方法

（1）ArcGIS 空间分析

1）专题地图

利用 ArcGIS10.3 软件，制作福建省县域旅游生产安全专题地图，通过色彩分级显示县域旅游生产安全竞争力强、中、弱 3 个等级。

2）冷热点分析

利用冷热点分析工具识别县域旅游生产安全的高值（热点）和低值（冷点）的空间聚类。通过分析，得到具有显著统计学意义的正 z 得分，z 得分越高，高值（热点）的聚类就越紧密；对于统计学上的显著性负 z 得分，z 得分越低，低值（冷点）的聚类就越紧密。

（2）变异系数

变异系数公式见 4.1.2.2 节式（4-1），此处不再赘述。

一般来说，旅游生产安全平均值越高，衡量其变异程度的变异系数越大，反之越小。

7.2.3 研究结果

7.2.3.1 总体特征

2018 年，福建省旅游生产安全竞争力总体处于较强水平。各地市旅游生产安全竞争力排名依次是福州市>厦门市>泉州市>莆田市>三明市>漳州市>龙岩市>南平市>宁德市>平潭综合实验区，如表 7-7 所示。福州市、厦门市、泉州市亿元 GDP 生产安全事故死亡率低于全省平均水平，其他市（区）亿元 GDP 生产安全事故死亡率均高于全省平均水平。

表 7-7 福建省各地区旅游生产安全统计

地区	死亡人数/人	GDP/亿元	亿元 GDP 生产安全事故死亡率/%	竞争力排序
福州市	75	7856.81	0.95	1
厦门市	83	4791.41	1.73	2
宁德市	77	1942.80	3.96	9
莆田市	54	2242.41	2.41	4
泉州市	165	8467.97	1.95	3
漳州市	122	3947.63	3.09	6

续表

地区	死亡人数/人	GDP/亿元	亿元 GDP 生产安全事故死亡率/%	竞争力排序
龙岩市	76	2393.30	3.18	7
三明市	69	2353.72	2.93	5
南平市	67	1792.51	3.74	8
平潭综合实验区	13	254.28	5.11	10
福建省	801	35804.04	2.24	

福建省亿元 GDP 生产安全事故死亡率低于全省平均值的县域有 28 个，所占比例为 33.33%，其余 56 个县域高于全省平均值，具体如表 7-8 所示。福建省内旅游生产安全竞争力排名前 10 位的县域依次是鼓楼区、马尾区、台江区、思明区、石狮市、仓山区、湖里区、连江县、长乐区、古田县，亿元 GDP 生产安全事故死亡率均低于 1.30%；旅游生产安全竞争力排名后 10 位的县域是柘荣县、政和县、连城县、永定区、洛江区、三元区、周宁县、龙文区、浦城县、霞浦县，亿元 GDP 生产安全事故死亡率均高于 6.00%。

表 7-8 福建省县域旅游生产安全竞争力统计

序号	市（区）	县（市、区）	亿元 GDP 生产安全事故死亡率/%	竞争力排序	序号	市（区）	县（市、区）	亿元 GDP 生产安全事故死亡率/%	竞争力排序
1	福州市	鼓楼区	0.14	1	14	厦门市	思明区	0.76	4
2		台江区	0.46	3	15		海沧区	2.82	42
3		仓山区	1.07	6	16		湖里区	1.15	7
4		马尾区	0.20	2	17		集美区	2.43	33
5		晋安区	1.24	11	18		同安区	4.01	62
6		长乐区	1.22	9	19		翔安区	3.09	49
7		福清市	1.81	19	20	宁德市	蕉城区	2.05	23
8		闽侯县	2.14	25	21		福安市	3.86	58
9		连江县	1.16	8	22		福鼎市	5.18	68
10		罗源县	1.34	12	23		霞浦县	10.35	84
11		闽清县	2.41	32	24		古田县	1.23	10
12		永泰县	3.01	47	25		屏南县	6.30	74
13	平潭综合实验区		5.11	73	26		寿宁县	4.47	64

续表

序号	市（区）	县（市、区）	亿元GDP生产安全事故死亡率/%	竞争力排序	序号	市（区）	县（市、区）	亿元GDP生产安全事故死亡率/%	竞争力排序
27	宁德市	周宁县	8.07	81	56	龙岩市	新罗区	2.78	40
28		柘荣县	6.31	75	57		永定区	6.61	78
29	莆田市	城厢区	3.93	60	58		漳平市	2.60	37
30		涵江区	2.10	24	59		长汀县	2.88	44
31		荔城区	2.20	27	60		上杭县	2.21	28
32		秀屿区	1.89	20	61		武平县	3.86	59
33		仙游县	3.61	55	62		连城县	6.54	77
34	泉州市	鲤城区	2.80	41	63	三明市	梅列区	3.27	52
35		丰泽区	3.05	48	64		三元区	7.48	80
36		洛江区	6.82	79	65		永安市	2.89	45
37		泉港区	2.85	43	66		明溪县	5.44	70
38		石狮市	0.78	5	67		清流县	1.91	21
39		晋江市	1.56	16	68		宁化县	2.33	30
40		南安市	2.66	38	69		大田县	1.48	14
41		惠安县	1.79	18	70		尤溪县	2.27	29
42		安溪县	2.71	39	71		沙县	3.95	61
43		永春县	1.34	13	72		将乐县	3.30	53
44		德化县	3.62	56	73		泰宁县	3.18	50
45	漳州市	芗城区	1.52	15	74		建宁县	4.20	63
46		龙文区	8.99	82	75	南平市	延平区	5.60	71
47		龙海市	5.11	67	76		建阳区	3.74	57
48		云霄县	2.49	36	77		邵武市	3.47	54
49		漳浦县	2.92	46	78		武夷山市	2.40	31
50		诏安县	3.21	51	79		建瓯市	4.64	66
51		长泰县	1.66	17	80		顺昌县	4.55	65
52		东山县	2.47	35	81		浦城县	9.01	83
53		南靖县	2.44	34	82		光泽县	2.19	26
54		平和县	1.98	22	83		松溪县	5.75	72
55		华安县	5.32	69	84		政和县	6.49	76

7.2.3.2 分类型特征

(1) 分等级特征

福建省旅游生产安全竞争力为强的县域有 30 个，所占比例为 35.71%，主要分布在福州市、泉州市、三明市等；旅游生产安全竞争力中等的县域有 36 个，所占比例为 42.86%，在除平潭综合实验区外的各个地市均有分布；旅游生产安全竞争力为弱的县域有 18 个，所占比例为 21.43%，主要分布在宁德市、漳州市、南平市等，如图 7-4 所示。

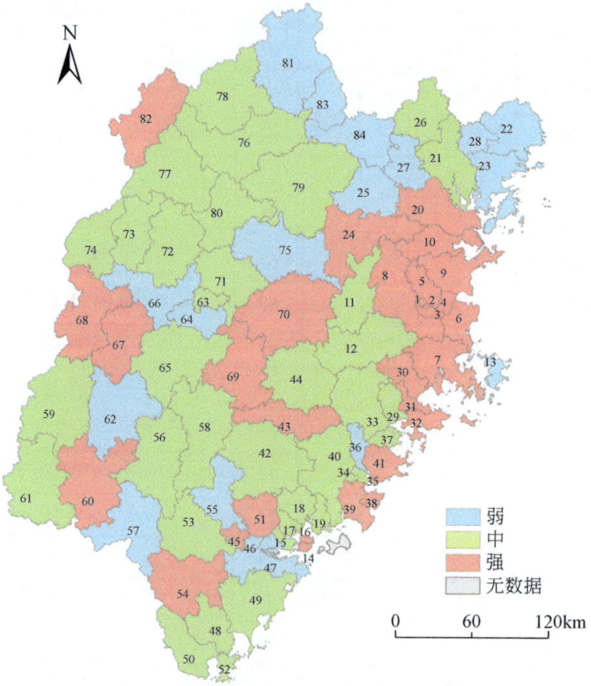

图 7-4　福建省县域旅游生产安全竞争力分布

(2) 分地区特征

福州市、厦门市和莆田市无旅游生产安全竞争力均为弱的县域，福州市和莆田市 60% 及以上县域旅游生产安全竞争力为强；宁德市、泉州市、漳州市、龙岩市、南平市、三明市均有旅游生产安全竞争力为强的县域，泉州市和三明市有超过 30% 县域旅游生产安全竞争力为强，漳州市、龙岩市、南平市有超过 25% 县域旅游生产安全竞争力为弱。沿海地区县域比内陆地区有更强的旅游生产竞争力，显示沿海地区的旅游安全环境较好，更有利于旅游业的发展，具体如表 7-9 所示。

表 7-9　福建省县域旅游生产竞争力分地区统计

市（区）	强		中		弱		合计/个
	数量/个	比例/%	数量/个	比例/%	数量/个	比例/%	
福州市	10	33.34	2	5.56	0	0	12
厦门市	2	6.67	4	11.10	0	0	6
宁德市	2	6.67	2	5.56	5	27.78	9
莆田市	3	10.00	2	5.56	0	0	5
泉州市	4	13.33	6	16.67	1	5.56	11
漳州市	3	10.00	5	13.89	3	16.67	11
龙岩市	1	3.33	4	11.10	2	11.11	7
三明市	4	13.33	6	16.66	2	11.11	12
南平市	1	3.33	5	13.89	4	22.22	10
平潭综合实验区	0	0	0	0	1	5.56	1
合计	30	100.00	36	100.00	18	100.00	84

7.2.3.3　区域差异分析

(1) 变异系数分析

运用变异系数分析县域旅游生产安全，标准偏差为 2.1175，变异系数为 63%，各个地市变异系数如图 7-5 所示。福州市和漳州市旅游生产安全变异系数大于总体平均值，显示这些地市县域旅游生产安全的变异程度较大，总体较为不

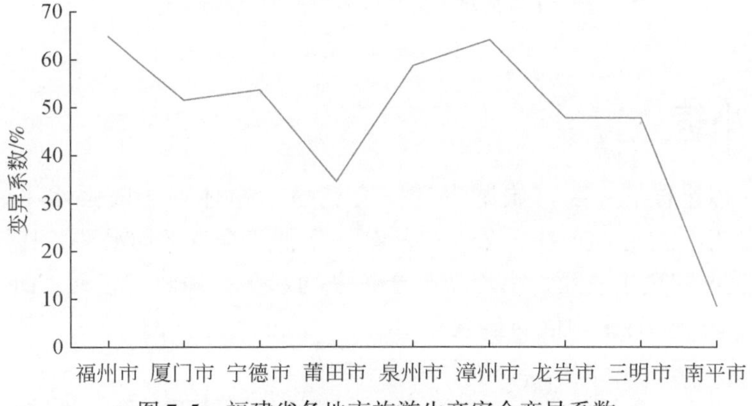

图 7-5　福建省各地市旅游生产安全变异系数

均衡；其余地市旅游生产安全变异系数小于总体平均值，显示这些地市县域旅游生产安全的变异程度较小，总体较为均衡。

(2) 冷热点分析

运用 ArcGIS10.3 软件对县域旅游生产安全进行冷热点分析，福州市形成 1 个热点区域，如图 7-6 所示。福州市的热点区域包括福州市除闽清县和永泰县以外的县域，涵盖面积大、涉及县域较多。

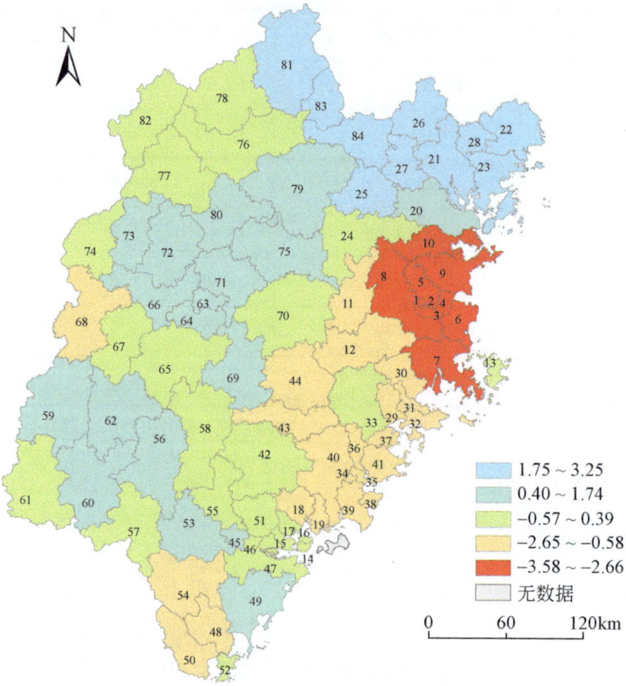

图 7-6　福建省县域旅游生产安全冷热点

7.2.4　小结

第一，福建省市（区）旅游生产安全竞争力总体处于较强水平。福州市、厦门市、泉州市亿元 GDP 生产安全事故死亡率低于全省平均水平，其他市（区）亿元 GDP 生产安全事故死亡率均高于全省平均水平；福建省亿元 GDP 生产安全事故死亡率低于全省平均值的县域有 28 个，所占比例为 33.33%，其余 56 个县亿元 GDP 生产安全事故死亡率高于全省平均值。

第二，福建省县域旅游生产安全竞争力整体处于较强水平。旅游生产安全竞争力为强的县域有 30 个，所占比例为 35.71%，主要分布在福州市、泉州市、三明市等；21.43%县域旅游生产安全竞争力处于弱水平，主要分布在宁德市、漳州市、南平市等；沿海地区县域旅游生产安全竞争力比内陆地区更强，显示沿海地区的旅游安全环境较好，更有利于旅游业的发展。

第三，福建省县域旅游生产安全的区域差异显著。福州市和漳州市旅游生产安全变异系数大于总体平均值，显示这些地市县域旅游生产安全的变异程度较大，总体较为不均衡；其余地市旅游生产安全变异系数小于总体平均值，显示这些地市县域旅游生产安全的变异程度较小，总体较为均衡。

第四，福建省县域旅游生产安全的集聚明显。福州市形成1个热点区域，包括福州市除闽清县、永泰县以外的县域，涵盖面积大、涉及县域较多。

第五，福建省县域旅游生产安全竞争力为强的县级行政单位部分成为国家全域旅游示范区创建单位，如永春县和东山县；大部分国家全域旅游示范区创建单位位于旅游生产安全竞争力中等的地区；小部分国家全域旅游示范区创建单位位于旅游生产安全竞争力为弱的地区，如连城县、永定区、屏南县，这显示福建省国家全域旅游示范区创建单位旅游生产安全环境较好，较有利于旅游业的稳定发展。

7.3 旅游服务质量竞争力评价

7.3.1 指标释义

7.3.1.1 概念

旅游服务质量指旅游者通过比较其接受的服务水平与期望目标得出的对某一特定服务的感知（Morrison，2004）。旅游投诉指标可以完全反映旅游服务质量的现状（伍延基，2004）。

旅游投诉指旅游者、海外旅行商、国内旅游经营者为维护自身和他人的旅游合法权益，对损害其合法权益的旅游经营者和有关服务单位，以书面或口头形式向旅游行政管理部门提出投诉、请示处理的行为。当前，国内有国家和地方两级旅游投诉平台，其中国家级旅游投诉平台包括12301国家智慧旅游公共服务平台和全国12315平台。

（1）12301国家智慧旅游公共服务平台

12301国家智慧旅游公共服务平台是我国行业主管部门中第一个以PPP模式构建的国家旅游公共服务平台，第一个以“语音+微信服务号/微信企业号+

12301 网站”全媒体交互形式提供公共服务的平台，第一个基于行业应用的云服务平台，第一个以“政府服务市场、大众服务大众”理念构建的旅游咨询问答众包模式的平台。

通过全媒体交互方式实现与游客及旅游从业人员的互动，改变了传统单一链式的投诉和咨询的沟通方式，实现了游客、涉旅企业、政府部门在同一界面进行信息的传递、沟通与解决，有效建立起实时、高效、便捷、线上及线下的沟通机制。该平台为政府部门监管提供及时、准确的信息，极大地提升行业监管及公共服务的水平，全面实现国家旅游局（现文化和旅游部）对“国家智慧旅游公共服务平台”项目所赋予的功能，即“旅游公共信息发布及资讯”“中国旅游产业运行监管”“全国各景区门票预约与客流预警”“多语种的旅游形象推广”“国家旅游大数据集成”五大功能。

（2）全国 12315 平台

1999 年 3 月 15 日，为了切实解决广大消费者“投诉难”的问题，及时、方便、快捷受理消费者诉求，国家工商行政管理总局在全国统一开通了 12315 消费者申诉举报专用电话。全国各级工商行政管理机关以 12315 电话为依托，建立了以现代信息技术为主要手段，集受理、查处、监管于一体，覆盖全国城乡的 12315 消费者申诉举报服务网络。

7.3.1.2 作用

（1）旅游服务质量管理有助于提升游客满意度和旅游企业竞争力

旅游服务质量是旅游企业所提供服务的特性和特征的总和。旅游产品的过程性，决定了旅游服务质量是在旅游企业与旅游者之间的行为接触和情感交流中生成的。随着旅游者满足自身期望的需求日益强烈和旅游市场竞争的日益加剧，旅游地、旅游企业必须从游客满意的角度提供旅游产品和服务（王群等，2006）。同时，旅游者体验质量的好坏直接影响其对旅游目的地、旅游企业的态度，并进而影响区域旅游开发和旅游企业的发展。旅游服务质量对增强游客满意度、提高旅游企业的竞争力，起着非常重要的作用（徐荣林和王建琼，2016）。

（2）旅游投诉及时处理有助于维护市场经济秩序公平与公正

消费者投诉举报专线电话和全国互联网投诉平台的使用，进一步畅通了消费者的诉求渠道，更加方便了工商部门、文化和旅游部门等及时受理和处理消费者申诉举报，更好地保护消费者权益，及时有效地查处各类旅游违法违章案件，维护旅游市场秩序的公平、公正，促进旅游经济的健康发展。

7.3.1.3 背景

(1) 全国概况

2018 年，人民网旅游 3 · 15 投诉平台数据显示，全年共收到有效投诉 1447 条，共为游客挽回损失 4 355 617.05 元。其中，涉及在线旅游企业的投诉 1156 条，占总投诉量的 79.89%；涉及各省份的投诉 291 条，占总投诉量的 20.11%[①]。

旅游投诉内容主要集中在航空（33.82%）、酒店（29.92%）、旅行社（27.88%）、景区（4.93%）、导游（1.89%）五个领域，机票不能退改签、退改签费用高、加价出票仍是投诉的重灾区。从投诉对象来看，在线企业的投诉主要集中在航空和酒店领域。

涉及在线旅游企业的 1156 条投诉中，去哪儿网 668 条，飞猪 154 条，其他投诉较多的企业还有携程、途牛、同程、马蜂窝、艺龙、驴妈妈、美团、穷游等。

涉及各省份的 291 条投诉中，涉及北京的投诉 40 条，涉及广东的投诉 36 条，涉及上海的投诉 32 条，省份的投诉内容主要集中在景区和退货等方面。

(2) 福建省概况

2018 年，福建省各级旅游质量监督管理机构共接到各种旅游投诉及咨询 2721 件，其中正式受理 1503 件，答复和协调群众旅游咨询、工作建议及情况反映等 1204 件，不予受理 14 件。其中，全国 12315 平台共登记受理旅游投诉 997 件，为游客挽回经济损失 741 102.5 元；12301 国家智慧旅游公共服务平台共登记旅游投诉 369 件，为游客挽回经济损失 511 978.56 元[②]。

旅游部门正式受理的 1503 件旅游投诉中，1049 件投诉旅行社，所占比例为 69.79%；271 件投诉景区，所占比例为 18.03%；38 件投诉饭店，所占比例为 2.53%；22 件投诉导游，所占比例为 1.47%；123 件投诉其他，所占比例为 8.18%，详细投诉内容如表 7-10 所示。

表 7-10 福建省旅游投诉内容统计

投诉领域	主要内容
旅行社	降低服务标准，擅自增减项目，导游领队未尽职责，延误、变更日程等旅行社责任问题，出境游取消行程引发的退款纠纷，境外接待服务环节未达合同约定标准引发的合同违约赔偿，旅游行程延误引发的纠纷，游览景点减少引发的合同违约赔偿，境外购物退货速度慢及游客办理签证被拒引发的纠纷等

① 2018 全国旅游投诉排行榜出炉 OTA 占比近八成, http://travel.people.com.cn/n1/2019/0222/c41570-30897023.html[2019-09-09].

② 福建省 2018 年旅游投诉情况总结，http://www.sohu.com/a/292426828_99970741 [2019-01-30].

续表

投诉领域	主要内容
旅行社	“一日游”招徕环节夸大宣传、实际行程与合同约定不符、旅游车漏接漏送、未按门票优惠规定退还差价、未按预订时间购买鼓浪屿上岛船票、行程中导游过度推销自费项目、在购物点停留时间过久和购物退货退款纠纷等问题，在旅行社提供的单项委托服务中发生的签证、接送机服务的问题等
景区	景区管理不到位，景区门票未严格按照优惠政策执行，景区内购物场所不规范，游客在景区内意外受伤、乘坐景区游览车辆引发的纠纷、工作人员服务态度差的问题，以及在重要节假日和人流高峰时段服务跟不上、缺乏应对方法、服务收费与安全提示不明显和门票捆绑消费等问题
饭店	游客在酒店内受伤，装修噪音影响客人休息，贵宾卡订房优惠纠纷，酒店的住宿环境有待改善，以及酒店管理、工作人员服务不到位等问题
其他	景区各门票代售窗口误导售票及服务问题，旅游团队噪声扰民问题，游客文明旅游问题，公厕及导向牌问题，旅游团队车辆乱放，旅游购物产品质价不符及悔购退货退款问题，消费者维权过度等问题

7.3.2 数据来源与研究方法

7.3.2.1 数据来源

福建省县域旅游投诉数据来自福建省旅游质量监督管理所、全国 12315 平台和 12301 国家智慧旅游公共服务平台。

参照国内外旅游服务质量竞争力评价研究的相关标准，并根据国家全域旅游示范区验收认定的相关条件，按照自然断点的方式将研究样本的旅游服务质量竞争力划分为强、中和弱 3 个等级，具体如表 7-11 所示。

表 7-11 旅游服务质量竞争力分级标准

竞争力	等级	旅游服务质量竞争力特征
强	Ⅰ（0～0.0113 件）	县域旅游投诉较少，旅游服务质量较高
中	Ⅱ（0.0114～0.0385 件）	县域旅游投诉中等，旅游服务质量一般
弱	Ⅲ（0.0386～0.0991 件）	县域旅游投诉较多，旅游服务质量较低

7.3.2.2 研究方法

（1）ArcGIS 空间分析

1）专题地图

利用 ArcGIS10.3 软件，制作福建省县域旅游服务质量专题地图，通过色彩分级显示县域旅游服务质量竞争力强、中、弱 3 个等级。

2）冷热点分析

利用冷热点分析工具识别县域旅游服务质量的高值（热点）和低值（冷点）的空间聚类。通过分析，得到具有显著统计学意义的正 z 得分，z 得分越高，高值（热点）的聚类就越紧密；对于统计学上的显著性负 z 得分，z 得分越低，低值（冷点）的聚类就越紧密。

（2）变异系数

变异系数公式见 4.1.2.2 节式（4-1），此处不再赘述。

一般来说，旅游服务质量平均值越高，衡量其变异程度的变异系数越大，反之越小。

7.3.3 研究结果

7.3.3.1 总体特征

2018 年，福建省各市（区）旅游服务质量竞争力处于中等水平，各市（区）旅游服务质量竞争力排名依次是平潭综合实验区>莆田市>南平市>漳州市>泉州市>三明市>宁德市>龙岩市>福州市>厦门市，如表 7-12 所示。福州市和厦门市每万人旅游投诉次数远高于全省平均值，其余市（区）每万人旅游投诉次数均低于全省平均值。

表 7-12 福建省各地区旅游服务质量统计

地区	12315/件	12301/件	合计/件	游客数/万人	每万人旅游投诉次数/件	竞争力排序
福州市	165	101	266	8 233.31	0.032 3	9
厦门市	704	142	846	8 900.32	0.095 1	10
宁德市	19	14	33	3 252.91	0.010 1	7
莆田市	7	14	21	3 394.05	0.006 2	2
泉州市	17	28	45	6 659.88	0.006 8	5
漳州市	6	20	26	3 881.96	0.006 7	4

续表

地区	12315/件	12301/件	合计/件	游客数/万人	每万人旅游投诉次数/件	竞争力排序
龙岩市	48	14	62	4 607.76	0.013 5	8
三明市	18	15	33	3 312.65	0.010 0	6
南平市	12	21	33	4 991.82	0.006 6	3
平潭综合实验区	1	0	1	484.32	0.002 1	1
福建省	997	369	1 366	47 718.98	0.028 6	

注：12315 指全国 12315 平台的投诉次数；12301 指 12301 国家智慧旅游公共服务平台的投诉次数

福建省 75 个县域旅游服务质量低于全省平均值，所占比例为 89.29%，其余 9 个县域旅游服务质量高于全省平均值，如表 7-13 所示。福建省县域旅游服务质量竞争力排名后 10 位的县域依次是泰宁县、福鼎市、翔安区、洛江区、晋安区、鼓楼区、永泰县、湖里区、台江区、思明区，每万人旅游投诉次数均高于 0.0250 件；22 个县域投诉记录为 0 件，所占比例为 26.19%；仅 9 个县域每万人旅游投诉次数超过全省平均值，所占比例为 10.71%，显示福建省县域旅游服务质量总体处于中等水平。

表 7-13　福建省县域旅游服务质量竞争力统计

序号	市（区）	县（市、区）	每万人旅游投诉次数/件	竞争力排序	序号	市（区）	县（市、区）	每万人旅游投诉次数/件	竞争力排序
1	福州市	鼓楼区	0.0447	80	14	厦门市	思明区	0.0991	84
2		台江区	0.0628	83	15		海沧区	0.0155	63
3		仓山区	0.0204	71	16		湖里区	0.0608	82
4		马尾区	0.0000	1	17		集美区	0.0190	67
5		晋安区	0.0385	79	18		同安区	0.0203	70
6		长乐区	0.0113	54	19		翔安区	0.0303	77
7		福清市	0.0156	64	20	宁德市	蕉城区	0.0062	42
8		闽侯县	0.0045	34	21		福安市	0.0057	37
9		连江县	0.0138	58	22		福鼎市	0.0294	76
10		罗源县	0.0237	73	23		霞浦县	0.0000	3
11		闽清县	0.0000	1	24		古田县	0.0060	40
12		永泰县	0.0462	81	25		屏南县	0.0139	59
13	平潭综合实验区		0.0021	26	26		寿宁县	0.0000	1

续表

序号	市（区）	县（市、区）	每万人旅游投诉次数/件	竞争力排序	序号	市（区）	县（市、区）	每万人旅游投诉次数/件	竞争力排序
27	宁德市	周宁县	0.0000	1	56	龙岩市	新罗区	0.0112	53
28		柘荣县	0.0000	6	57		永定区	0.0147	61
29	莆田市	城厢区	0.0139	60	58		漳平市	0.0052	36
30		涵江区	0.0032	29	59		长汀县	0.0000	1
31		荔城区	0.0011	23	60		上杭县	0.0129	56
32		秀屿区	0.0062	41	61		武平县	0.0076	49
33		仙游县	0.0043	33	62		连城县	0.0257	74
34	泉州市	鲤城区	0.0013	24	63	三明市	梅列区	0.0034	31
35		丰泽区	0.0190	68	64		三元区	0.0058	38
36		洛江区	0.0376	78	65		永安市	0.0000	1
37		泉港区	0.0000	1	66		明溪县	0.0121	55
38		石狮市	0.0067	45	67		清流县	0.0000	1
39		晋江市	0.0136	57	68		宁化县	0.0180	66
40		南安市	0.0014	25	69		大田县	0.0000	1
41		惠安县	0.0000	1	70		尤溪县	0.0160	65
42		安溪县	0.0000	1	71		沙县	0.0068	46
43		永春县	0.0022	27	72		将乐县	0.0100	51
44		德化县	0.0104	52	73		泰宁县	0.0258	75
45	漳州市	芗城区	0.0048	35	74		建宁县	0.0059	39
46		龙文区	0.0066	44	75	南平市	延平区	0.0073	48
47		龙海市	0.0028	28	76		建阳区	0.0000	1
48		云霄县	0.0033	30	77		邵武市	0.0064	43
49		漳浦县	0.0037	32	78		武夷山市	0.0099	50
50		诏安县	0.0000	1	79		建瓯市	0.0151	62
51		长泰县	0.0070	47	80		顺昌县	0.0000	1
52		东山县	0.0196	69	81		浦城县	0.0000	1
53		南靖县	0.0213	72	82		光泽县	0.0000	1
54		平和县	0.0000	1	83		松溪县	0.0000	1
55		华安县	0.0000	1	84		政和县	0.0000	1

7.3.3.2 分类型特征

（1）分等级特征

福建省旅游服务质量竞争力为强的县域有54个，所占比例为64.29%，主要分布在南平市、漳州市、泉州市、三明市、宁德市等；旅游服务质量竞争力中等的县域有25个，所占比例为29.76%，在除平潭综合实验区外的各个地市均有分布；旅游服务质量竞争力为弱的县域有5个，所占比例为5.95%，主要分布在福州市和厦门市，如图7-7所示。

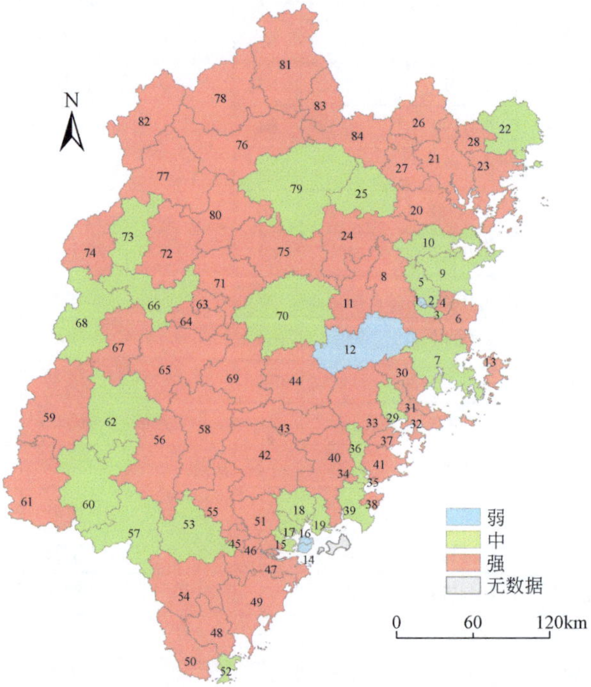

图7-7 福建省县域旅游服务质量竞争力分布

（2）分地区特征

福州市和厦门市有旅游服务质量竞争力为弱的县域，比例超过25%，其他市（区）均无旅游服务质量竞争力为弱的县域；南平市90%县域旅游服务质量竞争力为强，莆田市和漳州市80%及以上县域旅游服务质量竞争力为强，宁德市、龙岩市、泉州市、三明市超过50%县域旅游服务质量竞争力为强，具体如表7-14所示。沿海地区县域比内陆地区县域有更多的旅游投诉，显示内陆地区旅游服务质量比沿海地区更好，旅游氛围更好。

表 7-14　福建省县域旅游服务质量分地区统计

市（区）	强		中		弱		合计/个
	数量/个	比例/%	数量/个	比例/%	数量/个	比例/%	
福州市	4	7.41	5	20.00	3	60.00	12
厦门市	0	0	4	16.00	2	40.00	6
宁德市	7	12.96	2	8.00	0	0	9
莆田市	4	7.41	1	4.00	0	0	5
泉州市	8	14.81	3	12.00	0	0	11
漳州市	9	16.67	2	8.00	0	0	11
龙岩市	4	7.41	3	12.00	0	0	7
三明市	8	14.81	4	16.00	0	0	12
南平市	9	16.67	1	4.00	0	0	10
平潭综合实验区	1	1.85	0	0	0	0	1
合计	54	100.00	25	100.00	5	100.00	84

7.3.3.3　区域差异分析

(1) 变异系数分析

运用变异系数分析县域旅游服务质量，标准偏差为 0.0165，变异系数为 139%，显示各地市县域旅游服务质量变异程度较大，各个地市旅游服务质量变异系数如图 7-8 所示。宁德市旅游服务质量变异系数大于总体平均值，泉州市、漳州市旅游服务质量变异系数大于 100%，显示这些地市县域旅游安全的变异程度较大，总体较为不均衡；其余各地市旅游服务质量变异系数均小于总体平均值，显示这些地市县域旅游安全的变异程度较小，总体较为均衡。

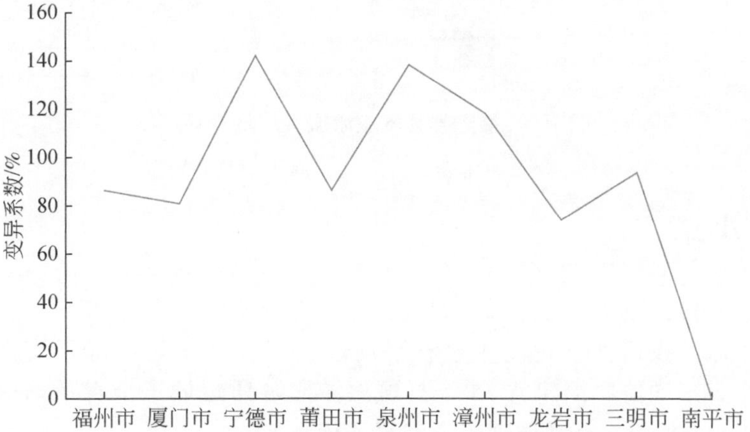

图 7-8　福建省各地市旅游服务质量变异系数

（2）冷热点分析

运用 ArcGIS10.3 软件对县域旅游服务质量进行冷热点分析，宁德市–南平市、三明市–泉州市–漳州市、漳州市形成 3 个热点区域，如图 7-9 所示。三明市–泉州市–漳州市热点区域包括三明市下辖的三元区、永安市、大田县、沙县，泉州市下辖的安溪县、永春县、德化县，以及漳州市的华安县，涉及地市多，涵盖面积大，是福建省县域旅游服务质量竞争力主热点区域。宁德市–南平市的热点区域包括宁德市下辖的福安市、寿宁县、周宁县，以及南平市下辖的浦城县、松溪县、政和县，是福建省县域旅游服务质量次热点区域。漳州市的热点区域包括云霄县和漳浦县，范围最小。

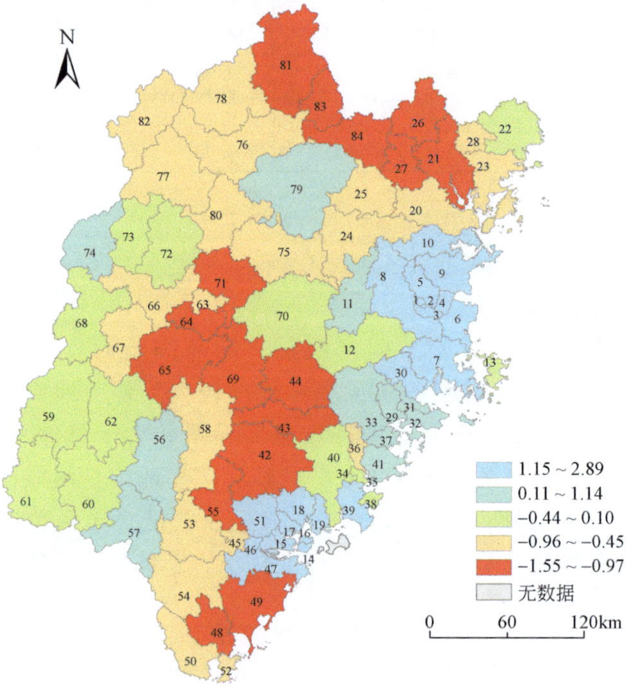

图 7-9　福建省县域旅游服务质量冷热点

7.3.4　小结

第一，福建省各市（区）旅游服务质量竞争力处于中等水平。福州市和厦门市每万人旅游投诉次数远高于全省平均值，其余市（区）每万人旅游投诉次数均低于全省平均值；福建省 75 个县域旅游服务质量低于全省平均值，所占比例为 89.29%，其余 9 个县域高于全省平均值。

第二，福建省县域旅游服务质量整体处于中等水平。旅游服务质量竞争力为强的县域有54个，所占比例为64.29%，主要分布在南平市、漳州市、泉州市、三明市、宁德市等；5.95%县域旅游服务质量竞争力处于弱水平，主要分布在福州市和厦门市；沿海地区县域比内陆地区县域有更多的旅游投诉，显示内陆地区旅游服务质量比沿海地区更好，旅游氛围更好。

第三，福建省县域旅游服务质量的区域差异显著。宁德市旅游服务质量变异系数大于总体平均值，泉州市、漳州市旅游服务质量变异系数大于100%，显示这些地市县域旅游安全的变异程度较大，总体较为不均衡；其余各地市旅游服务质量变异系数均小于总体平均值，显示这些地市县域旅游安全的变异程度较小，总体较为均衡。

第四，福建省县域旅游服务质量的集聚明显。宁德市-南平市、三明市-泉州市-漳州市、漳州市形成3个热点区域，三明市-泉州市-漳州市热点区域涵盖面积大，涉及地市多，是福建省县域旅游服务质量主热点区域；宁德市-南平市热点区域是福建省县域旅游服务质量次热点区域。漳州市热点区域的范围最小。

第五，福建省旅游服务质量竞争力为强的县域大部分成为国家全域旅游示范区创建单位，仅小部分国家全域旅游示范区创建单位位于旅游服务质量竞争力为弱的地区，如厦门市、永泰县，这显示福建省国家全域旅游示范区创建单位的旅游服务质量较好，较有利于旅游业的发展。

7.4 旅游固定资产投入产出比竞争力评价

7.4.1 指标释义

7.4.1.1 概念

固定资产投入产出比是购入固定资产所投入的资金和固定资产所创造的价值的比值，计算公式：固定资产投入产出比=当年GDP÷固定资产投资总额×100%。

旅游固定资产投入产出比指旅游业购入固定资产所投入的资金和固定资产所创造的价值的比值，计算公式：旅游固定资产投入产出比=当年旅游收入÷固定资产投资总额×100%。

旅游固定资产投入产出比可以分为三级：100%为持平；>100%为产出大于投入；<100%为产出小于投入（刘民坤和蒋丽玲，2017）。

7.4.1.2 作用

(1) 衡量旅游目的地的资本要素的效率

固定资产实质是接待设施的货币表现（冯学钢等，2009）。旅游目的地是一个经济运行系统，资本也是其获得产出的基础投入要素。虽然没有直接表征旅游目的地资本规模的指标，但考虑旅游目的地的主要资本来自当地对旅游企业及景区的投入，故星级饭店固定资产、旅行社固定资产、旅游景区企业固定资产可以作为表征旅游目的地资本的指标，这些指标能够反映资本投入的规模，也能反映旅游目的地的接待能力。

(2) 反映旅游经济的效率与活力

投入产出比是经济管理中常用的经济效果评价指标，该指标可以直观地理解为项目投入资金与产出资金的比值，即项目投入1个单位资金能产出多少单位资金，其数量常用“1：*N*”的形式表达，*N*值越大，经济效果越好。

投入产出比虽然是一个静态指标，但当项目建设期和运行寿命期确定之后，投入产出比与内部收益率存在着一一对应的关系，故可根据基准内部收益率估定基准投入产出比，从而反映出旅游经济的能力（刘晓欣等，2011）。

7.4.2 数据来源与研究方法

7.4.2.1 数据来源

固定资产投入和旅游收入数据来自《福建统计年鉴（2019）》、各县（市、区）国民经济和社会发展统计公报。

参照国内外旅游固定资产投入产出比竞争力评价研究的相关标准，并根据国家全域旅游示范区验收认定的相关条件，按照自然断点的方式将研究样本的旅游固定资产投入产出比竞争力划分为强、中和弱3个等级，具体如表7-15所示。

表7-15 旅游固定资产投入产出比竞争力分级标准

竞争力	等级	旅游固定资产投入产出比竞争力特征
强	Ⅰ（115.09%~332.01%）	县域旅游固定资产投入产出比较高，旅游经济效率较好
中	Ⅱ（38.86%~115.08%）	县域旅游固定资产投入产出比中等，旅游经济效率一般
弱	Ⅲ（2.18%~38.85%）	县域旅游固定资产投入产出比较低，旅游经济效率较差

7.4.2.2 研究方法

（1）ArcGIS 空间分析

1）专题地图

利用 ArcGIS10.3 软件，制作福建省县域旅游固定资产投入产出比专题地图，通过色彩分级显示县域旅游固定资产投入产出比竞争力强、中、弱 3 个等级。

2）冷热点分析

利用冷热点分析工具识别县域旅游固定资产投入产出比的高值（热点）和低值（冷点）的空间聚类。通过分析，得到具有显著统计学意义的正 z 得分，z 得分越高，高值（热点）的聚类就越紧密；对于统计学上的显著性负 z 得分，z 得分越低，低值（冷点）的聚类就越紧密。

（2）变异系数

变异系数公式见 4.1.2.2 节式（4-1），此处不再赘述。

一般来说，旅游固定资产投入产出比平均值越高，衡量其变异程度的变异系数越大，反之越小。

7.4.3 研究结果

7.4.3.1 总体特征

2018 年，福建省旅游固定资产投入产出比竞争力总体处于较弱水平，各市（区）旅游固定资产投入产出比竞争力排名依次是厦门市>南平市>宁德市>泉州市>福州市>龙岩市>漳州市>莆田市>三明市>平潭综合实验区，具体如表 7-16 所示。厦门市、南平市、宁德市、泉州市旅游固定资产投入产出比高于全省平均水平，且厦门市一枝独秀，旅游固定资产投入产出比高于 50%，其他市（区）旅游固定资产投入产出比均低于全省平均水平。

表 7-16 福建省各地区旅游固定资产投入产出比统计

地区	固定资产投资额/亿元	旅游收入/亿元	旅游固定资产投入产出比/%	竞争力排序
福州市	5 985.52	1 170.38	19.55	5
厦门市	2 621.99	1 402.12	53.48	1
宁德市	1 411.02	343.98	24.38	3
莆田市	2 558.36	350.97	13.72	8
泉州市	4 709.39	1 089.68	23.14	4

续表

地区	固定资产投资额/亿元	旅游收入/亿元	旅游固定资产投入产出比/%	竞争力排序
漳州市	3 661.04	521.23	14.24	7
龙岩市	2 839.05	453.81	15.98	6
三明市	2 705.77	330.33	12.21	9
南平市	2 203.10	790.08	35.86	2
平潭综合实验区	511.77	56.74	11.09	10
福建省	29 207.01	6 509.32	22.29	

福建省旅游固定资产投入产出比高于全省平均值的县域有30个，所占比例为35.71%，其余54个县域旅游固定资产投入产出比低于全省平均值，具体如表7-17所示。福建省旅游固定资产投入产出比竞争力排名前10位的县域依次是思明区、武夷山市、永泰县、湖里区、屏南县、台江区、延平区、鲤城区、鼓楼区、芗城区，旅游固定资产投入产出比均高于60%；旅游固定资产投入产出比竞争力排名后10位的县域是泉港区、秀屿区、明溪县、涵江区、龙文区、龙海市、宁化县、诏安县、大田县、翔安区，旅游固定资产投入产出比均低于9%。

表7-17　福建省县域旅游固定资产投入产出比竞争力统计

序号	市（区）	县（市、区）	旅游固定资产投入产出比/%	竞争力排序	序号	市（区）	县（市、区）	旅游固定资产投入产出比/%	竞争力排序
1	福州市	鼓楼区	65.92	9	14	厦门市	思明区	332.01	1
2		台江区	72.44	6	15		海沧区	17.74	44
3		仓山区	10.05	69	16		湖里区	84.76	4
4		马尾区	14.19	53	17		集美区	28.01	21
5		晋安区	21.19	36	18		同安区	13.26	57
6		长乐区	10.33	67	19		翔安区	2.18	84
7		福清市	12.00	62	20	宁德市	蕉城区	16.94	47
8		闽侯县	12.11	60	21		福安市	18.77	43
9		连江县	10.61	65	22		福鼎市	33.30	16
10		罗源县	13.47	56	23		霞浦县	31.93	18
11		闽清县	22.90	30	24		古田县	21.08	38
12		永泰县	90.92	3	25		屏南县	74.00	5
13	平潭综合实验区		11.09	64	26		寿宁县	30.11	19

续表

序号	市（区）	县（市、区）	旅游固定资产投入产出比/%	竞争力排序	序号	市（区）	县（市、区）	旅游固定资产投入产出比/%	竞争力排序
27	宁德市	周宁县	24.64	29	56	龙岩市	新罗区	13.82	54
28		柘荣县	25.26	27	57		永定区	38.65	14
29	莆田市	城厢区	33.88	15	58		漳平市	8.15	73
30		涵江区	7.79	78	59		长汀县	13.70	55
31		荔城区	26.82	23	60		上杭县	22.15	31
32		秀屿区	7.84	76	61		武平县	9.64	71
33		仙游县	17.52	45	62		连城县	26.76	24
34	泉州市	鲤城区	68.25	8	63	三明市	梅列区	15.45	50
35		丰泽区	57.29	11	64		三元区	8.07	74
36		洛江区	21.81	33	65		永安市	20.33	39
37		泉港区	8.05	75	66		明溪县	7.80	77
38		石狮市	28.85	20	67		清流县	9.47	72
39		晋江市	22.00	32	68		宁化县	7.05	81
40		南安市	19.84	40	69		大田县	4.29	83
41		惠安县	21.29	35	70		尤溪县	12.06	61
42		安溪县	25.78	26	71		沙县	16.17	48
43		永春县	32.98	17	72		将乐县	14.43	52
44		德化县	38.85	13	73		泰宁县	49.69	12
45	漳州市	芗城区	61.83	10	74		建宁县	9.74	70
46		龙文区	7.66	79	75	南平市	延平区	68.88	7
47		龙海市	7.46	80	76		建阳区	21.14	37
48		云霄县	12.78	58	77		邵武市	27.75	22
49		漳浦县	16.02	49	78		武夷山市	115.08	2
50		诏安县	5.97	82	79		建瓯市	21.65	34
51		长泰县	12.17	59	80		顺昌县	25.01	28
52		东山县	19.79	41	81		浦城县	26.61	25
53		南靖县	19.62	42	82		光泽县	15.11	51
54		平和县	16.95	46	83		松溪县	10.06	68
55		华安县	10.47	66	84		政和县	11.50	63

7.4.3.2　分类型特征

（1）分等级特征

福建省旅游固定资产投入产出比竞争力为强的县域有 1 个，所占比例为 1.19%，主要分布在厦门市。旅游固定资产投入产出比竞争力中等的县域有 11 个，所占比例为 13.10%，主要分布在福州市、泉州市；旅游固定资产投入产出比竞争力为弱的县域有 72 个，所占比例为 85.71%，在各个地市均有分布，如图 7-10 所示。

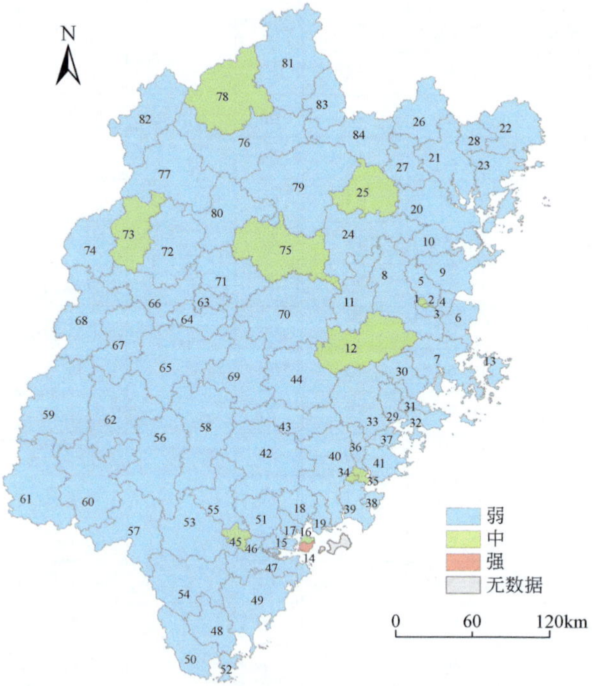

图 7-10　福建省县域旅游固定资产投入产出比竞争力分布

（2）分地区特征

厦门市虽然有旅游固定资产投入产出比竞争力为强的县域，但超过 60% 县域旅游固定资产投入产出比竞争力为弱；平潭综合实验区、莆田市和龙岩市各县域旅游固定资产投入产出比竞争力均为弱；漳州市和三明市超过 90% 县域旅游固定资产投入产出比竞争力为弱，南平市、宁德市、泉州市、福州市 75% 及以上县域旅游固定资产投入产出比竞争力为弱，具体如表 7-18 所示。沿海地区比内陆地区有更多旅游固定资产投入产出比竞争力较强的县域，显示沿海地区县域比内陆地区县域有更好的旅游经济效率。

表 7-18 福建省县域旅游固定资产投入产出比竞争力分地区统计

市（区）	强		中		弱		合计/个
	数量/个	比例/%	数量/个	比例/%	数量/个	比例/%	
福州市	0	0	3	27.28	9	12.50	12
厦门市	1	100.00	1	9.09	4	5.56	6
宁德市	0	0	1	9.09	8	11.11	9
莆田市	0	0	0	0	5	6.94	5
泉州市	0	0	2	18.18	9	12.50	11
漳州市	0	0	1	9.09	10	13.89	11
龙岩市	0	0	0	0	7	9.72	7
三明市	0	0	1	9.09	11	15.28	12
南平市	0	0	2	18.18	8	11.11	10
平潭综合实验区	0	0	0	0	1	1.39	1
合计	1	100.00	11	100.00	72	100.00	84

7.4.3.3 区域差异分析

（1）变异系数分析

运用变异系数分析县域旅游固定资产投入产出比，标准偏差为 39.8128，变异系数为 139%，总体变异程度较大，各个地市旅游固定资产投入产出比变异系数如图 7-11 所示。厦门市旅游固定资产投入产出比变异系数大于总体平均值，并超过 150%，显示该地市各县域的旅游固定资产投入产出比的变异程度较大，总体较为不均衡；其余地市县域旅游固定资产投入产出比变异系数均小于总体平均值，并低于 100%，显示这些地市县域旅游固定资产投入产出比的变异程度较小，总体较为均衡。

（2）冷热点分析

运用 ArcGIS10.3 软件对县域旅游固定资产投入产出比进行冷热点分析，厦门市–漳州市–泉州市和南平市形成 2 个热点区域，如图 7-12 所示。厦门市–漳州市–泉州市的热点区域以厦门市市区为核心，包括泉州市晋江市，漳州市龙文区、龙海市、长泰县，涵盖面积大、涉及县级单位多，是福建省旅游固定资产投入产出比主热点区域；南平市的热点区域包括武夷山市和建阳区，涉及县级单位少，是福建省旅游固定资产投入产出比次热点区域。

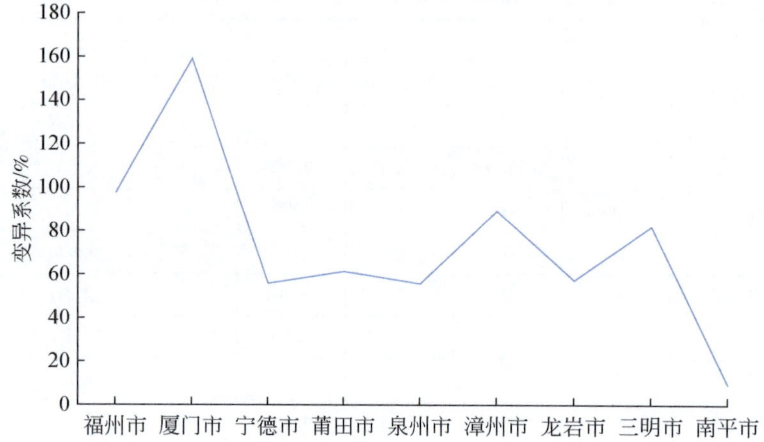

图 7-11　福建省各地市旅游固定资产投入产出比变异系数

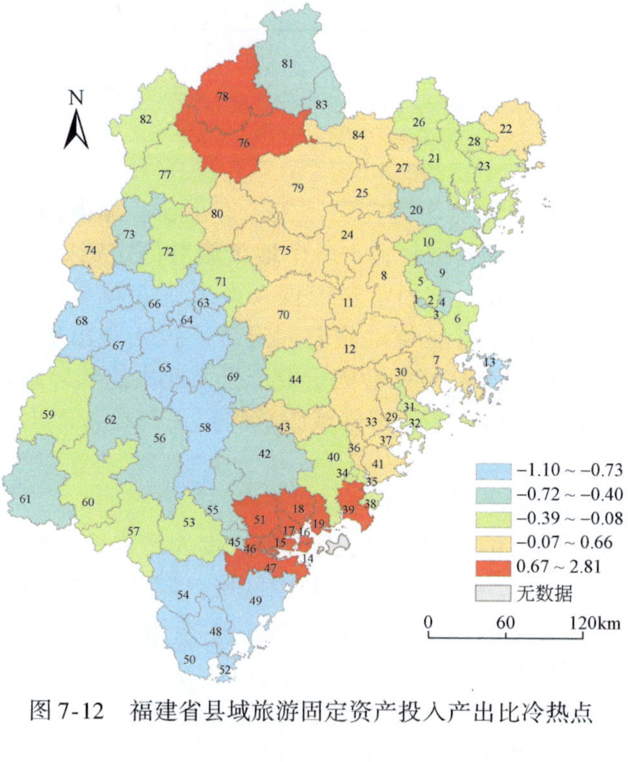

图 7-12　福建省县域旅游固定资产投入产出比冷热点

7.4.4 小结

第一，福建省旅游固定资产投入产出比竞争力总体处于较弱水平。厦门市、南平市、泉州市旅游固定资产投入产出比高于全省平均水平，厦门市旅游固定资产投入产出比高于50%，其他市（区）旅游固定资产投入产出比均低于全省平均水平。福建省旅游固定资产投入产出比高于全省平均值的县域有30个，所占比例为35.71%，其余54个县域高于全省平均值。

第二，福建省旅游固定资产投入产出比竞争力整体水平较弱，旅游固定资产投入产出比竞争力为强的县域仅有1个，所占比例为1.19%，主要分布在厦门市；85.71%县域旅游固定资产投入产出比竞争力处于弱水平，在各个地市均有分布；沿海地区比内陆地区有更多旅游固定资产投入产出比竞争力较强的县域，显示沿海地区县域比内陆地区县域有更好的旅游经济效率。

第三，福建省县域旅游固定资产投入产出比的区域差异显著。厦门市县域旅游固定资产投入产出比变异系数大于总体平均值，并超过150%，显示该地市各县域的旅游固定资产投入产出比的变异程度较大，总体较为不均衡；其余地市旅游固定资产投入产出比变异系数均小于总体平均值，并低于100%，显示这些地市县域旅游固定资产投入产出比的变异程度较小，总体较为均衡。

第四，福建省县域旅游固定资产投入产出比的集聚明显。厦门市–漳州市–泉州市和南平市形成2个热点区域，厦门市–漳州市–泉州市的热点区域以厦门市市区为核心，涵盖面积大，是福建省县域旅游固定资产投入产出比主热点区域；南平市的热点区域包括武夷山市和建阳区，是福建省旅游固定资产投入产出比竞争力次热点区域。

第五，福建省旅游固定资产投入产出比竞争力为强的县域部分成为国家全域旅游示范区创建单位，如武夷山市；大部分国家全域旅游示范区创建单位位于旅游固定资产投入产出比竞争力为弱的地区，这显示福建省国家全域旅游示范区创建单位的旅游固定资产投入产出比较低，旅游经济效率较差，有待进一步提升。

8　全支持竞争力评价

8.1　一般公共预算人均支出竞争力评价

8.1.1　指标释义

8.1.1.1　概念

一般公共预算支出指国家对集中的预算收入有计划地分配和使用而安排的支出，包括地方行政管理和各项事业费，地方统筹的基本建设、技术改造支出，支援农村生产支出，城市维护和建设经费，以及价格补贴支出等（王志刚，2013）。

一般公共预算人均支出是指一般公共预算支出与常住人口的比值。

8.1.1.2　作用

一般公共预算支出是财政用于一般公共服务、教育、科学技术、农林水事务等方面的支出，按照其经济性质可分类为工资福利支出、商品和服务支出、资本性支出和其他支出。该指标反映了政府对公共服务设施的配套和建设情况，也体现了政府在公共服务方面支持旅游业发展的力度和水平。

8.1.1.3　背景

2018 年，全国一般公共预算支出 220 906 亿元，全国一般公共预算人均支出为 15 831 元。其中，中央一般公共预算支出 32 708 亿元，地方一般公共预算支出 188 198 亿元；教育支出 32 222 亿元，科学技术支出 8322 亿元，社会保障和就业支出 27 084 亿元，医疗卫生与计划生育支出 15 700 亿元，节能环保支出 6353 亿元，城乡社区支出 22 700 亿元[①]。

---

① 财政部：2018 年全国一般公共预算同比增长 8.7%. https://baijiahao.baidu.com/s? id = 1623440162842616173&wfr = spider&for = pc[2019-09-09].

2018 年，福建省一般公共预算总收入 5045.43 亿元，一般公共预算人均支出为 12 802 元。其中，地方一般公共预算收入 3007.36 亿元，一般公共预算支出 4836.67 亿元①

8.1.2 数据来源与研究方法

8.1.2.1 数据来源

一般公共预算支出和常住人口数据来自《福建统计年鉴（2019）》、各县（市、区）国民经济和社会发展统计公报。

参照国内外一般公共预算人均支出竞争力评价研究的相关标准，并根据国家全域旅游示范区验收认定的相关条件，按照自然断点的方式将研究样本的一般公共预算人均支出竞争力划分为强、中和弱 3 个等级，具体如表 8-1 所示。

表 8-1 一般公共预算人均支出竞争力分级标准

竞争力	等级	一般公共预算人均支出竞争力特征
强	Ⅰ（11 501 ~ 29 291 元）	县域一般公共预算人均支出较高，旅游公共服务配套较好
中	Ⅱ（7 281 ~ 11 500 元）	县域一般公共预算人均支出中等，旅游公共服务配套一般
弱	Ⅲ（2 898 ~ 7 280 元）	县域一般公共预算人均支出较低，旅游公共服务配套较差

8.1.2.2 研究方法

（1）ArcGIS 空间分析

1）专题地图

利用 ArcGIS10.3 软件，制作福建省县域一般公共预算人均支出专题地图，通过色彩分级显示县域一般公共预算人均支出竞争力强、中、弱 3 个等级。

2）冷热点分析

利用冷热点分析工具识别县域一般公共预算人均支出的高值（热点）和低值（冷点）的空间聚类。通过分析，得到具有显著统计学意义的正 z 得分，z 得

① 2018 年福建省国民经济和社会发展统计公报 . http://tjj.fujian.gov.cn/xxgk/tjgb/201902/t20190228_4774952.htm[2019-09-09].

分越高，高值（热点）的聚类就越紧密；对于统计学上的显著性负 z 得分，z 得分越低，低值（冷点）的聚类就越紧密。

(2) 变异系数

变异系数公式见 4.1.2.2 节式（4-1），此处不再赘述。

一般来说，一般公共预算人均支出平均值越高，衡量其变异程度的变异系数越大，反之越小。

8.1.3 研究结果

8.1.3.1 总体特征

2018 年，福建省一般公共预算人均支出竞争力总体处于中等水平。各市（区）一般公共预算人均支出竞争力排名依次是平潭综合实验区>厦门市>福州市>三明市>龙岩市>南平市>宁德市>漳州市>莆田市>泉州市，如表 8-2 所示。平潭综合实验区、厦门市、福州市、三明市、南平市一般公共预算人均支出高于全省平均水平，其他市（区）一般公共预算人均支出均低于全省平均水平。

表 8-2 福建省各地区一般公共预算人均支出统计

地区	一般公共预算支出/亿元	常住人口/万人	一般公共预算人均支出/万元	竞争力排序
福州市	923.41	774	1.19	3
厦门市	892.5	411	2.17	2
宁德市	300.20	291	1.03	7
莆田市	229.27	290	0.79	9
泉州市	632.38	870	0.73	10
漳州市	429.8	514	0.84	8
龙岩市	301.17	264	1.14	5
三明市	296.5	258	1.15	4
南平市	298.70	269	1.11	6

续表

地区	一般公共预算支出/亿元	常住人口/万人	一般公共预算人均支出/万元	竞争力排序
平潭综合实验区	134.74	46	2.93	1
福建省	4438.67	3987	1.11	

福建省23个县域一般公共预算人均支出高于全省平均水平，所占比例为27.38%，其余61个县域一般公共预算人均支出低于全省平均值，如表8-3所示。福建省一般公共预算人均支出排名前10位的县域依次是平潭综合实验区、海沧区、马尾区、柘荣县、明溪县、建宁县、罗源县、闽清县、屏南县、松溪县，一般公共预算人均支出均高于1.4万元；一般公共预算人均支出竞争力排名后10位的县域是延平区、龙海市、南安市、仓山区、三元区、晋安区、台江区、丰泽区、芗城区、鲤城区，一般公共预算人均支出均低于0.5万元。

表8-3 福建省县域一般公共预算人均支出竞争力统计

序号	市（区）	县（市、区）	一般公共预算人均支出/元	竞争力排序	序号	市（区）	县（市、区）	一般公共预算人均支出/元	竞争力排序
1	福州市	鼓楼区	5 345	72	14	厦门市	思明区	8 366	44
2		台江区	3 933	81	15		海沧区	19 076	2
3		仓山区	4 468	78	16		湖里区	6 346	65
4		马尾区	16 520	3	17		集美区	8 373	43
5		晋安区	3 964	80	18		同安区	9 448	35
6		长乐区	9 036	40	19		翔安区	10 939	24
7		福清市	6 750	64	20	宁德市	蕉城区	7 280	56
8		闽侯县	13 226	14	21		福安市	7 510	54
9		连江县	11 109	23	22		福鼎市	7 542	53
10		罗源县	15 055	7	23		霞浦县	7 896	49
11		闽清县	14 647	8	24		古田县	8 653	42
12		永泰县	12 373	20	25		屏南县	14 639	9
13	平潭综合实验区		29 291	1	26		寿宁县	11 500	21

续表

序号	市（区）	县（市、区）	一般公共预算人均支出/元	竞争力排序	序号	市（区）	县（市、区）	一般公共预算人均支出/元	竞争力排序
27	宁德市	周宁县	14 286	11	56	龙岩市	新罗区	5 542	71
28		柘荣县	15 912	4	57		永定区	8 004	47
29	莆田市	城厢区	5 738	69	58		漳平市	9 887	32
30		涵江区	5 554	70	59		长汀县	9 242	38
31		荔城区	8 012	46	60		上杭县	12 640	18
32		秀屿区	6 219	66	61		武平县	12 784	16
33		仙游县	6 210	67	62		连城县	10 474	31
34	泉州市	鲤城区	2 898	84	63	三明市	梅列区	7 862	50
35		丰泽区	3 903	82	64		三元区	4 363	79
36		洛江区	6 889	61	65		永安市	8 212	45
37		泉港区	10 485	29	66		明溪县	15 239	5
38		石狮市	7 678	51	67		清流县	12 689	17
39		晋江市	6 934	59	68		宁化县	8 904	41
40		南安市	4 949	77	69		大田县	7 483	55
41		惠安县	5 339	73	70		尤溪县	7 997	48
42		安溪县	6 189	68	71		沙县	10 698	26
43		永春县	6 895	60	72		将乐县	13 553	13
44		德化县	9 517	33	73		泰宁县	13 931	12
45	漳州市	芗城区	3 696	83	74		建宁县	15 194	6
46		龙文区	9 050	39	75	南平市	延平区	4 955	75
47		龙海市	4 953	76	76		建阳区	9 274	37
48		云霄县	7 254	57	77		邵武市	10 486	28
49		漳浦县	6 833	63	78		武夷山市	11 168	22
50		诏安县	5 282	74	79		建瓯市	7 099	58
51		长泰县	10 505	27	80		顺昌县	10 845	25
52		东山县	12 529	19	81		浦城县	9 363	36
53		南靖县	7 675	52	82		光泽县	12 847	15
54		平和县	6 867	62	83		松溪县	14 492	10
55		华安县	10 477	30	84		政和县	9 513	34

8.1.3.2　分类型特征

(1) 分等级特征

福建省一般公共预算人均支出竞争力为强的县域有 20 个，所占比例为 23.81%，主要分布在福州市、三明市。一般公共预算人均支出竞争力中等的县域有 35 个，所占比例为 41.67%，在除平潭综合实验区外的各个地市均有分布；一般公共预算人均支出竞争力为弱的县域有 29 个，所占比例为 34.52%，主要分布在福州市、莆田市、泉州市、漳州市，如图 8-1 所示。

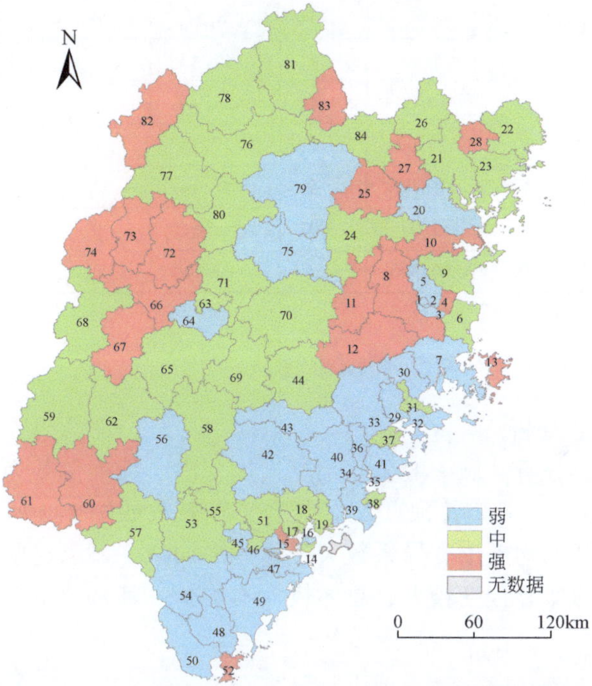

图 8-1　福建省县域一般公共预算人均支出竞争力分布

(2) 分地区特征

泉州市和莆田市无一般公共预算人均支出竞争力均为强的县域，且超过 70% 县域一般公共预算人均支出竞争力为弱；福州市、三明市有一般公共预算人均支出竞争力弱的县域，40% 以上县域一般公共预算人均支出竞争力为强；厦门市、宁德市、龙岩市、南平市、平潭综合实验区有一般公共预算人均支出竞争力强的县域，且低于 50% 县域一般公共预算人均支出竞争力为弱，具体如表 8-4 所示。沿海地区县域一般公共预算人均支出竞争力强的县域数量和内陆地区相当，显示沿海地区一般公共预算人均支出竞争力和内陆地区水平相当，旅游公共服务配套水平相当。

表 8-4　福建省县域一般公共预算人均支出竞争力分地区统计

市（区）	强		中		弱		合计/个
	数量/个	比例/%	数量/个	比例/%	数量/个	比例/%	
福州市	5	25.00	2	5.71	5	17.24	12
厦门市	1	5.00	2	5.71	1	3.45	6
宁德市	3	15.00	7	20.00	1	3.45	9
莆田市	0	0	1	2.86	4	13.79	5
泉州市	0	0	3	8.57	8	27.58	11
漳州市	1	5.00	4	11.43	6	20.69	11
龙岩市	2	10.00	4	11.43	1	3.45	7
三明市	5	25.00	6	17.14	1	3.45	12
南平市	2	10.00	6	17.14	2	6.90	10
平潭综合实验区	1	5.00	0	0	0	0	1
合计	20	100.00	35	100.00	29	100.00	84

8.1.3.3　区域差异分析

（1）变异系数分析

运用变异系数分析县域一般公共预算人均支出，标准偏差为3681，变异系数为39.79%，各地市一般公共预算人均支出变异系数如图8-2所示。福州市和厦门市一般公共预算人均支出变异系数大于总体平均值，显示这些地市县域一般公共预算人均支出的变异程度较大，总体较为不均衡。其余地市一般公共预算人均

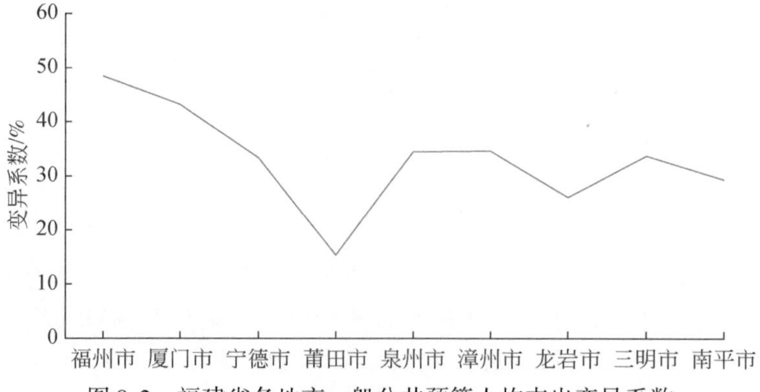

图 8-2　福建省各地市一般公共预算人均支出变异系数

支出变异系数低于总体平均值，显示这些地市县域一般公共预算人均支出的变异程度较小，总体较为均衡。

（2）冷热点分析

运用 ArcGIS10. 3 软件对县域一般公共预算人均支出进行冷热点分析，三明市、福州市-宁德市、宁德市-南平市形成 3 个热点区域，如图 8-3 所示。三明市的热点区域包括建宁县、泰宁县、将乐县，涉及县级单位多；福州市-宁德市的热点区域包括闽清县、古田县；宁德市-南平市的热点区域包括寿宁县、政和县。3 个热点区域所覆盖面积差异不大。

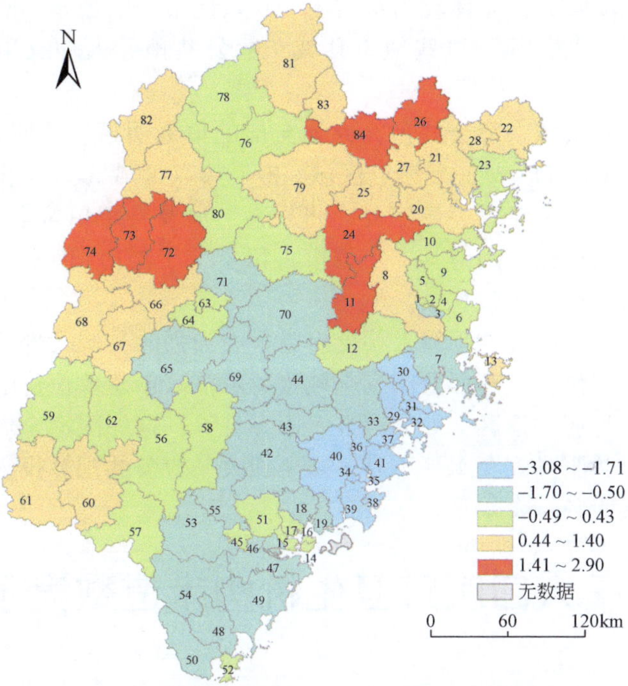

图 8-3 福建省县域一般公共预算人均支出冷热点

8. 1. 4 小结

第一，福建省各市（区）一般公共预算人均支出低于全国平均水平。平潭综合实验区、厦门市、福州市、三明市、南平市一般公共预算人均支出高于全省平均水平，其他地市一般公共预算人均支出均低于全省平均水平。福建省 23 个县域一般公共预算人均支出高于全省平均水平，所占比例为 27. 38%，其余 61 个县域一般公共预算人均支出低于全省平均值。

第二，福建省县域一般公共预算人均支出竞争力处于中等水平。一般公共预算人均支出竞争力为强的县域有 20 个，所占比例为 23.81%，主要分布在福州市、三明市；34.52% 县域一般公共预算人均支出竞争力处于弱水平，主要分布在福州市、莆田市、泉州市、漳州市；沿海地区一般公共预算人均支出竞争力强的县域数量和内陆地区相当，显示沿海地区和内陆地区一般公共预算人均支出竞争力水平相当，旅游公共服务配套水平相当。

第三，福建省县域一般公共预算人均支出的区域差异显著。福州市和厦门市一般公共预算人均支出变异系数大于总体平均值，显示这些地市一般公共预算人均支出的变异程度较大，总体较为不均衡。其余地市一般公共预算人均支出变异系数低于总体平均值，显示这些地市县域一般公共预算人均支出的变异程度较小，总体较为均衡。

第四，福建省县域一般公共预算人均支出的集聚明显。三明市、福州市-宁德市、宁德市-南平市形成 3 个热点区域，3 个热点区域涵盖面积差异不大；三明市的热点区域包括建宁县、泰宁县、将乐县，涉及县级单位多；福州市-宁德市的热点区域包括福州市闽清县、宁德市古田县，宁德市-南平市的热点区域包括宁德市寿宁县、南平市政和县。

第五，福建省一般公共预算人均支出竞争力为强的县域大部分成为国家全域旅游示范区创建单位，仅有部分国家全域旅游示范区创建单位位于一般公共预算人均支出竞争力为弱的地区，如仙游县、永春县等，这些国家全域旅游示范区创建单位的旅游公共服务配套水平不高，需要加大一般公共预算投入，进一步完善和提升旅游公共服务配套水平。

8.2 每千人口医疗卫生机构床位数竞争力评价

8.2.1 指标释义

8.2.1.1 概念

每千人口医疗卫生机构床位数指医疗卫生机构床位数与年末常住人口的比值（鲁评等，2018）。

计算公式为每千人口医疗卫生机构床位数 = 医疗卫生机构床位数 ÷ 年末常住人口数 × 1000。

8.2.1.2　作用

医疗卫生机构既为本地居民提供医疗救助服务，也为在旅游目的地开展旅游活动的游客提供医疗保障。因此，每千人口医疗卫生机构床位数既反映地方卫生与健康服务设施的水平，同时也反映地方卫生与健康服务设施支持旅游业发展的水平（杨展等，2017）。

8.2.1.3　背景

2018 年，全国每千人口医疗卫生机构床位数 6.03 张，比 2017 年增加 0.31 张。

2018 年，福建省每千人口医疗卫生机构床位数达 4.83 张，比 2017 年增加 0.14 张。全省医疗卫生机构床位总数 192 513 张，其中公立医疗卫生机构床位 161 607 张（国有 127 642 张，集体 33 965 张），占医疗卫生机构床位总数的 83.95%；民营医疗卫生机构床位 30 906 张，占医疗卫生机构床位总数的 16.05%。

8.2.2　数据来源与研究方法

8.2.2.1　数据来源

地方医疗卫生机构床位数、常住人口数数据来自《福建统计年鉴（2019）》、各县（市、区）国民经济和社会发展统计公报。

参照国内外每千人口医疗卫生机构床位数竞争力评价研究的相关标准，并根据国家全域旅游示范区验收认定的相关条件，按照自然断点的方式将研究样本的每千人口医疗卫生机构床位数竞争力划分为强、中、弱 3 个等级，具体如表 8-5 所示。

表 8-5　每千人口医疗卫生机构床位数竞争力分级标准

竞争力	等级	每千人口医疗卫生机构床位数竞争力特征
强	Ⅰ（7.67～14.24 张）	县域医疗与健康服务设施较高，旅游医疗与健康安全保障水平较高
中	Ⅱ（4.24～7.66 张）	县域医疗与健康服务设施中等，旅游医疗与健康安全保障水平一般
弱	Ⅲ（0.47～4.23 张）	县域医疗与健康服务设施较低，旅游医疗与健康安全保障水平较低

8.2.2.2　研究方法

（1）ArcGIS 空间分析

1）专题地图

利用 ArcGIS10.3 软件，制作福建省县域每千人口医疗卫生机构床位数专题地图，通过色彩分级显示县域每千人口医疗卫生机构床位数竞争力强、中、弱 3 个等级。

2）冷热点分析

利用冷热点分析工具识别县域每千人口医疗卫生机构床位数的高值（热点）和低值（冷点）的空间聚类。通过分析，得到具有显著统计学意义的正 z 得分，z 得分越高，高值（热点）的聚类就越紧密；对于统计学上的显著性负 z 得分，z 得分越低，低值（冷点）的聚类就越紧密。

（2）变异系数

变异系数公式见 4.1.2.2 节式（4-1），此处不再赘述。

一般来说，每千人口医疗卫生机构床位数平均值越高，衡量其变异程度的变异系数越大，反之越小。

8.2.3 研究结果

8.2.3.1 总体特征

2018 年，福建省每千人口医疗卫生机构床位数竞争力低于全国平均水平。各市（区）每千人口医疗卫生机构床位数竞争力排名依次是龙岩市>南平市>三明市>莆田市>漳州市>宁德市>福州市>泉州市>厦门市>平潭综合实验区，具体如表 8-6 所示。龙岩市、南平市、三明市每千人口医疗卫生机构床位数高于全省平均水平，其他市（区）每千人口医疗卫生机构床位数均低于全省平均水平。

表 8-6　福建省各地区每千人口医疗卫生机构床位数统计

地区	医疗卫生机构床位数/张	常住人口/万人	每千人口医疗卫生机构床位数/张	竞争力排序
福州市	35 946	774	4.64	7
厦门市	16 604	411	4.04	9
宁德市	13 860	291	4.76	6
莆田市	15 364	290	5.30	4
泉州市	35 728	870	4.11	8
漳州市	24 826	514	4.83	5
龙岩市	18 324	264	6.94	1
三明市	14 675	258	5.69	3

续表

地区	医疗卫生机构床位数/张	常住人口/万人	每千人口医疗卫生机构床位数/张	竞争力排序
南平市	16 054	269	5.97	2
平潭综合实验区	1 132	46	2.46	10
福建省	192 513	3 987	4.83	

福建省每千人口医疗卫生机构床位数高于全省平均值的县域有34个，所占比例为40.48%，其余50个县域每千人口医疗卫生机构床位数低于全省平均值(表8-7)。福建省县域每千人口医疗卫生机构床位数竞争力排名前10位的县域依次是鲤城区、鼓楼区、芗城区、台江区、涵江区、梅列区、新罗区、邵武市、延平区、永安市，每千人口医疗卫生机构床位数均高于7.2；每千人口医疗卫生机构床位数竞争力排名后10位的县域是同安区、马尾区、石狮市、连江县、晋江市、翔安区、闽侯县、湖里区、海沧区、思明区，每千人口医疗卫生机构床位数均低于2.6。

表8-7　福建省县域每千人口医疗卫生机构床位数竞争力统计

序号	市（区）	县（市、区）	每千人口医疗卫生机构床位数/张	竞争力排序	序号	市（区）	县（市、区）	每千人口医疗卫生机构床位数/张	竞争力排序
1	福州市	鼓楼区	13.62	2	14	厦门市	思明区	0.47	84
2		台江区	10.19	4	15		海沧区	0.47	83
3		仓山区	5.02	31	16		湖里区	1.46	82
4		马尾区	2.48	75	17		集美区	3.26	65
5		晋安区	3.78	55	18		同安区	2.51	74
6		长乐区	2.83	71	19		翔安区	2.23	80
7		福清市	2.71	72	20	宁德市	蕉城区	7.16	11
8		闽侯县	1.91	81	21		福安市	4.13	49
9		连江县	2.31	78	22		福鼎市	3.95	51
10		罗源县	5.26	28	23		霞浦县	3.73	57
11		闽清县	6.13	16	24		古田县	4.17	48
12		永泰县	3.83	53	25		屏南县	5.23	29
13	平潭综合实验区		2.46	76	26		寿宁县	4.23	47

续表

序号	市（区）	县（市、区）	每千人口医疗卫生机构床位数/张	竞争力排序	序号	市（区）	县（市、区）	每千人口医疗卫生机构床位数/张	竞争力排序
27	宁德市	周宁县	4.81	35	56	龙岩市	新罗区	8.90	7
28		柘荣县	5.48	23	57		永定区	5.45	24
29	莆田市	城厢区	6.45	14	58		漳平市	5.67	22
30		涵江区	9.48	5	59		长汀县	5.86	18
31		荔城区	3.20	68	60		上杭县	5.18	30
32		秀屿区	2.57	73	61		武平县	6.71	13
33		仙游县	3.63	58	62		连城县	5.98	17
34	泉州市	鲤城区	14.24	1	63	三明市	梅列区	9.38	6
35		丰泽区	5.80	19	64		三元区	6.87	12
36		洛江区	3.18	69	65		永安市	7.24	10
37		泉港区	4.29	46	66		明溪县	4.97	34
38		石狮市	2.35	77	67		清流县	4.12	50
39		晋江市	2.27	79	68		宁化县	4.42	44
40		南安市	3.60	59	69		大田县	4.60	40
41		惠安县	3.50	61	70		尤溪县	4.42	43
42		安溪县	3.57	60	71		沙县	4.61	39
43		永春县	4.60	41	72		将乐县	5.69	21
44		德化县	4.44	42	73		泰宁县	5.69	20
45	漳州市	芗城区	12.20	3	74		建宁县	3.33	64
46		龙文区	4.79	36	75	南平市	延平区	7.66	9
47		龙海市	3.23	66	76		建阳区	6.30	15
48		云霄县	3.75	56	77		邵武市	8.49	8
49		漳浦县	3.44	62	78		武夷山市	5.00	33
50		诏安县	3.21	67	79		建瓯市	5.37	25
51		长泰县	3.80	54	80		顺昌县	4.71	38
52		东山县	4.35	45	81		浦城县	5.26	27
53		南靖县	3.02	70	82		光泽县	5.00	32
54		平和县	3.87	52	83		松溪县	5.27	26
55		华安县	3.43	3	84		政和县	4.79	37

8.2.3.2 分类型特征

（1）分等级特征

福建省每千人口医疗卫生机构床位数竞争力为强的县域有 8 个，所占比例为 9.52%，主要分布在福州市；每千人口医疗卫生机构床位数竞争力中等的县域有 38 个，所占比例为 45.24%，在除厦门市和平潭综合实验区外的各个地市均有分布；每千人口医疗卫生机构床位数竞争力为弱的县域有 38 个，所占比例为 45.24%，主要分布在漳州市、福州市、厦门市、泉州市、宁德市，如图 8-4 所示。

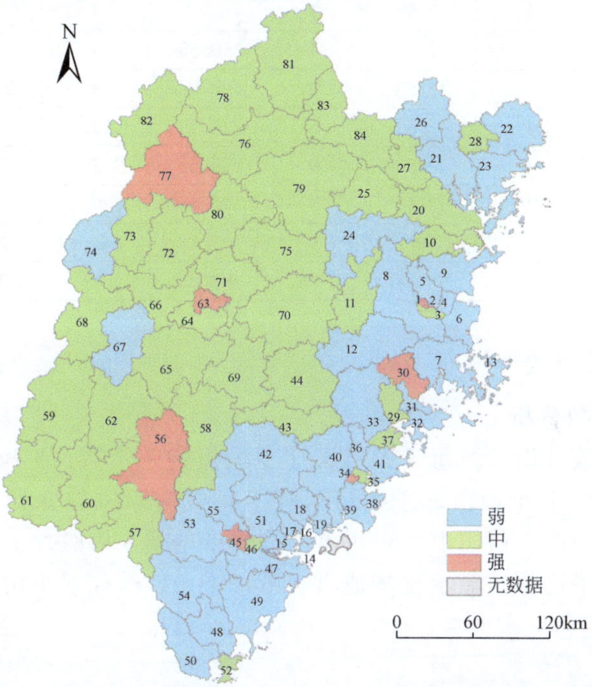

图 8-4　福建省县域每千人口医疗卫生机构床位数竞争力分布

（2）分地区特征

厦门市、平潭综合实验区和宁德市无每千人口医疗卫生机构床位数竞争力为强的县域，厦门市 100% 县域每千人口医疗卫生机构床位数竞争力为弱，宁德市超过 50% 县域每千人口医疗卫生机构床位数竞争力为弱；福州市、莆田市、泉州市、漳州市、龙岩市、三明市、南平市均有每千人口医疗卫生机构床位数竞争力为强的县域，福州市、漳州市、泉州市和莆田市超过 50% 县域每千人口医疗卫生机构床位数竞争力为弱，南平市、龙岩市无县域每千人口医疗卫生机构床位数竞争力为弱，如表 8-8 所示。内陆地区每千人口医疗卫生机构床位数竞争力强的县域比沿海地区多，显示内陆地区医疗与健康服务设施水平较高，旅游安全保障条件较好。

表 8-8　福建省县域每千人口医疗卫生机构床位数竞争力分地区统计

市（区）	强		中		弱		合计/个
	数量/个	比例/%	数量/个	比例/%	数量/个	比例/%	
福州市	2	25.00	3	7.89	7	18.42	12
厦门市	0	0	0	0	6	15.79	6
宁德市	0	0	4	10.53	5	13.16	9
莆田市	1	12.50	1	2.64	3	7.89	5
泉州市	1	12.50	4	10.53	6	15.79	11
漳州市	1	12.50	2	5.26	8	21.06	11
龙岩市	1	12.50	6	15.79	0	0	7
三明市	1	12.50	9	23.68	2	5.26	12
南平市	1	12.50	9	23.68	0	0	10
平潭综合实验区	0	0	0	0	1	2.63	1
合计	8	100.00	38	100.00	38	100.00	84

8.2.3.3　区域差异分析

（1）变异系数分析

运用变异系数分析县域每千人口医疗卫生机构床位数，标准偏差为 2.4864，变异系数为 51%，各个地市每千人口医疗卫生机构床位数变异系数如图 8-5 所示。福州市、厦门市、莆田市、泉州市、漳州市每千人口医疗卫生机构床位数变异系数大于总体平均值，显示这些地市县域每千人口医疗卫生机构床位数的变异

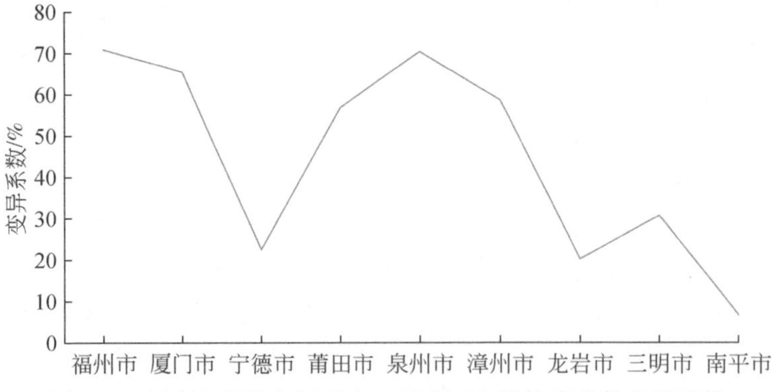

图 8-5　福建省各地市每千人口医疗卫生机构床位数变异系数

程度较大，总体较为不均衡；其余地市每千人口医疗卫生机构床位数变异系数均小于总体平均值，显示这些地市县域每千人口医疗卫生机构床位数的变异程度较小，总体较为均衡。

（2）热点分析

运用 ArcGIS10.3 软件对县域每千人口医疗卫生机构床位数进行冷热点分析，福州市、龙岩市、三明市、南平市形成4个热点区域，如图8-6所示。三明市的热点区域以三明市市区为核心，包括沙县和明溪县，涉及县级单位多；福州市的热点区域包括福清市和罗源县；龙岩市的热点区域包括新罗区、连城县；南平市的热点区域包括邵武市和光泽县。4个热点区域面积差异不大，并集聚于内陆地区。

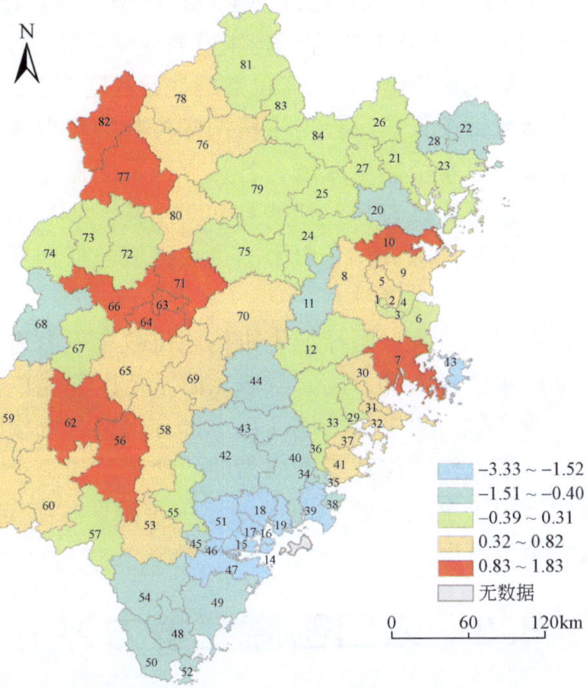

图8-6 福建省县域每千人口医疗卫生机构床位数冷热点

8.2.4 小结

第一，福建省每千人口医疗卫生机构床位数低于全国平均水平。龙岩市、南平市、三明市每千人口医疗卫生机构床位数高于全省平均水平，其他市（区）每千人医疗卫生机构床位数均低于全省平均水平。福建省34个县域每千人口医疗卫生机构床位数高于全省平均值，所占比例为40.48%，其余50个县域每千人医疗卫生机构床位数低于全省平均值。

第二，福建省县域每千人口医疗卫生机构床位数竞争力总体处于中等水平。每千人口医疗卫生机构床位数竞争力为强的县域有 8 个，所占比例为 9.52%，主要分布在福州市；45.24% 县域每千人口医疗卫生机构床位数竞争力处于弱水平，主要分布在漳州市、福州市、厦门市、泉州市、宁德市；内陆地区县域每千人口医疗卫生机构床位数竞争力比沿海地区强，显示内陆地区县域医疗与健康服务设施水平较高，旅游安全保障条件较好。

第三，福建省县域每千人口医疗卫生机构床位数的区域差异不显著。福州市、厦门市、莆田市、泉州市、漳州市每千人口医疗卫生机构床位数变异系数大于总体平均值，显示这些地市县域每千人口医疗卫生机构床位数的变异程度较大，总体较为不均衡；其余地市每千人口医疗卫生机构床位数变异系数均小于总体平均值，显示这些地市县域每千人口医疗卫生机构床位数的变异程度较小，总体较为均衡。

第四，福建省县域每千人口医疗卫生机构床位数的集聚明显。福州市、龙岩市、三明市、南平市形成 4 个热点区域，各热点区域涵盖面积差异不大；三明市的热点区域以三明市市区为核心，包括沙县和明溪县，涉及县级单位多；福州市的热点区域包括福清市和罗源县；龙岩市的热点区域包括新罗区、连城县；南平市的热点区域包括邵武市和光泽县。

第五，福建省尚无每千人口医疗卫生机构床位数竞争力为强的县域成为国家全域旅游示范区创建单位；大部分国家全域旅游示范区创建单位均位于每千人口医疗卫生机构床位数竞争力为中等的地区；小部分国家全域旅游示范区创建单位位于每千人口医疗卫生机构床位数竞争力为弱的地区，如永泰县、仙游县、建宁县等，这显示福建省国家全域旅游示范区创建单位的医疗与健康服务设施中等，旅游医疗和健康安全较有保障。

8.3 人口密度竞争力评价

8.3.1 指标释义

8.3.1.1 概念

人口密度是单位土地面积上的人口数量，是衡量一个国家或地区人口分布状况的重要指标（吴忠观，1997）。

人口密度的计算公式为

$$人口密度=常住人口数\div 土地面积 \tag{8-1}$$

式中，土地面积为领土范围内的陆地面积和内陆水域面积，不包括领海。人口密度单位为人/km^2。

人口密度指标是假定人口均匀分布在其所涉及的一定地域内，因此人口密度计算的范围愈小，愈能如实反映人口分布情况；人口密度计算的范围愈大，则只能概括地揭示人口分布的趋势（葛美玲和封志明，2008）。

8.3.1.2 作用

人口密度是表现人口分布的主要形式，人口增长对社会、经济、生态和环境有着深远的影响，间接反映一个地方的人力资源水平（刘纪远等，2003）。旅游业是劳动密集型产业，食、住、行、游、购、娱的各个环节均需要一定数量的服务人员，需要一定程度的人口聚集。此外，不同尺度上的人口空间分布信息对正确认识人口分布规律，分析人口、资源、环境和社会经济发展的相互作用机制，以及提高人口、资源和环境的综合管理能力意义重大（卓莉等，2005）。

8.3.1.3 背景

2018 年底，我国人口为 13.9538 亿人，约占世界总人口的 18.36%。其中，城镇常住人口 83 137 万人，乡村常住人口 56 401 万人。

我国人口密度为 145 人/km^2，约是世界人口密度的 2.5 倍。东部沿海地区人口密集，人口密度超过 400 人/km^2；中部地区人口密度约为 200 人/km；而西部高原地区人口稀少，人口密度低于 10 人/km^2（刘纪远等，2003）。

8.3.2 数据来源与研究方法

8.3.2.1 数据来源

人口数量为各个县域常住人口数量，土地面积为县域陆地面积与内陆水域面积。地方常住人口数、土地面积数据来自《福建统计年鉴（2019）》、各县（市、区）国民经济和社会发展统计公报。

以 2018 年县域人口密度数据作为原始数据，采用 ArcGIS10.3 软件的地理分析工具对带有人口密度数据信息的福建省县级行政区划矢量图进行空间统计与分析。

参照国内外人口密度竞争力评价研究的相关标准（张文晓和穆怀中，2017），并根据国家全域旅游示范区验收认定的相关条件，按照自然间断点方法将研究样本的人口密度竞争力划分为强、中、弱 3 个等级，具体如表 8-9 所示。

表 8-9 人口密度竞争力分级标准

竞争力	等级	人口密度竞争力特征
强	Ⅰ（14 087 ~ 28 072 人/km^2）	人口密度较高，人力资源丰富
中	Ⅱ（3 206 ~ 14 086 人/km^2）	人口密度中等，人力资源一般
弱	Ⅲ（60 ~ 3 205 人/km^2）	人口密度较低，人力资源较弱

8.3.2.2 研究方法

（1）ArcGIS 空间分析

1）专题地图

利用 ArcGIS10.3 软件，制作福建省县域人口密度专题地图，通过色彩分级显示县域人口密度竞争力强、中、弱 3 个等级。

2）冷热点分析

利用冷热点分析工具识别县域人口密度的高值（热点）和低值（冷点）的空间聚类。通过分析，得到具有显著统计学意义的正 z 得分，z 得分越高，高值（热点）的聚类就越紧密；对于统计学上的显著性负 z 得分，z 得分越低，低值（冷点）的聚类就越紧密。

（2）变异系数

变异系数公式见 4.1.2.2 节式（4-1），此处不再赘述。

一般来说，人口密度平均值越高，衡量其变异程度的变异系数越大，反之越小。

8.3.3 研究结果

8.3.3.1 总体特征

2018 年，福建省人口密度高于全国平均水平。各市（区）人口密度竞争力排名依次是厦门市>平潭综合实验区>泉州市>莆田市>福州市>漳州市>宁德市>龙岩市>三明市>南平市，具体如表 8-10 所示。宁德市、龙岩市、三明市、南平市人口密度低于全省平均水平，其他市（区）人口密度均高于全省平均水平；在人口密度竞争力排名中，厦门市遥遥领先，平潭综合实验区紧随其后，泉州市位列第三。龙岩市、三明市、南平市人口密度不足 150 人/km^2，与人口密度排名前三位的市（区）差异悬殊。

表 8-10 福建省各地区人口密度统计

地区	常住人口/万人	土地面积/km²	人口密度/(人/km²)	竞争力排序
福州市	774	11 596.09	667	5
厦门市	411	1 699.39	2 419	1
宁德市	291	13 452	216	7
莆田市	290	4 119	704	4
泉州市	870	11 015	790	3
漳州市	514	12 600	408	6
龙岩市	264	19 027	139	8
三明市	258	22 965	112	9
南平市	269	26 300	102	10
平潭综合实验区	46	371.91	1 237	2
福建省	3 987	123 145.39	324	

福建省人口密度大于全省平均水平的县级行政单位有 40 个，所占比例为 47.62%，其余 44 个县域人口密度均小于全省平均值；人口密度竞争力排名前 10 位的县域依次是台江区、鼓楼区、湖里区、思明区、鲤城区、仓山区、丰泽区、石狮市、晋江市、集美区，人口密度均大于 2600 人/km²；人口密度竞争力排名后 10 位的县域是建阳区、浦城县、武夷山市、漳平市、清流县、泰宁县、建宁县、将乐县、光泽县、明溪县，人口密度均小于 100 人/km²，具体如表 8-11 所示。

表 8-11 福建省县域人口密度竞争力统计

序号	市（区）	县（市、区）	人口密度/(人/km²)	竞争力排序	序号	市（区）	县（市、区）	人口密度/(人/km²)	竞争力排序
1	福州市	鼓楼区	20 789	2	14	厦门市	思明区	14 087	4
2		台江区	28 072	1	15		海沧区	2 198	12
3		仓山区	5 631	6	16		湖里区	19 281	3
4		马尾区	1 343	17	17		集美区	2 790	10
5		晋安区	1 570	13	18		同安区	900	25
6		长乐区	1 066	21	19		翔安区	1 063	22
7		福清市	837	26	20	宁德市	蕉城区	271	44
8		闽侯县	336	39	21		福安市	331	40
9		连江县	475	33	22		福鼎市	344	37
10		罗源县	203	48	23		霞浦县	315	42
11		闽清县	161	53	24		古田县	140	55
12		永泰县	114	66	25		屏南县	95	74
13	平潭综合实验区		1 237	18	26		寿宁县	125	61

续表

序号	市（区）	县（市、区）	人口密度/（人/km²）	竞争力排序	序号	市（区）	县（市、区）	人口密度/（人/km²）	竞争力排序
27	宁德市	周宁县	118	64	56	龙岩市	新罗区	277	43
28		柘荣县	169	51	57		永定区	163	52
29	莆田市	城厢区	902	24	58		漳平市	82	78
30		涵江区	652	29	59		长汀县	129	59
31		荔城区	1 399	16	60		上杭县	131	57
32		秀屿区	1 121	20	61		武平县	104	69
33		仙游县	470	34	62		连城县	96	73
34	泉州市	鲤城区	8 463	5	63	三明市	梅列区	523	31
35		丰泽区	5 464	7	64		三元区	255	45
36		洛江区	582	30	65		永安市	121	62
37		泉港区	1 164	19	66		明溪县	60	84
38		石狮市	4 429	8	67		清流县	76	79
39		晋江市	3 206	9	68		宁化县	119	63
40		南安市	748	28	69		大田县	143	54
41		惠安县	1 468	15	70		尤溪县	106	68
42		安溪县	340	38	71		沙县	129	60
43		永春县	320	41	72		将乐县	68	82
44		德化县	133	56	73		泰宁县	75	80
45	漳州市	芗城区	2 378	11	74		建宁县	72	81
46		龙文区	1 535	14	75	南平市	延平区	180	49
47		龙海市	769	27	76		建阳区	94	75
48		云霄县	407	36	77		邵武市	97	70
49		漳浦县	421	35	78		武夷山市	85	77
50		诏安县	486	32	79		建瓯市	108	67
51		长泰县	250	46	80		顺昌县	96	71
52		东山县	993	23	81		浦城县	88	76
53		南靖县	177	50	82		光泽县	61	83
54		平和县	224	47	83		松溪县	116	65
55		华安县	130	58	84		政和县	96	72

8.3.3.2 分类型特征

(1) 分等级特征

福建省人口密度竞争力为强的县域有4个，所占比例为4.76%，主要分布在福州市和厦门市。人口密度竞争力中等的县域有5个，所占比例为5.95%，主要分布在泉州市和福州市；人口密度竞争力为弱的县域有75个，所占比例为89.29%，在各个市（区）均有分布，具体如图8-7所示。

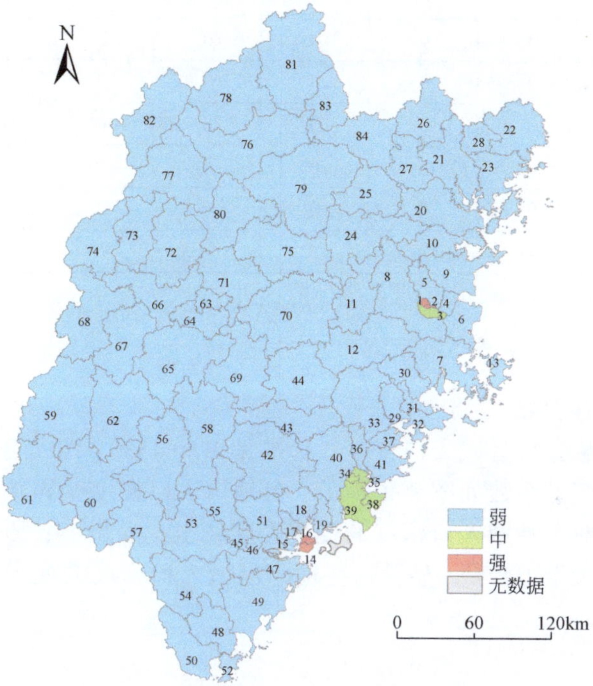

图8-7 福建省县域人口密度竞争力分布

(2) 分地区特征

福州市和厦门市有人口密度竞争力为强的县域，福州市75%县域人口密度竞争力为弱；莆田市、漳州市、宁德市、龙岩市、三明市、南平市、平潭综合实验区县域人口密度竞争力均为弱；泉州市无人口密度竞争力为强的县域，且超过60%县域人口密度竞争力为弱，具体如表8-12所示。沿海地区比内陆地区有更多人口密度竞争力为强的县域，显示沿海地区人口密度更高，人力资源更为丰富，更有利于旅游业的发展。

表 8-12　福建省县域人口密度竞争力分地区统计

市（区）	强		中		弱		合计/个
	数量/个	比例/%	数量/个	比例/%	数量/个	比例/%	
福州市	2	50.00	1	20.00	9	12.00	12
厦门市	2	50.00	0	0	4	5.33	6
宁德市	0	0	0	0	9	12.00	9
莆田市	0	0	0	0	5	6.67	5
泉州市	0	0	4	80.00	7	9.33	11
漳州市	0	0	0	0	11	14.67	11
龙岩市	0	0	0	0	7	9.33	7
三明市	0	0	0	0	12	16.00	12
南平市	0	0	0	0	10	13.3	10
平潭综合实验区	0	0	0	0	1	1.33	1
合计	4	100.00	5	100.00	75	100.00	84

8.3.3.3　区域差异分析

（1）变异系数分析

运用变异系数分析县域人口密度，标准偏差为4580，变异系数为262%，各个地市人口密度变异系数如图8-8所示。各地市人口密度变异系数均小于总体平均值，显示这些地市县域人口密度的变异程度较小；福州市、厦门市、泉州市人口密度变异系数大于100%，显示这些地市县域人口密度的变异程度较大，总体

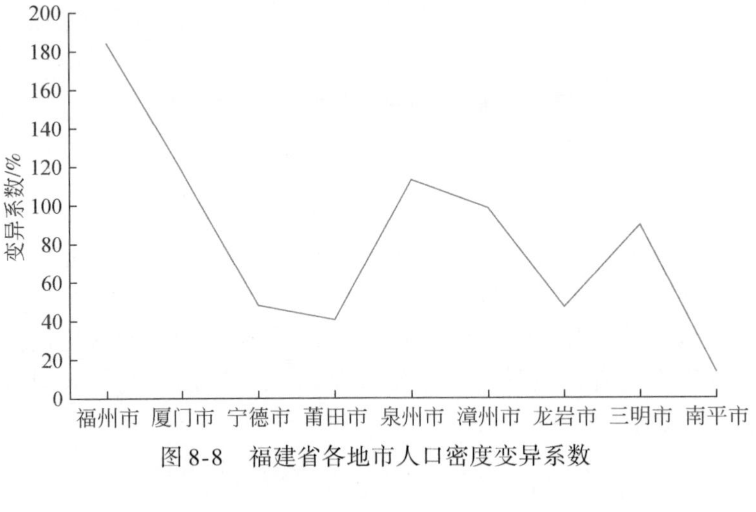

图 8-8　福建省各地市人口密度变异系数

较为不均衡。

（2）冷热点分析

运用 ArcGIS10. 3 软件对县域人口密度进行冷热点分析，福州市、泉州市-厦门市形成 2 个热点区域，如图 8-9 所示。福州市的热点区域以福州市市区为核心，包括福州市除闽清县、永泰县外的各县域，涵盖面积大、涉及县级单位多，是福建省人口密度主热点区域；泉州市-厦门市的热点区域包括泉州市的晋江市、惠安县，厦门市的翔安区，涉及县级单位多，是福建省人口密度次热点区域。

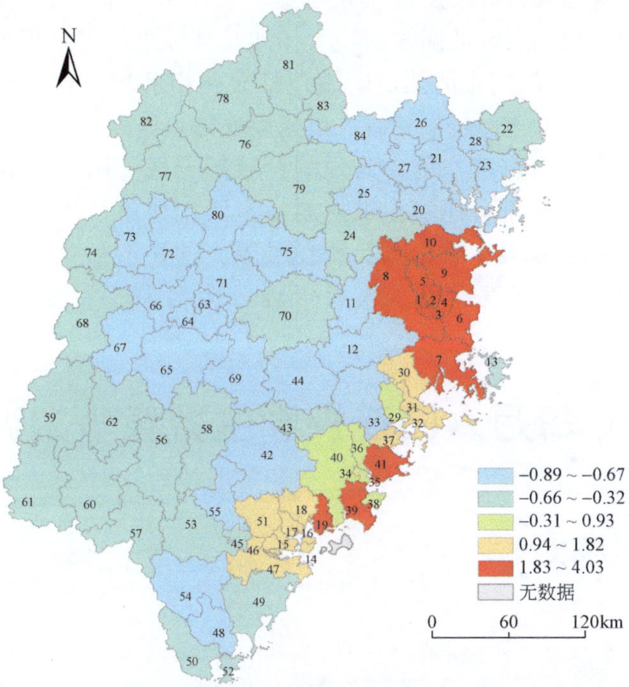

图 8-9　福建省县域人口密度冷热点

8. 3. 4　小结

第一，福建省人口密度高于全国平均水平。宁德市、龙岩市、南平市、三明市人口密度低于全省平均水平，其他市（区）人口密度均高于全省平均水平。人口密度大于福建省平均水平的县域有 40 个，所占比例为 47. 62%，其余 44 个县域人口密度均小于全省平均值。

第二，福建省县域人口密度竞争力总体处于较弱水平。人口密度竞争力为强的县域有 4 个，所占比例为 4.76%，主要分布在福州市和厦门市；89.29% 县域人口密度处于弱水平，在各个市（区）均有分布；沿海地区人口密度竞争力为强的县域比内陆地区更多，显示沿海地区人口密度更高，人力资源更为丰富，更有利于旅游业的发展。

第三，福建省县域人口密度的区域差异显著。各地市人口密度变异系数均小于总体平均值，显示这些地市县域人口密度的变异程度较小；福州市、厦门市、泉州市人口密度变异系数大于 100%，显示这些地市县域人口密度的变异程度较大，总体较为不均衡。

第四，福建省县域人口密度的集聚明显。福州市、泉州市–厦门市形成 2 个热点区域，福州市的热点区域涵盖面积大，涉及县级单位多，是福建省人口密度主热点区域；泉州市–厦门市的热点区域包括泉州市的晋江市、惠安县，厦门市翔安区，涉及县级单位多，是福建省人口密度次热点区域。

第五，福建省人口密度竞争力为强的县域部分成为国家全域旅游示范区创建单位，如厦门市，大部分国家全域旅游示范区创建单位均位于人口密度竞争力为弱的地区，如永泰县、屏南县、德化县等，这显示福建省国家全域旅游示范区创建单位的人口密度较低，人力资源较为薄弱，需要引起主管部门的重视。

8.4 每万人口在校学生数竞争力评价

8.4.1 指标释义

8.4.1.1 概念

在校学生数指一定时期内在校注册学习的学生总数。计算方法是上一年在校学生总数，减去应届毕业生人数和由于各种原因（如休学、退学、开除、死亡、调动等）净流出的学生人数，加上当年招生人数和由于各种原因（如复学、插班等）净流入的学生人数（于光远，1992）。

每万人口在校学生数指一个国家或地区各级各类学校学生数与同范围内常住人口总数的比值，反映一个国家或地区居民受教育的密度，单位为人（邵宗杰，1996）。

计算公式为

$$\text{每万人口在校学生数} = \text{学生数} \div \text{常住人口总数} \times 10000 \tag{8-2}$$

8.4.1.2　作用

在校学生数量多少反映教育事业的普及程度和发展水平，也间接反映居民的受教育密度。旅游业发展依赖旅游目的地人力资源水平，县域居民受教育密度越高，旅游业从业人员素质越好，越有利于旅游业的发展。

8.4.1.3　背景

2018 年，全国普通教育在校学生 17 367.3 万人，每万人口在校学生数 1239 人。其中，普通高中在校学生 2375.4 万人，普通初中在校学生 4652.6 万人，普通小学在校学生 10 339.3 万人，九年义务教育巩固率为 94.2%，高中阶段毛入学率为 88.8%。

2018 年，福建省普通教育在校学生 540.8384 万人，每万人口在校学生数 1357 人。其中，普通高中在校学生 63.39 万人，普通初中在校学生 128.71 万人，普通小学在校学生 321.39 万人，九年义务教育巩固率为 98.6%，高中阶段毛入学率为 96.8%。

8.4.2　数据来源与研究方法

8.4.2.1　数据来源

地方普通教育在校学生数、常住人口数据来自《福建统计年鉴（2019）》、各县（市、区）国民经济和社会发展统计公报。

参照国内外每万人口在校学生数竞争力评价研究的相关标准，并根据国家全域旅游示范区验收认定的相关条件，按照自然断点的方式将研究样本的每万人口在校学生数竞争力划分为强、中和弱 3 个等级，具体如表 8-13 所示。

表 8-13　每万人口在校学生数竞争力分级标准

竞争力	等级	每万人口在校学生数竞争力特征
强	Ⅰ（1987～3611 人）	县域居民受教育密度较高，旅游业从业人员素质较好
中	Ⅱ（1248～1986 人）	县域居民受教育密度中等，旅游业从业人员素质一般
弱	Ⅲ（629～1247 人）	县域居民受教育密度较低，旅游业从业人员素质较差

8.4.2.2　研究方法

(1) ArcGIS 空间分析

1）专题地图

利用 ArcGIS10.3 软件，制作福建省县域每万人口在校学生数专题地图，通过色彩分级显示县域每万人口在校学生数竞争力强、中、弱 3 个等级。

2）冷热点分析

利用冷热点分析工具识别县域每万人口在校学生数的高值（热点）和低值（冷点）的空间聚类。通过分析，得到具有显著统计学意义的正 z 得分，z 得分越高，高值（热点）的聚类就越紧密；对于统计学上的显著性负 z 得分，z 得分越低，低值（冷点）的聚类就越紧密。

（2）变异系数

变异系数公式见 4. 1. 2. 2 节式（4-1），此处不再赘述。

一般来说，每万人口在校学生数平均值越高，衡量其变异程度的变异系数越大，反之越小。

8. 4. 3 研究结果

8. 4. 3. 1 总体特征

2018 年，福建省每万人口在校学生数略高于全国平均水平。福建省市（区）每万人口在校学生数竞争力排名依次是厦门市>莆田市>泉州市>宁德市>南平市>三明市>龙岩市>平潭综合实验区>漳州市>福州市，具体如表 8-14 所示。厦门市、莆田市、泉州市、宁德市每万人口在校学生数高于全省平均水平，其他市（区）每万人口在校学生数均低于全省平均水平。

表 8-14 福建省各地区每万人口在校学生数统计

地区	在校生数/万人	常住人口/万人	每万人口在校学生数/人	竞争力排序
福州市	87. 7795	774	1134	10
厦门市	69. 8000	411	1698	1
宁德市	40. 0300	291	1376	4
莆田市	44. 5227	290	1535	2
泉州市	129. 0000	870	1483	3
漳州市	62. 1753	514	1210	9
龙岩市	33. 7093	264	1277	7

续表

地区	在校生数/万人	常住人口/万人	每万人口在校学生数/人	竞争力排序
三明市	33.2700	258	1290	6
南平市	34.8175	269	1294	5
平潭综合实验区	5.7341	46	1247	8
福建省	540.8384	3987	1357	

福建省每万人口在校学生数高于全省平均值的县域有 24 个，所占比例为 28.57%，其余 60 个县域每万人口在校学生数低于全省平均值，如表 8-15 所示。福建省每万人口在校学生数竞争力排名前 10 位的县域依次是建宁县、上杭县、长乐区、荔城区、鲤城区、沙县、安溪县、城厢区、古田县、龙文区，每万人口在校学生数均高于 1500 人；每万人口在校学生数竞争力排名后 10 位的县域是丰泽区、马尾区、东山县、华安县、明溪县、南靖县、台江区、晋安区、湖里区、福清市，每万人口在校学生数均低于 1050 人。

表 8-15　福建省县域每万人口在校学生数竞争力统计

序号	市（区）	县（市、区）	每万人口在校学生数/人	竞争力排序	序号	市（区）	县（市、区）	每万人口在校学生数/人	竞争力排序
1	福州市	鼓楼区	1352	28	14	厦门市	思明区	1267	42
2		台江区	887	81	15		海沧区	1265	43
3		仓山区	1351	29	16		湖里区	761	83
4		马尾区	1016	76	17		集美区	1287	37
5		晋安区	845	82	18		同安区	1466	17
6		长乐区	2575	3	19		翔安区	1179	60
7		福清市	629	84	20	宁德市	蕉城区	1490	13
8		闽侯县	1177	61	21		福安市	1485	14
9		连江县	1236	48	22		福鼎市	1184	58
10		罗源县	1185	57	23		霞浦县	1289	36
11		闽清县	1352	26	24		古田县	1544	9
12		永泰县	1263	44	25		屏南县	1154	66
13	平潭综合实验区		1247	47	26		寿宁县	1304	33

续表

<table>
<tr><th>序号</th><th>市（区）</th><th>县
（市、区）</th><th>每万人口在校学生数/人</th><th>竞争力排序</th><th>序号</th><th>市（区）</th><th>县
（市、区）</th><th>每万人口在校学生数/人</th><th>竞争力排序</th></tr>
<tr><td>27</td><td rowspan="2">宁德市</td><td>周宁县</td><td>1492</td><td>12</td><td>56</td><td rowspan="7">龙岩市</td><td>新罗区</td><td>1198</td><td>54</td></tr>
<tr><td>28</td><td>柘荣县</td><td>1352</td><td>27</td><td>57</td><td>永定区</td><td>1206</td><td>53</td></tr>
<tr><td>29</td><td rowspan="5">莆田市</td><td>城厢区</td><td>1553</td><td>8</td><td>58</td><td>漳平市</td><td>1211</td><td>52</td></tr>
<tr><td>30</td><td>涵江区</td><td>1084</td><td>73</td><td>59</td><td>长汀县</td><td>1377</td><td>22</td></tr>
<tr><td>31</td><td>荔城区</td><td>2547</td><td>4</td><td>60</td><td>上杭县</td><td>2750</td><td>2</td></tr>
<tr><td>32</td><td>秀屿区</td><td>1477</td><td>15</td><td>61</td><td>武平县</td><td>1158</td><td>65</td></tr>
<tr><td>33</td><td>仙游县</td><td>1466</td><td>18</td><td>62</td><td>连城县</td><td>1134</td><td>67</td></tr>
<tr><td>34</td><td rowspan="11">泉州市</td><td>鲤城区</td><td>1986</td><td>5</td><td>63</td><td rowspan="12">三明市</td><td>梅列区</td><td>1362</td><td>24</td></tr>
<tr><td>35</td><td>丰泽区</td><td>1026</td><td>75</td><td>64</td><td>三元区</td><td>1100</td><td>69</td></tr>
<tr><td>36</td><td>洛江区</td><td>1259</td><td>46</td><td>65</td><td>永安市</td><td>1170</td><td>63</td></tr>
<tr><td>37</td><td>泉港区</td><td>1326</td><td>30</td><td>66</td><td>明溪县</td><td>925</td><td>79</td></tr>
<tr><td>38</td><td>石狮市</td><td>1383</td><td>21</td><td>67</td><td>清流县</td><td>1162</td><td>64</td></tr>
<tr><td>39</td><td>晋江市</td><td>1275</td><td>38</td><td>68</td><td>宁化县</td><td>1267</td><td>41</td></tr>
<tr><td>40</td><td>南安市</td><td>1224</td><td>49</td><td>69</td><td>大田县</td><td>1353</td><td>25</td></tr>
<tr><td>41</td><td>惠安县</td><td>1182</td><td>59</td><td>70</td><td>尤溪县</td><td>1087</td><td>72</td></tr>
<tr><td>42</td><td>安溪县</td><td>1586</td><td>7</td><td>71</td><td>沙县</td><td>1652</td><td>6</td></tr>
<tr><td>43</td><td>永春县</td><td>1268</td><td>40</td><td>72</td><td>将乐县</td><td>1319</td><td>31</td></tr>
<tr><td>44</td><td>德化县</td><td>1300</td><td>34</td><td>73</td><td>泰宁县</td><td>1185</td><td>56</td></tr>
<tr><td>45</td><td rowspan="11">漳州市</td><td>芗城区</td><td>1519</td><td>11</td><td>74</td><td>建宁县</td><td>3611</td><td>1</td></tr>
<tr><td>46</td><td>龙文区</td><td>1535</td><td>10</td><td>75</td><td rowspan="10">南平市</td><td>延平区</td><td>1172</td><td>62</td></tr>
<tr><td>47</td><td>龙海市</td><td>1097</td><td>70</td><td>76</td><td>建阳区</td><td>1291</td><td>35</td></tr>
<tr><td>48</td><td>云霄县</td><td>1269</td><td>39</td><td>77</td><td>邵武市</td><td>1126</td><td>68</td></tr>
<tr><td>49</td><td>漳浦县</td><td>1196</td><td>55</td><td>78</td><td>武夷山市</td><td>1259</td><td>45</td></tr>
<tr><td>50</td><td>诏安县</td><td>1094</td><td>71</td><td>79</td><td>建瓯市</td><td>1307</td><td>32</td></tr>
<tr><td>51</td><td>长泰县</td><td>1055</td><td>74</td><td>80</td><td>顺昌县</td><td>1217</td><td>51</td></tr>
<tr><td>52</td><td>东山县</td><td>1000</td><td>77</td><td>81</td><td>浦城县</td><td>1473</td><td>16</td></tr>
<tr><td>53</td><td>南靖县</td><td>922</td><td>80</td><td>82</td><td>光泽县</td><td>1365</td><td>23</td></tr>
<tr><td>54</td><td>平和县</td><td>1218</td><td>50</td><td>83</td><td>松溪县</td><td>1401</td><td>20</td></tr>
<tr><td>55</td><td>华安县</td><td>931</td><td>78</td><td>84</td><td>政和县</td><td>1457</td><td>19</td></tr>
</table>

8.4.3.2 分类型特征

(1) 分等级特征

福建省每万人口在校学生数竞争力为强的县域有4个，所占比例为4.76%，主要分布在福州市、莆田市、龙岩市、三明市。每万人口在校学生数竞争力中等的县域有42个，所占比例为50%，在除平潭综合实验区外的各个地市均有分布；每万人口在校学生数竞争力为弱的县域有38个，所占比例为45.24%，主要分布在漳州市、三明市、福州市等，如图8-10所示。

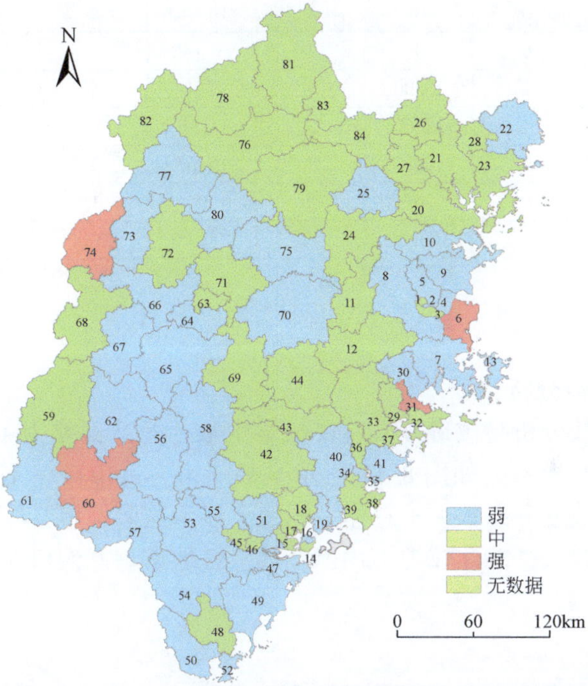

图8-10 福建省县域每万人口在校学生数竞争力分布

(2) 分地区特征

福州市、莆田市、龙岩市、三明市有每万人口在校学生数竞争力为强的县域，福州市、龙岩市、三明市50%及以上县域每万人口在校学生数竞争力为弱，莆田市仅有20%县域每万人口在校学生数竞争力为弱；厦门市、宁德市、泉州市、漳州市、南平市、平潭综合实验区无每万人口在校学生数竞争力强的县域，漳州市超过70%县域每万人口在校学生数竞争力为弱，厦门市、宁德市、泉州市、南平市低于35%县域每万人口在校学生数竞争力为弱，具体如表8-16所示。沿海地区每万人口在校学生数竞争力为弱的县域比例与内陆地区差异不大，显示沿海地区和内陆地区的教育密度较为均衡，旅游业从业人员素质差异不大。

表 8-16　福建省县域每万人口在校学生数竞争力分地区统计

市（区）	强		中		弱		合计
	数量/个	比例/%	数量/个	比例/%	数量/个	比例/%	
福州市	1	25.00	4	9.52	7	18.43	12
厦门市	0	0	4	9.52	2	5.26	6
宁德市	0	0	7	16.67	2	5.26	9
莆田市	1	25.00	3	7.14	1	2.63	5
泉州市	0	0	8	19.06	3	7.89	11
漳州市	0	0	3	7.14	8	21.06	11
龙岩市	1	25.00	1	2.38	5	13.16	7
三明市	1	25.00	5	11.90	6	15.79	12
南平市	0	0	7	16.67	3	7.89	10
平潭综合实验区	0	0	0	0	1	2.63	1
合计	4	100.00	42	100.00	38	100.00	84

8.4.3.3　区域差异分析

（1）变异系数分析

运用变异系数分析县域每万人口在校学生数，标准偏差为 413，变异系数为 31%，各个地市变异系数如图 8-11 所示。福州市、莆田市、龙岩市、三明市每万人口在校学生数变异系数大于总体平均值，显示这些地市县域每万人口在校学生数的变异程度较大，总体较为不均衡；其余各地市每万人口在校学生数变异系

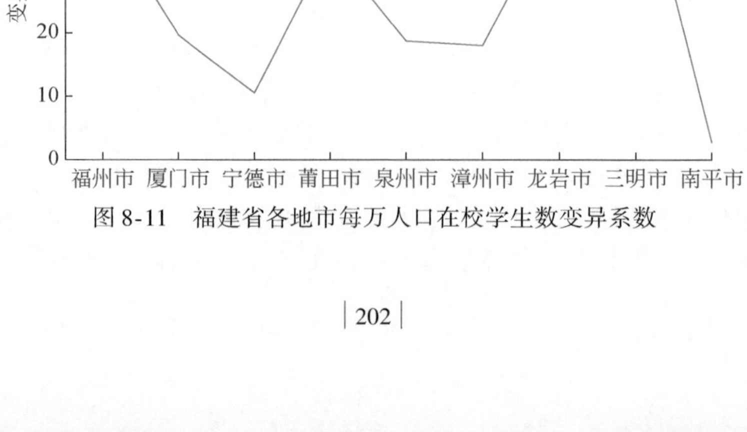

图 8-11　福建省各地市每万人口在校学生数变异系数

数均小于总体平均值，显示这些地市县域每万人口在校学生数的变异程度较小，总体较为均衡。

（2）冷热点分析

运用 ArcGIS10.3 软件对县域每万人口在校学生数进行冷热点分析，龙岩市和三明市形成 2 个热点区域，如图 8-12 所示。龙岩市的热点区域包括上杭县和武平县，涵盖面积较大；三明市的热点区域包括建宁县和泰宁县。

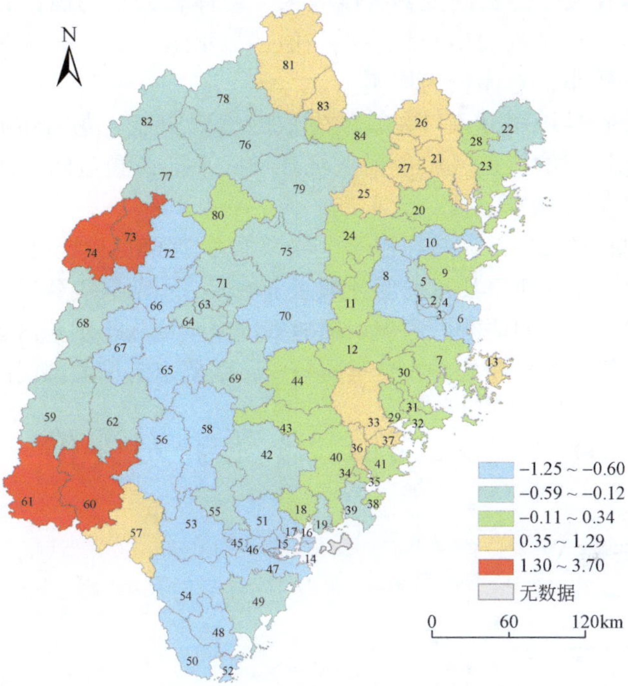

图 8-12　福建省县域每万人口在校学生数冷热点

8.4.4　小结

第一，福建省每万人口在校学生数略高于全国平均水平。厦门市、莆田市、泉州市、宁德市每万人口在校学生数高于全省平均水平，其他市（区）每万人口在校学生数均低于全省平均水平。福建省每万人口在校学生数高于全省平均值的县域有 24 个，所占比例为 28.57%，其余 60 个县域每万人口在校学生数低于全省平均值。

第二，福建省县域每万人口在校学生数竞争力总体处于中等水平。福建省每万人口在校学生数竞争力为强的县域有 4 个，所占比例为 4.76%，主要分布在福州市、莆田市、龙岩市、三明市；45.24%县域每万人口在校学生数处于弱水平，主要分布在漳州市、三明市、福州市等；沿海地区每万人口在校学生数竞争力为弱的县域比例与内陆地区差异不大，显示沿海地区和内陆地区的教育密度较为均衡，旅游业从业人员素质差异较小。

第三，福建省县域每万人口在校学生数的区域差异不显著。福州市、莆田市、龙岩市、三明市每万人口在校学生数变异系数大于总体平均值，显示这些地市县域每万人口在校学生数的变异程度较大，总体较为不均衡；其余各地市每万人口在校学生数变异系数均小于总体平均值，显示这些地市县域每万人口在校学生数的变异程度较小，总体较为均衡。

第四，福建省县域每万人口在校学生数的集聚明显。龙岩市和三明市形成2个热点区域，龙岩市的热点区域包括上杭县和武平县，涵盖面积较大；三明市的热点区域包括建宁县和泰宁县。

第五，福建省县域每万人口在校学生数竞争力为强的县域部分成为国家全域旅游示范区创建单位，如建宁县；大部分国家全域旅游示范区创建单位位于每万人口在校学生数竞争力为弱的地区，这显示福建省国家全域旅游示范区创建单位的居民的受教育密度较低，旅游业从业人员素质较弱，需要引起相关部门的重视。

8.5 人均GDP竞争力评价

8.5.1 指标释义

8.5.1.1 概念

人均国内生产总值（per capital GDP，人均GDP）指一个国家或地区，在核算期内（通常为一年）实现的生产总值与所属范围内的常住人口的比值。该指标是了解和把握一个国家或地区的宏观经济运行状况的有效工具，常作为发展经济学中衡量经济发展状况的指标，是最重要的宏观经济指标之一（田里，2018）。

人均GDP是衡量各国人民生活水平的一个标准，为了更加客观的衡量，经常与购买力平价结合。

计算公式为

$$\text{人均GDP} = \text{GDP} \div \text{常住人口数} \qquad (8\text{-}3)$$

8.5.1.2 作用

(1) 居民产生旅游需求的驱动力

冯庆和孙根年（2016）对2001～2014年我国内地除西藏自治区外的30个省份

的面板数据进行单因素和多元回归分析，研究结果显示，人均收入促进居民出游率增长，人均 GDP 每增加 1000 元，出游率增加 2.877 个百分点；人均收入促进居民人均旅游花费增长，人均 GDP 每增加 1000 元，人均旅游花费增加 28.848 元。

(2) 影响区域旅游业的发展

刘文彬和梁明珠（2010）从城乡居民的人均 GDP 与旅游消费的关系入手，对城乡居民的人均 GDP 与旅游消费的关系进行了定性和定量分析，结果显示，人均 GDP 越高，全国人民的旅游次数越多，反之亦然。唐秀美等（2017）基于 GIS 空间分析和地理加权回归模型等方法，研究 1993 ~ 2013 年京津冀地区县域人均 GDP 的空间分异特征及其影响因素，结果显示，京津冀地区县域人均 GDP 快速增长，县域间的差异扩大，两者呈显著的正相关。

张凌云和房蕊（2011）基于 1964 ~ 2008 年日本出国旅游相关数据，得到日本出国旅游量的收入弹性，发现日本在人均 GDP 达到 2000 ~ 4000 美元时，出境旅游人数呈现爆发性增长；我国在人均 GDP 达到 3000 美元时，并未出现出境旅游人数爆发性增长的迹象，但北京和上海在人均 GDP 达到 3000 美元时，出境旅游人数呈现爆发性增长，而广州在人均 GDP 高达 8000 美元时，出境旅游人数才呈现爆发性增长。

8.5.1.3 背景

2018 年，我国 GDP 为 900 309 亿元，人均 GDP 64 644 元，约为 9800 美元。

2018 年，福建省 GDP 为 35 804.04 亿元，人均 GDP 9.04 万元，约为 1.4 万美元。

8.5.2 数据来源与研究方法

8.5.2.1 数据来源

福建省 GDP 和常住人口数据来自《福建统计年鉴（2019）》、各县（市、区）国民经济和社会发展统计公报。

参照国内外人均 GDP 竞争力评价研究的相关标准，并根据国家全域旅游示范区验收认定的相关条件，按照自然断点的方式将研究的人均 GDP 竞争力样本划分为强、中、弱 3 个等级，如表 8-17 所示。

表 8-17 人均 GDP 竞争力分级标准

竞争力	等级	人均 GDP 竞争力特征
强	Ⅰ（131 391 ~ 195 023 元）	人均 GDP 较高，居民旅游需求较强

续表

竞争力	等级	人均 GDP 竞争力特征
中	Ⅱ（75 445～131 390 元）	人均 GDP 中等，居民旅游需求一般
弱	Ⅲ（36 685～75 444 元）	人均 GDP 较低，居民旅游需求较弱

8.5.2.2 研究方法

（1）ArcGIS 空间分析

1）专题地图

利用 ArcGIS10.3 软件，制作福建省县域人均 GDP 专题地图，通过色彩分级显示县域人均 GDP 竞争力强、中、弱 3 个等级。

2）冷热点分析

利用冷热点分析工具识别县域人均 GDP 的高值（热点）和低值（冷点）的空间聚类。通过分析，得到具有显著统计学意义的正 z 得分，z 得分越高，高值（热点）的聚类就越紧密；对于统计学上的显著性负 z 得分，z 得分越低，低值（冷点）的聚类就越紧密。

（2）变异系数

变异系数公式见 4.1.2.2 节式（4-1），此处不再赘述。

一般来说，人均 GDP 平均值越高，衡量其变异程度的变异系数越大，反之越小。

8.5.3 研究结果

8.5.3.1 总体特征

2018 年，福建省人均 GDP 高于全国平均水平。福建省各市（区）人均 GDP 竞争力排名依次是厦门市>福州市>泉州市>三明市>龙岩市>莆田市>漳州市>宁德市>南平市>平潭综合实验区，如表 8-18 所示。厦门市、福州市、泉州市、三明市、龙岩市人均 GDP 高于全省平均水平，其他市（区）人均 GDP 均低于全省平均水平。

表 8-18 福建省各地区人均 GDP 统计

地区	GDP/亿元	常住人口/万人	人均 GDP/万元	竞争力排序
福州市	7 856.81	774	10.15	2
厦门市	4 791.41	411	11.66	1
宁德市	1 942.8	291	6.68	8

续表

地区	GDP/亿元	常住人口/万人	人均 GDP/万元	竞争力排序
莆田市	2 242. 41	290	7. 73	6
泉州市	8 467. 98	870	9. 73	3
漳州市	3 947. 63	514	7. 68	7
龙岩市	2 393. 3	264	9. 07	5
三明市	2 353. 72	258	9. 12	4
南平市	1 792. 51	269	6. 66	9
平潭综合实验区	254. 28	46	5. 53	10
福建省	35 804. 04	3 987	9. 04	

福建省人均 GDP 高于全省平均值的县域有 26 个，所占比例为 30. 95%，其余58 个县域低于全省平均值。福建省人均 GDP 竞争力排名前 10 位的县域依次是鼓楼区、马尾区、海沧区、梅列区、泉港区、思明区、翔安区、龙文区、石狮市、新罗区，人均 GDP 均高于 10 万元；人均 GDP 竞争力排名后 10 位的县域是宁化县、屏南县、漳浦县、松溪县、仙游县、周宁县、诏安县、平和县、寿宁县、政和县，人均 GDP 均低于 5 万元（表 8-19）。

表 8-19　福建省县域人均 GDP 竞争力统计

序号	市（区）	县（市、区）	人均 GDP/元	竞争力排序	序号	市（区）	县（市、区）	人均 GDP/元	竞争力排序
1	福州市	鼓楼区	195 023	1	14	厦门市	思明区	131 390	6
2		台江区	89 745	27	15		海沧区	169 180	3
3		仓山区	67 800	55	16		湖里区	92 570	24
4		马尾区	189 722	2	17		集美区	91 767	25
5		晋安区	74 206	45	18		同安区	68 685	54
6		长乐区	101 551	17	19		翔安区	126 050	7
7		福清市	76 123	42	20	宁德市	蕉城区	87 190	28
8		闽侯县	78 331	39	21		福安市	72 024	48
9		连江县	73 190	46	22		福鼎市	64 229	61
10		罗源县	106 265	14	23		霞浦县	45 505	74
11		闽清县	69 263	53	24		古田县	48 943	71
12		永泰县	65 299	59	25		屏南县	45 043	76
13	平潭综合实验区		55 278	66	26		寿宁县	37 088	83

续表

序号	市（区）	县（市、区）	人均GDP/元	竞争力排序	序号	市（区）	县（市、区）	人均GDP/元	竞争力排序
27	宁德市	周宁县	40 648	80	56	龙岩市	新罗区	107 718	10
28		柘荣县	52 286	67	57		永定区	66 669	57
29	莆田市	城厢区	82 300	34	58		漳平市	95 463	21
30		涵江区	97 992	20	59		长汀县	51 741	69
31		荔城区	107 661	11	60		上杭县	84 480	30
32		秀屿区	71 109	50	61		武平县	65 448	58
33		仙游县	41 703	79	62		连城县	74 235	44
34	泉州市	鲤城区	105 913	15	63	三明市	梅列区	166 402	4
35		丰泽区	102 066	16	64		三元区	72 098	47
36		洛江区	81 837	35	65		永安市	107 189	13
37		泉港区	157 751	5	66		明溪县	71 388	49
38		石狮市	111 826	9	67		清流县	76 606	41
39		晋江市	94 223	22	68		宁化县	45 091	75
40		南安市	65 202	60	69		大田县	63 442	62
41		惠安县	93 713	23	70		尤溪县	60 958	63
42		安溪县	50 666	70	71		沙县	98 280	19
43		永春县	80 282	36	72		将乐县	79 750	37
44		德化县	75 444	43	73		泰宁县	82 851	32
45	漳州市	芗城区	99 236	18	74		建宁县	77 488	40
46		龙文区	115 223	8	75	南平市	延平区	71 019	51
47		龙海市	86 682	29	76		建阳区	58 965	64
48		云霄县	47 278	73	77		邵武市	83 191	31
49		漳浦县	44 983	77	78		武夷山市	70 620	52
50		诏安县	40 250	81	79		建瓯市	52 132	68
51		长泰县	107 333	12	80		顺昌县	57 524	65
52		东山县	90 776	26	81		浦城县	48 247	72
53		南靖县	82 322	33	82		光泽县	67 044	56
54		平和县	39 079	82	83		松溪县	42 795	78
55		华安县	79 205	38	84		政和县	36 685	84

8.5.3.2 分类型特征

(1) 分等级特征

人均 GDP 竞争力为强的县域有 5 个，所占比例为 5.95%，主要分布在福州市、厦门市、泉州市、三明市。人均 GDP 竞争力中等的县域有 37 个，所占比例为 44.05%，在除平潭综合实验区外的各个地市均有分布；人均 GDP 竞争力为弱的县域有 42 个，所占比例为 50%，主要分布在南平市和宁德市，如图 8-13 所示。

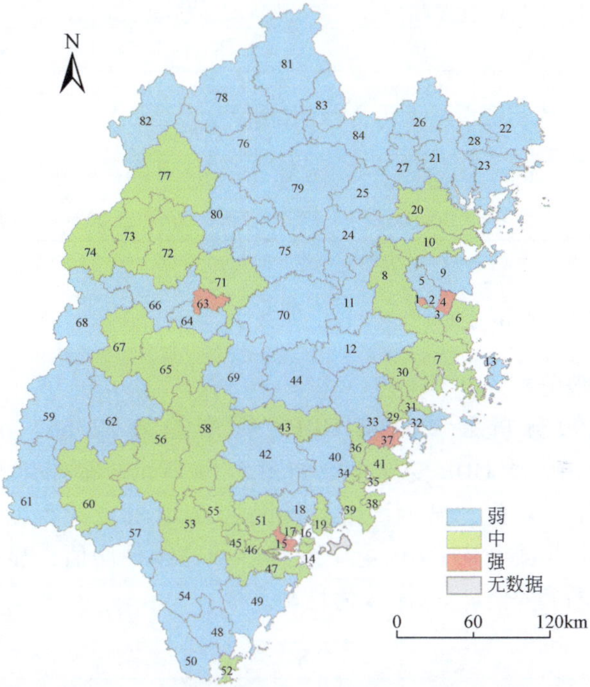

图 8-13 福建省县域人均 GDP 竞争力分布

(2) 分地区特征

福州市、厦门市、泉州市、三明市各有 1 个或 1 个以上县域人均 GDP 竞争力为强，厦门市和福州市超过 16% 县域人均 GDP 竞争力为强；宁德市、莆田市、漳州市、龙岩市、南平市、平潭综合实验区均无人均 GDP 竞争力为强的县域，且南平市和宁德市超过 80% 县域人均 GDP 竞争力为弱，三明市和龙岩市超过 40% 县域人均 GDP 竞争力为弱，具体如表 8-20 所示。沿海地区人均 GDP 竞争力为强的县域比内陆地区更多，显示沿海地区旅游需求较内陆地区强劲。

表 8-20 福建省县域人均 GDP 竞争力分地区统计

市（区）	强		中		弱		合计/个
	数量/个	比例/%	数量/个	比例/%	数量/个	比例/%	
福州市	2	40. 00	5	13. 51	5	11. 90	12
厦门市	1	20. 00	4	10. 81	1	2. 38	6
宁德市	0	0	1	2. 70	8	19. 06	9
莆田市	0	0	3	8. 11	2	4. 76	5
泉州市	1	20. 00	7	18. 92	3	7. 14	11
漳州市	0	0	7	18. 92	4	9. 52	11
龙岩市	0	0	3	8. 11	4	9. 52	7
三明市	1	20. 00	6	16. 22	5	11. 90	12
南平市	0	0	1	2. 70	9	21. 44	10
平潭综合实验区	0	0	0	0	1	2. 38	1
合计	5	100. 00	37	100. 00	42	100. 00	84

8. 5. 3. 3 区域差异分析

（1）变异系数分析

运用变异系数分析县域人均 GDP，标准差为 32 657 元，变异系数为 40. 36%，各个地市人均 GDP 变异系数如图 8-14 所示。福州市县域人均 GDP 变异系数均大于总体平均值，显示该市县域人均 GDP 的变异程度较大，总体较为不均衡；其余地市县域人均 GDP 变异系数小于总体平均值，显示这些地市县域人均 GDP 的变异程度较小，总体较为均衡。

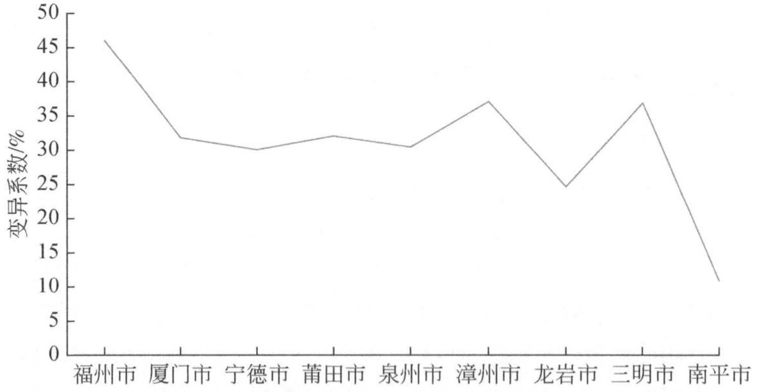

图 8-14 福建省各地市人均 GDP 变异系数

(2) 冷热点分析

运用 ArcGIS10. 3 软件对县域人均 GDP 进行冷热点分析，福州市、泉州市、厦门市-漳州市形成 3 个热点区域，如图 8-15 所示。福州市的热点区域以福州市市区为核心，北翼包括连江县、罗源县、闽侯县，南翼包括福清市，涵盖面积大，是福建省人均 GDP 主热点区域。厦门市的热点区域以厦门市各区为核心，向西南拓展至漳州市市区、长泰县、龙海市等，涵盖面积较小，是福建省人均 GDP 次热点区域。泉州市的热点区域包括石狮市、晋江市和惠安县，涵盖面积最小。

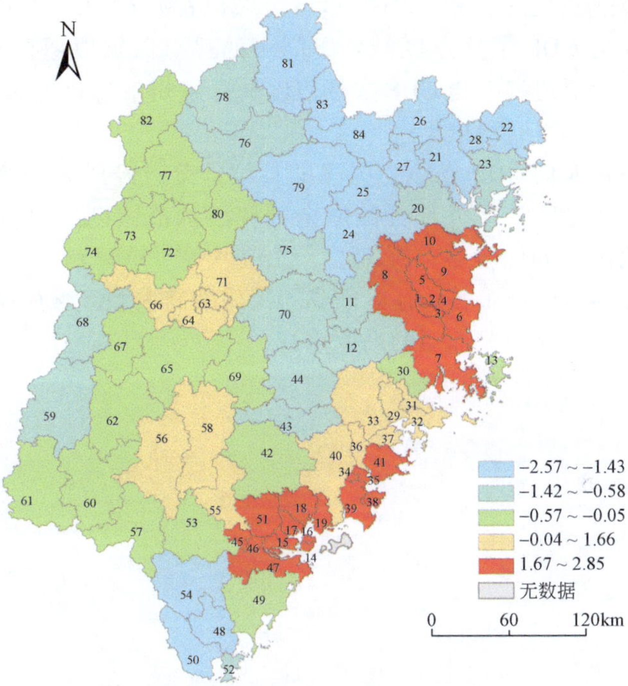

图 8-15　福建省县域人均 GDP 冷热点

8. 5. 4　小结

第一，福建省人均 GDP 高于全国平均水平。厦门市、福州市、泉州市、三明市、龙岩市人均 GDP 高于全省平均水平，其他市（区）人均 GDP 均低于全省平均水平。人均 GDP 高于全省平均值的县域有 26 个，所占比例为 30. 95%，其余 58 个县域低于全省平均值。

第二，福建省县域人均 GDP 竞争力总体处于中等水平。人均 GDP 竞争力为强的县域有5个，所占比例为5.95%，主要分布在福州市、厦门市、泉州市、三明市；50%县域人均GDP竞争力处于弱水平；沿海地区人均GDP竞争力为强的县域比内陆地区更多，显示沿海地区旅游需求较内陆地区强劲。

第三，福建省县域人均GDP竞争力的区域差异不显著。福州市县域人均GDP变异系数大于总体平均值，显示该市县域人均GDP的变异程度较大，总体较为不均衡；其余地市县域人均GDP变异系数小于总体平均值，显示这些地市县域人均GDP的变异程度较小，总体较为均衡。

第四，福建省县域人均GDP竞争力的集聚明显。福州市、泉州市、厦门市-漳州市形成3个热点区域，福州市的热点区域以福州市市区为核心，涵盖面积大，是福建省人均GDP主热点区域；厦门市的热点区域以厦门市各区为核心，涵盖面积较小，是福建省人均GDP次热点区域；泉州市的热点区域包括石狮市、晋江市和惠安县，涵盖面积最小。

第五，福建省人均GDP竞争力为强的县域部分已经成为国家全域旅游示范区创建单位，如海沧区，但大部分国家全域旅游示范区创建单位位于人均GDP竞争力为弱的地区，如仙游县、屏南县、尤溪县等。这显示，人均GDP竞争力为弱的县域创建国家全域旅游示范区面临居民旅游需求和区域旅游业发展动力不足的双重障碍，应引起相关部门的高度重视。

9 县域全域旅游竞争力提升策略

9.1 全域旅游竞争力评价

9.1.1 综合评价方法

9.1.1.1 熵值法

熵值是不确定性的一种度量。信息量越大，不确定性越小，熵越小；信息量越小，不确定性越大，熵也越大。因此，利用熵值携带的信息进行权重计算，并结合各项指标的变异程度，可以计算出各项指标的权重，为多指标综合评价提供依据（贾艳红等，2006）。

在对数据进行处理之后，将处理后的数据进行熵值法分析，计算公式为

$$E_i = -K\sum_{i=1}^{m} F_{ij}\ln(F_{ij}) \tag{9-1}$$

式中，E_j 为所有指标对 F_j 的贡献总量；K 为常数，$K=\frac{1}{\ln m}$，$K>0$，F_{ij} 为第 i 个指标第 j 个信息的不确定性。m 为常数。

定义 d_j 为第 j 个属性下各方案贡献度的一致性程度。

$$d_j = 1-E_j \tag{9-2}$$

最后，确定各指标权重，计算公式为

$$W_j = \frac{E_j}{\sum_{j=1}^{m} E_j} \tag{9-3}$$

式中，W_j 为指标权重；E_j 为第 j 个指标的信息熵。

当 $d_j=0$ 时，第 j 个属性剔除，其权重为 0。各指标权重如表 9-1 所示。

表 9-1 福建省全域旅游竞争力指标体系权重

一级指标	二级指标	变量	权重/%	分项权重/%
全时空	夜光遥感指数	X_1	17.36	22.86
	坡度	X_2	5.50	
全产业	第三产业增加值占 GDP 的比例	X_3	2.70	4.69
	GDP 增长率	X_4	0.83	
	人均旅游收入	X_5	1.16	
全要素	旅游接待能力	X_6	7.76	21.22
	公路密度	X_7	5.21	
	旅游景区	X_8	3.83	
	社会消费品零售总额比例	X_9	3.61	
	归一化植被指数	X_{10}	0.81	
全管理	旅游微信公众号	X_{11}	7.62	17.27
	旅游生产安全	X_{12}	1.05	
	旅游服务质量	X_{13}	0.39	
	旅游固定资产投入产出比	X_{14}	8.21	
全支持	一般公共预算人均支出	X_{15}	2.58	33.96
	每千人口医疗卫生机构床位数	X_{16}	2.20	
	人口密度	X_{17}	23.29	
	每万人口在校学生数	X_{18}	2.03	
	人均 GDP	X_{19}	3.86	

一级指标权重方面，全支持指标权重为33.96%，远超过其他类型指标，而全产业指标权重仅为4.69%，远低于其他类型指标，这显示福建省县域全域旅游竞争力评价指标体系中，全支持要素不确定性、变异程度最强，全产业要素不确定性、变异程度最弱。

二级指标权重方面，人口密度和夜光遥感指数指标权重远超过其他指标，旅游服务质量、归一化植被指数指标权重远低于其他指标，这显示福建省县域全域旅游竞争力评价指标体系中，人口密度和夜光遥感指数指标不确定性、变异程度较强，旅游服务质量、归一化植被指数指标不确定性、变异程度较弱。

9.1.1.2 加权 TOPSIS 法

采用加权 TOPSIS 法对各指标体系进行评价。该方法是首先根据归一化后的原始数据矩阵，确定出理想中的最佳方案和最差方案；然后通过求出各被评方案与最佳方案的接近程度，对各被评方案做出评价（张洪和张燕，2010）；最后以各指标体系距理想解的距离 C 作为评价标准，C 越接近 1 表示方案越优，越接近 0 表示方案越差。计算过程包括 3 个步骤。

首先，计算决策矩阵，公式为

$$E_{ij} = \frac{X_{ij}}{\sqrt{\sum_{i=1}^{m} X^2_{ij}}} \quad (i = 1,2,\cdots,m;j = 1,2,\cdots,n) \tag{9-4}$$

式中，E_{ij}为 X_{ij}标准化；X_{ij}为第 j 个县第 i 个指标值；m 为指标总数，$m=19$；n 为县域数量，$n=84$。

计算加权决策矩阵，计算公式为

$$\boldsymbol{A} = a_j = \sum_{i=1}^{m} W_i \times E_{ij}(j = 1,2,\cdots,n) \tag{9-5}$$

式中，$\boldsymbol{A}$ 为加权决策矩阵；a_j 为第 j 个县各指标权重值；W_i 为指标权重；E_{ij}为 X_{ij}标准化。

其次，计算最优方案 D^+和最劣方案 D^-，并计算评价对象与两者之间的距离关系，计算公式为

$$D_i^+ = \sqrt{\sum_{j=1}^{84} (a_j^+ - a_{ij})^2} \tag{9-6}$$

$$D_i^- = \sqrt{\sum_{j=1}^{84} (a_j^- - a_{ij})^2} \tag{9-7}$$

式中，D_i^+ 为评价对象与最优方案的距离；D_i^- 为评价对象与最劣方案的距离；a_j^+ 为第 j 个县各指标权重值的最大值；a_j^- 为第 j 个县各指标权重值的最小值；a_{ij}为第 j 个县的第 i 个指标的权重值。

最后，计算评价对象与最优方案的贴近度 C_i，计算公式为

$$C_i = \frac{D_i^-}{D_i^- + D_i^+} \times 100 \tag{9-8}$$

式中，C_i 为评价对象与最优方案的贴近度；D_j^+ 为评价对象与最大值的距离；D_i^- 为评价对象与最小值的距离。

9.1.1.3 ArcGIS 空间分析

(1) 专题地图

利用 ArcGIS10.3 软件，制作福建省县域全域旅游竞争力专题地图，通过色彩分级显示县域全域旅游竞争力强、中、弱 3 个等级，如表 9-2 所示。

表 9-2 福建省县域全域旅游竞争力分级标准

类型	竞争力	等级	竞争力特征
全域旅游竞争力	强	Ⅰ（0.306～0.587）	县域全域旅游竞争力为强，较适合发展全域旅游
	中	Ⅱ（0.220～0.305）	县域全域旅游竞争力为中，适合发展全域旅游
	弱	Ⅲ（0.166～0.219）	县域全域旅游竞争力为弱，不适合发展全域旅游
全时空竞争力	强	Ⅰ（0.506～0.919）	县域全时空竞争力为强，发展全域旅游的时空条件较好
	中	Ⅱ（0.185～0.505）	县域全时空竞争力中等，发展全域旅游的时空条件一般
	弱	Ⅲ（0.008～0.184）	县域全时空竞争力为弱，发展全域旅游的时空条件较差
全产业竞争力	强	Ⅰ（0.492～0.743）	县域全产业竞争力为强，发展全域旅游的产业条件较好
	中	Ⅱ（0.353～0.491）	县域全产业竞争力中等，发展全域旅游的产业条件一般
	弱	Ⅲ（0.195～0.352）	县域全产业竞争力为弱，发展全域旅游的产业条件较差
全要素竞争力	强	Ⅰ（0.359～0.687）	县域全要素竞争力为强，发展全域旅游的要素条件较好
	中	Ⅱ（0.220～0.358）	县域全要素竞争力中等，发展全域旅游的要素条件一般
	弱	Ⅲ（0.138～0.219）	县域全要素竞争力为弱，发展全域旅游的要素条件较差
全管理竞争力	强	Ⅰ（0.367～0.653）	县域全管理竞争力为强，发展全域旅游的管理条件较好
	中	Ⅱ（0.215～0.366）	县域全管理竞争力中等，发展全域旅游的管理条件一般
	弱	Ⅲ（0.114～0.214）	县域全管理竞争力为弱，发展全域旅游的管理条件较差
全支持竞争力	强	Ⅰ（0.338～0.611）	县域全支持竞争力为强，发展全域旅游的支持条件较好
	中	Ⅱ（0.207～0.337）	县域全支持竞争力中等，发展全域旅游的支持条件一般
	弱	Ⅲ（0.101～0.206）	县域全支持竞争力为弱，发展全域旅游的支持条件较差

（2）冷热点分析

利用冷热点分析工具识别县域全域旅游竞争力、各类型竞争力的高值（热点）和低值（冷点）的空间聚类。通过分析，得到具有显著统计学意义的正 z 得分，z 得分越高，高值（热点）的聚类就越紧密；对于统计学上的显著性负 z 得分，z 得分越低，低值（冷点）的聚类就越紧密。

9.1.1.4　变异系数

变异系数公式见 4.1.2.2 节式（4-1），此处不再赘述。

一般来说，县域全域旅游竞争力、各类型竞争力平均值越高，衡量其变异程度的变异系数越大，反之越小。

9.1.2　研究结果

9.1.2.1　总体特征

2018 年，福建省全域旅游竞争力排名前 10 位的县域是思明区、鼓楼区、台江区、鲤城区、湖里区、武夷山市、晋江市、平潭综合实验区、海沧区、石狮市，主要分布在厦门市（3 个）、泉州市（3 个）、福州市（2 个）、南平市（1 个）、平潭综合实验区（1 个）；内陆地区仅有武夷山市一个县域进入前 10 位，显示沿海地区比内陆地区有更多全域旅游竞争力强的县域，如表 9-3 所示。

2018 年，福建省全域旅游综合竞争力排名后 10 位的县域是诏安县、洛江区、平和县、大田县、三元区、华安县、尤溪县、政和县、寿宁县、宁化县，主要分布在三明市（4 个）、漳州市（3 个）、泉州市（1 个）、宁德市（1 个）、南平市（1 个）；沿海和内陆地区各有 5 个县域进入后 10 位，显示沿海地区和内陆地区全域旅游竞争力为弱的县域差异不大，如表 9-3 所示。

表 9-3　福建省县域全域旅游竞争力统计

序号	市（区）	县（市、区）	全时空竞争力排序	全产业竞争力排序	全要素竞争力排序	全管理竞争力排序	全支持竞争力排序	全域旅游竞争力排序
1	福州市	鼓楼区	1	3	2	16	1	2
2		台江区	4	2	7	13	2	3
3		仓山区	12	19	11	59	35	15
4		马尾区	35	32	52	29	8	21
5		晋安区	32	5	12	64	82	22
6		长乐区	23	41	49	18	13	20
7		福清市	26	9	34	40	83	36

续表

序号	市（区）	县（市、区）	全时空竞争力排序	全产业竞争力排序	全要素竞争力排序	全管理竞争力排序	全支持竞争力排序	全域旅游竞争力排序
8	福州市	闽侯县	46	6	25	47	46	28
9		连江县	38	15	62	32	60	55
10		罗源县	65	66	74	28	15	46
11		闽清县	68	29	76	43	19	52
12		永泰县	54	49	40	7	47	33
13	平潭综合实验区		3	13	36	3	16	8
14	厦门市	思明区	8	1	1	1	5	1
15		海沧区	2	55	64	68	7	9
16		湖里区	7	7	8	10	3	5
17		集美区	22	33	32	42	43	32
18		同安区	17	65	20	81	58	35
19		翔安区	20	81	72	78	26	56
20	宁德市	蕉城区	76	17	58	50	30	45
21		福安市	70	72	54	35	57	70
22		福鼎市	42	74	17	30	73	47
23		霞浦县	49	58	43	5	76	25
24		古田县	52	77	50	37	59	72
25		屏南县	63	76	39	9	38	41
26		寿宁县	82	84	59	53	54	83
27		周宁县	84	82	60	67	32	69
28		柘荣县	58	83	56	75	22	66
29	莆田市	城厢区	33	14	15	63	37	24
30		涵江区	28	53	46	56	20	43
31		荔城区	16	57	16	41	11	16
32		秀屿区	15	71	27	49	69	39
33		仙游县	10	21	24	65	72	29
34	泉州市	鲤城区	6	23	4	15	4	4
35		丰泽区	21	4	9	23	24	11
36		洛江区	30	63	61	84	70	76
37		泉港区	5	20	68	62	14	14

续表

序号	市（区）	县（市、区）	全时空竞争力排序	全产业竞争力排序	全要素竞争力排序	全管理竞争力排序	全支持竞争力排序	全域旅游竞争力排序
38	泉州市	石狮市	9	8	6	8	23	10
39		晋江市	13	12	3	6	50	7
40		南安市	27	22	13	25	79	23
41		惠安县	19	60	28	26	64	34
42		安溪县	62	43	21	22	67	40
43		永春县	57	50	35	12	63	42
44		德化县	41	52	55	20	53	54
45	漳州市	芗城区	11	10	26	14	12	12
46		龙文区	14	16	14	83	17	19
47		龙海市	25	36	63	34	75	60
48		云霄县	34	38	73	17	78	63
49		漳浦县	24	34	19	19	81	31
50		诏安县	29	45	65	55	84	75
51		长泰县	31	56	69	24	41	51
52		东山县	18	31	38	4	40	13
53		南靖县	44	28	37	11	77	38
54		平和县	60	48	57	45	80	77
55		华安县	64	73	51	77	66	80
56	龙岩市	新罗区	77	39	10	73	18	26
57		永定区	53	40	18	69	62	44
58		漳平市	80	26	67	36	39	58
59		长汀县	40	37	33	44	51	49
60		上杭县	47	54	23	27	9	17
61		武平县	39	35	44	74	33	57
62		连城县	56	47	31	52	44	48
63	三明市	梅列区	69	18	70	70	10	27
64		三元区	67	46	75	71	61	79
65		永安市	72	59	41	51	29	53
66		明溪县	48	64	83	82	34	74
67		清流县	43	44	82	48	42	67

续表

序号	市（区）	县（市、区）	全时空竞争力排序	全产业竞争力排序	全要素竞争力排序	全管理竞争力排序	全支持竞争力排序	全域旅游竞争力排序
68	三明市	宁化县	36	75	81	54	71	84
69		大田县	75	67	80	33	65	78
70		尤溪县	73	78	53	38	74	81
71		沙县	61	69	78	66	21	65
72		将乐县	81	68	79	72	27	68
73		泰宁县	55	61	47	31	28	50
74		建宁县	37	79	77	61	6	18
75	南平市	延平区	74	24	30	21	49	37
76		建阳区	45	42	48	58	48	62
77		邵武市	51	30	22	39	25	30
78		武夷山市	83	11	5	2	45	6
79		建瓯市	59	25	45	57	68	64
80		顺昌县	66	27	71	60	56	71
81		浦城县	71	51	29	79	52	59
82		光泽县	78	80	84	46	36	73
83		松溪县	50	62	42	80	31	61
84		政和县	79	70	66	76	55	82

9.1.2.2 分类型特征

（1）分等级特征

1）全时空竞争力

福建省全域旅游全时空竞争力为强的县域有 4 个，所占比例为 4.76%，主要分布在福州市鼓楼区和台江区、厦门市海沧区、平潭综合实验区。全时空竞争力中等的县域有 24 个，所占比例为 28.57%，主要分布在泉州市、厦门市、漳州市、莆田市、福州市；全时空竞争力为弱的县域有 56 个，所占比例为 66.67%，在除平潭综合实验区外的各个地市均有分布，如图 9-1 所示。

2）全产业竞争力

福建省全域旅游全产业竞争力为强的县域有 12 个，所占比例为 14.29%，主要分布在福州市、泉州市、厦门市等。全产业竞争力中等的县域有 42 个，所占比例为 50.00%，在各个市（区）均有分布；全产业竞争力为弱的县域有 30 个，所占比例为 35.71%，主要分布在三明市、宁德市、南平市等，如图 9-2 所示。

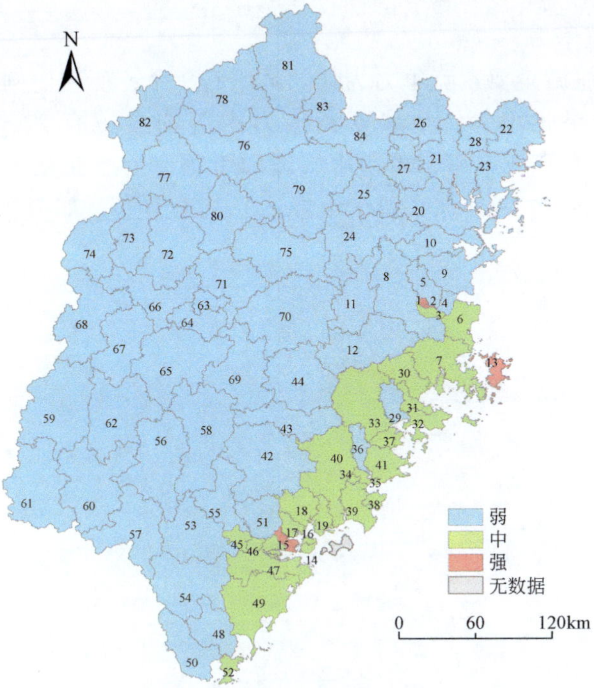

图 9-1　福建省县域全时空竞争力分布

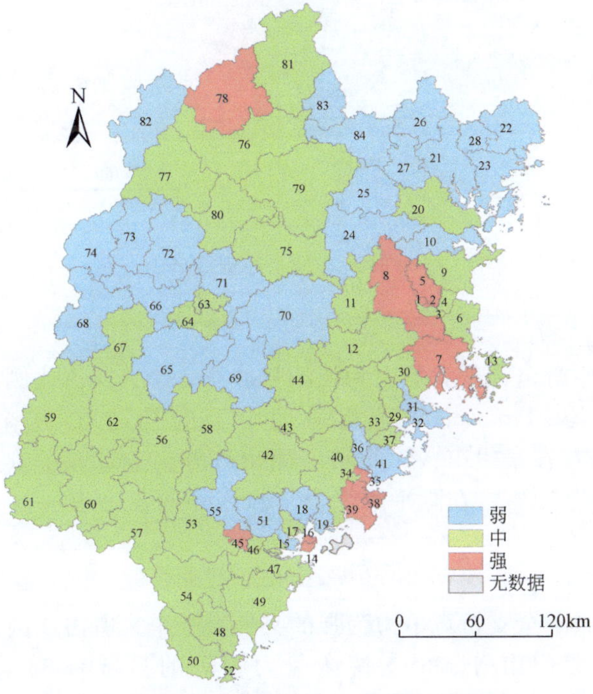

图 9-2　福建省县域全产业竞争力分布

3）全要素竞争力

福建省全域旅游全要素竞争力为强的县域有7个，所占比例为8.33%，主要分布在福州市、泉州市等。全要素竞争力中等的县域有27个，所占比例为32.14%，主要分布在龙岩市、莆田市、厦门市等；全产业竞争力为弱的县域有50个，所占比例为59.53%，在各个市（区）均有分布，如图9-3所示。

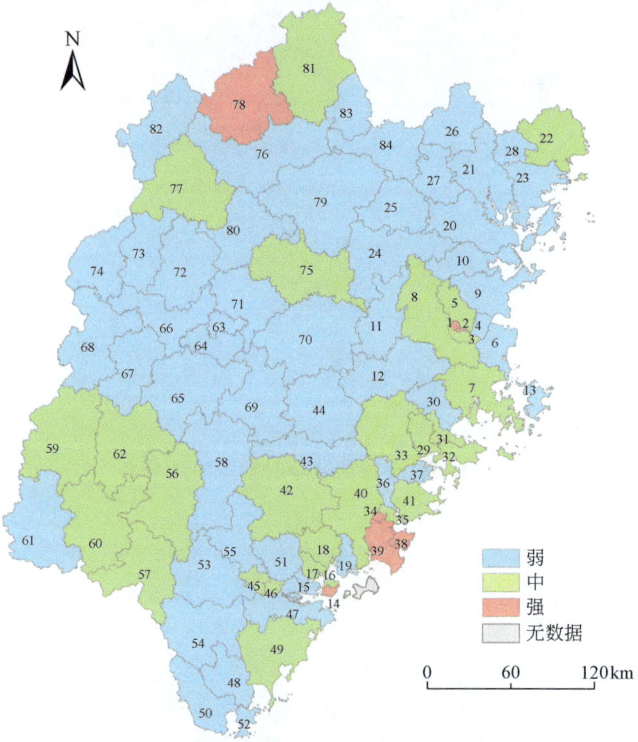

图9-3　福建省县域全要素竞争力分布

4）全管理竞争力

福建省全域旅游全管理竞争力为强的县域有2个，所占比例为2.38%，主要分布在南平市、厦门市。全管理竞争力中等的县域有19个，所占比例为22.62%，主要分布在泉州市、漳州市、福州市等；全管理竞争力为弱的县域有63个，所占比例为75%，在除平潭综合实验区外的各个市（区）均有分布，如图9-4所示。

5）全支持竞争力

福建省全域旅游全支持竞争力为强的县域有6个，所占比例为7.14%，主要分布在福州市、厦门市等。全支持竞争力中等的县域有34个，所占比例为40.48%，在各个市（区）均有分布；全支持竞争力为弱的县域有44个，所占比例为 52. 38%，主要分布在泉州市、漳州市、南平市等，如图 9-5 所示。

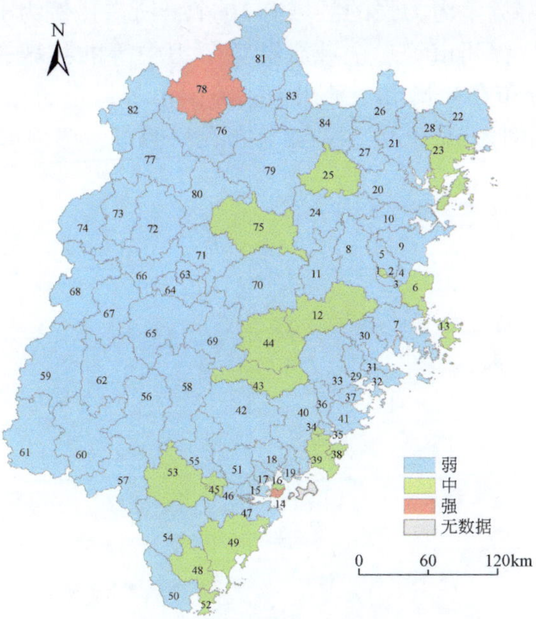

图 9-4　福建省县域全管理竞争力分布

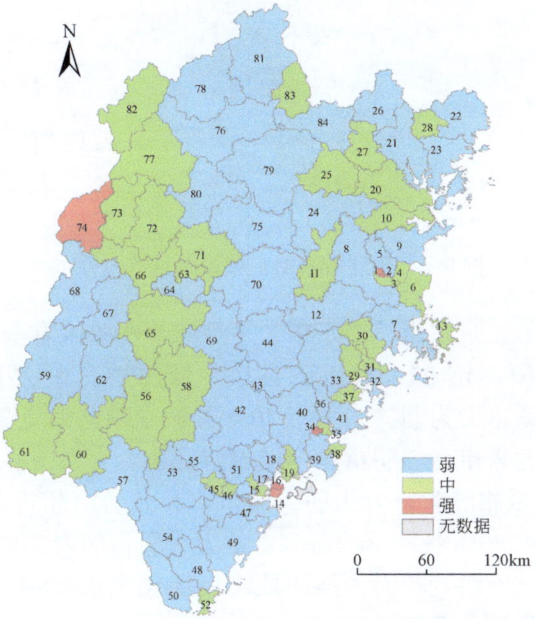

图 9-5　福建省县域全支持竞争力分布

（2）分地区特征

福建省全域旅游竞争力为强的县域有10个，所占比例为11.90%，主要分布在厦门市、泉州市、福州市等。全域旅游竞争力中等的县域有27个，所占比例为32.14%，主要分布在福州市、泉州市、漳州市等；全域旅游竞争力为弱的县域有47个，所占比例为55.96%，主要分布在三明市、宁德市、南平市等，如图9-6所示。

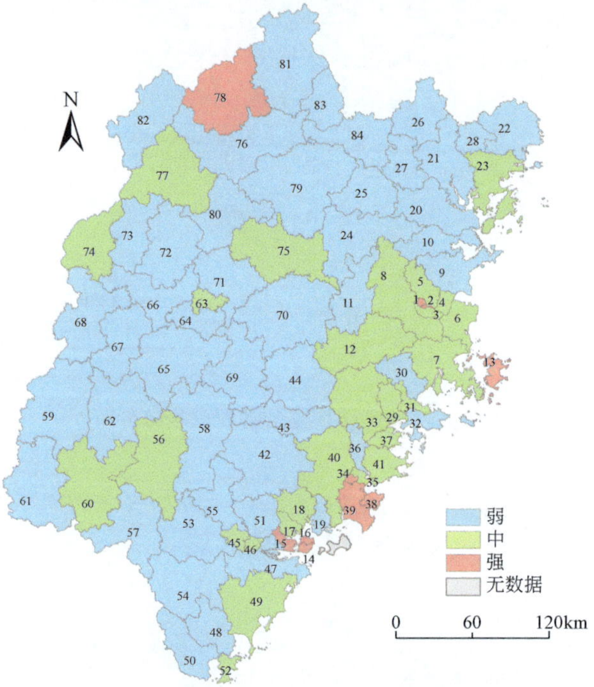

图9-6　福建省县域全域旅游竞争力分布

福州市、厦门市、泉州市、南平市、平潭综合实验区有全域旅游竞争力为强的县域，福州市、厦门市25%及以下县域全域旅游竞争力为弱，泉州市低于40%县域全域旅游竞争力为弱，南平市70%县域全域旅游竞争力为弱；宁德市、莆田市、漳州市、龙岩市、三明市无全域旅游竞争力为强的县域，宁德市和三明市超过80%县域全域旅游竞争力为弱，漳州市和龙岩市超过60%县域全域旅游竞争力为弱，莆田市40%县域全域旅游竞争力为弱，如表9-4所示。沿海地区比内陆地区有更多全域旅游竞争力为强的县域，显示沿海地区县域比内陆地区县域有更好的发展全域旅游的条件。

表 9-4 福建省县域全域旅游竞争力分地区统计

市（区）	强		中		弱		合计/个
	数量/个	比例/%	数量/个	比例/%	数量/个	比例/%	
福州市	2	16.67	7	58.33	3	25.00	12
厦门市	3	50.00	2	33.33	1	16.67	6
宁德市	0	0	1	11.11	8	88.89	9
莆田市	0	0	3	60.00	2	40.00	5
泉州市	3	27.28	4	36.36	4	36.36	11
漳州市	0	0	4	36.36	7	63.64	11
龙岩市	0	0	2	28.57	5	71.43	7
三明市	0	0	2	16.67	10	83.33	12
南平市	1	10.00	2	20.00	7	70.00	10
平潭综合实验区	1	100.00	0	0	0	0	1
合计	10	11.90	27	32.14	47	55.95	84

9.1.2.3 区域差异分析

(1) 变异系数分析

运用变异系数分析县域全域旅游及各类型竞争力，如图 9-7 所示。全域旅游竞争力变异系数为 31.96%，显示各县域全域旅游竞争力差异不大。分类型分析，全时空竞争力变异系数不仅超过其他类型竞争力，而且变异系数超过 100%，显示福建省各县域全时空竞争力的变异程度较大，总体较不均衡；全要素、全管

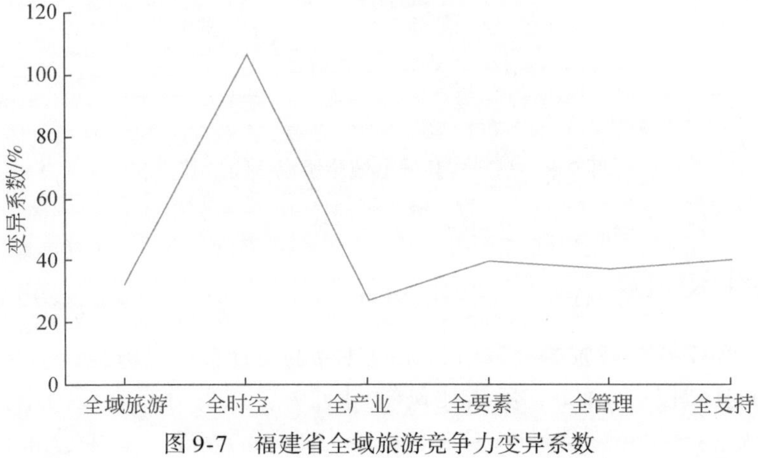

图 9-7 福建省全域旅游竞争力变异系数

理、全支持竞争力变异系数略超过全域旅游竞争力，显示福建省各县域这3个类型竞争力的变异程度不大，总体较为均衡；全产业竞争力变异系数低于全域旅游竞争力，显示福建省各县域全产业竞争力的变异程度较小，总体较为均衡。

（2）冷热点分析

运用ArcGIS10.3软件对县域全域旅游竞争力进行冷热点分析，沿海地区形成福州市、厦门市–漳州市–泉州市2个热点区域，2个热点区域面积差异不大，如图9-8所示。福州市的热点区域以福州市市区为核心，北翼包括晋安区，南翼包括福清市；厦门市–漳州市–泉州市的热点区域以厦门市市区为核心，北翼包括晋江市，南翼包括龙海市，涉及县域较多。

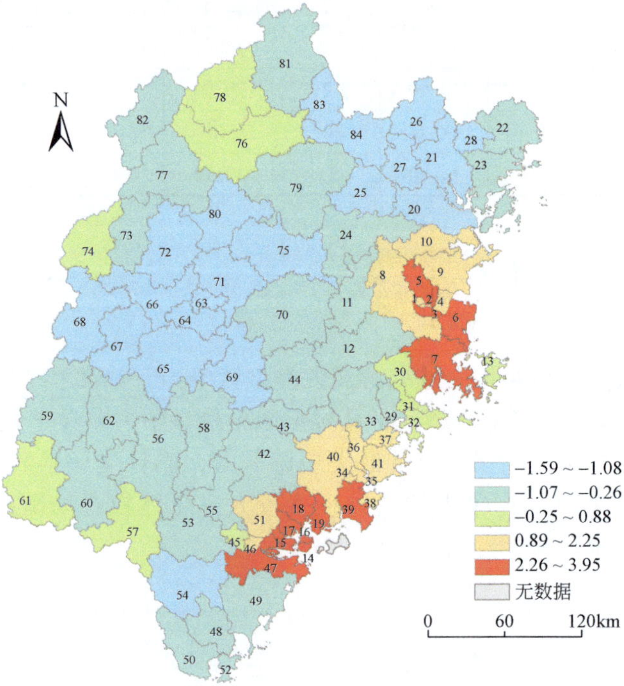

图9-8 福建省县域全域旅游竞争力冷热点

9.1.3 小结

第一，福建省全域旅游竞争力为强的县域主要分布在沿海地区。全域旅游竞争力为强的县域仅有10个，所占比例不到12%，主要分布在厦门市、泉州市、福州市等地区；约56%县域全域旅游竞争力处于弱水平，主要分布在三明市、宁德市、南平市等地区；沿海地区比内陆地区有更多全域旅游竞争力为强的县域，显示沿海地区县域比内陆地区县域有更好的发展全域旅游的条件。

第二，福建省县域全域旅游竞争力的区域差异不显著。全域旅游竞争力变异系数为31.96%，显示各县域全域旅游竞争力差异不大。其中，全时空竞争力变异系数超过100%，显示福建省各县域全时空竞争力的变异程度较大，总体较不均衡；全要素、全管理、全支持竞争力变异系数虽然超过全域旅游竞争力，但变异程度较小，总体较为均衡。

第三，福建省县域全域旅游的集聚明显。沿海地区形成福州市、厦门市–漳州市–泉州市2个热点区域，面积差异不大。福州市的热点区域以福州市市区为核心，北翼包括晋安区，南翼包括福清市；厦门市–漳州市–泉州市的热点区域以厦门市市区为核心，北翼包括晋江市，南翼包括龙海市，涉及县域较多。

第四，福建省县域全域旅游竞争力为强的县级行政单位部分已经成为国家全域旅游示范区创建单位，如厦门市、武夷山市和平潭综合实验区，但是大部分国家全域旅游示范区创建单位均为全域旅游竞争力弱的地区，如屏南县、永春县、永定区、连城县、泰宁县、德化县、武平县、尤溪县，这需要引起地方部门的关注和重视，加强县域全域旅游各方面的建设，以提升全域旅游竞争力，促进地方社会、经济、文化的全面发展。

9.2 分等级提升策略

9.2.1 全域旅游竞争力强的县域

福建省全域旅游竞争力为强的10个县域中50%县域为国家全域旅游示范区创建单位，如武夷山市、平潭综合实验区是第一批国家全域旅游示范区创建单位，厦门市思明区、湖里区、海沧区是第二批国家全域旅游示范区创建单位，如表9-5所示。

表9-5 福建省全域旅游竞争力强县域统计

市（区）	县(市、区)	全域旅游竞争力排名	全时空竞争力排名	全产业竞争力排名	全要素竞争力排名	全管理竞争力排名	全支持竞争力排名
厦门市	思明区	1	8	1	1	1	5
福州市	鼓楼区	2	1	3	2	16	1
福州市	台江区	3	4	2	7	13	2
泉州市	鲤城区	4	6	23	4	15	4

续表

市（区）	县(市、区)	全域旅游竞争力排名	全时空竞争力排名	全产业竞争力排名	全要素竞争力排名	全管理竞争力排名	全支持竞争力排名
厦门市	湖里区	5	7	7	8	10	3
南平市	武夷山市	6	83	11	5	2	45
泉州市	晋江市	7	13	12	3	6	50
平潭综合实验区	平潭综合实验区	8	3	13	36	3	16
厦门市	海沧区	9	2	55	64	68	7
泉州市	石狮市	10	9	8	6	8	23

全域旅游竞争力强的县域除了思明区、湖里区外，其他县域在全时空、全产业、全要素、全管理、全支持方面的竞争力均有不足。

鼓楼区和台江区在全管理竞争力方面较为薄弱，每万人旅游投诉量排名分别为第 80 位和 83 位。主要原因是这 2 个区旅游人数、旅行社数量较多加上县域旅游服务质量总体水平也不高，导致每万人旅游投诉量相对较高。因此，两区要特别针对旅行社组团业务服务质量的监控，加强行前说明和行后回访，降低旅游投诉量。

武夷山市在全时空竞争力和全支持竞争力方面较为薄弱，全时空竞争力方面，武夷山市夜光遥感指数为 0. 6177，排名全省第 57 位；平均坡度为 18. 15°，排名全省第 53 位，这显示地处内陆山区的武夷山市，需要进一步拓展景区的适游面积，加强在夜光经济方面的业态设计，增加游客的夜间体验，留住过夜游客。全支持竞争力方面，武夷山人口密度较低，仅为 85 人/km^2，排名全省第 77 位，显示武夷山市人力资源较为匮乏，发展旅游业的各项专才缺口较大，影响地方旅游经济的发展，主管部门需要进一步采取措施，吸引并留住旅游业的各项专才。

晋江市在全支持竞争力方面较为薄弱，每千人口医疗卫生机构床位数仅为 2. 27 床，排名全省第 79 位，显示晋江市地方卫生与健康服务设施水平较低；一般公共预算人均支出为 6934 元，排名全省第 59 位，显示晋江市政府对公共服务设施的配套和建设不足，也体现了政府在公共服务方面支持旅游业发展的力度和水平较弱，需要进一步完善和提升。

平潭综合实验区在全要素竞争力方面较为薄弱，归一化植被指数为-0. 130，排名全省第 83 位，显示平潭综合实验区地表植被覆盖较差，生态环境较为恶劣；旅游景区指数为 5. 07，排名全省第 56 位，显示平潭综合实验区各类型旅游景区数量较少和质量较差，需要进一步的提升和完善；社会消费品零售总额比例为28.49%，排名全省第54位，反映平潭综合实验区社会商品购买力的实现程度较低、零售市场的规模较小，居民消费水平有待进一步提升。

海沧区在全产业、全要素、全管理方面的竞争力均较薄弱，全产业竞争力方面，人均旅游收入为845.08元，排名全省第74位，显示该区游客的人均消费水平较低。全要素竞争力方面，归一化植被指数为0.09，排名全省第62位，显示该区地表植被覆盖较差，生态环境较差；社会消费品零售总额比例为24.78%，排名全省第66位，反映该区社会商品购买力的实现程度较低、零售市场的规模较小，居民消费水平一般。全管理竞争力方面，每万人旅游投诉量排名第63位，显示该区旅游服务质量有待进一步提高。

石狮市在全支持竞争力方面较为薄弱，每千人口医疗卫生机构床位数仅为2.35床，排名全省第77位；一般公共预算人均支出为7678元，排名全省第51位，均略高于晋江市，显示石狮市政府对公共服务设施的配套和建设不足，在公共服务方面支持旅游业发展的力度和水平较弱。

9.2.2 全域旅游竞争力中等的县域

福建省全域旅游竞争力中等的27个县域中已有22.22%县域为国家全域旅游示范区创建单位，如东山县、仙游县是第一批国家全域旅游示范区创建单位，厦门市集美区、同安区是第二批国家全域旅游示范区创建单位，如表9-6所示。

表9-6 福建省全域旅游竞争力中等县域统计

市（区）	县(市、区)	全域旅游竞争力排名	全时空竞争力排名	全产业竞争力排名	全要素竞争力排名	全管理竞争力排名	全支持竞争力排名
泉州市	丰泽区	11	21	4	9	23	24
漳州市	芗城区	12	11	10	26	14	12
漳州市	东山县	13	18	31	38	4	40
泉州市	泉港区	14	5	20	68	62	14
福州市	仓山区	15	12	19	11	59	35
莆田市	荔城区	16	16	57	16	41	11
龙岩市	上杭县	17	47	54	23	27	9
三明市	建宁县	18	37	79	77	61	6
漳州市	龙文区	19	14	16	14	83	17

续表

市（区）	县(市、区)	全域旅游竞争力排名	全时空竞争力排名	全产业竞争力排名	全要素竞争力排名	全管理竞争力排名	全支持竞争力排名
福州市	长乐区	20	23	41	49	18	13
福州市	马尾区	21	35	32	52	29	8
福州市	晋安区	22	32	5	12	64	82
泉州市	南安市	23	27	22	13	25	79
莆田市	城厢区	24	33	14	15	63	37
宁德市	霞浦县	25	49	58	43	5	76
龙岩市	新罗区	26	77	39	10	73	18
三明市	梅列区	27	69	18	70	70	10
福州市	闽侯县	28	46	6	25	47	46
莆田市	仙游县	29	10	21	24	65	72
南平市	邵武市	30	51	30	22	39	25
漳州市	漳浦县	31	24	34	19	19	81
厦门市	集美区	32	22	33	32	42	43
福州市	永泰县	33	54	49	40	7	47
泉州市	惠安县	34	19	60	28	26	64
厦门市	同安区	35	17	65	20	81	58
福州市	福清市	36	26	9	34	40	83
南平市	延平区	37	74	24	30	21	49

各县域全域旅游竞争力中，分类型竞争力比较均衡的县域有丰泽区、芗城区、东山县、集美区、永泰县5个县域，所占比例18.52%，其余22县域均有不同程度的“坡脚”现象。其中，东山县为第一批国家全域旅游示范区创建单位，集美区、永泰县为第二批国家全域旅游示范区创建单位。这5个县域除保持现有的发展方向外，要在某一类型的竞争力方面有所创新，如丰泽区和芗城区的全产业竞争力、东山县和永泰县的全管理竞争力位列前茅，永泰县成为东部山区贫困县发展全域旅游致富的典型案例。

1项分类型竞争力较弱的县域有仓山区、荔城区、龙文区、马尾区、南安市、城厢区、邵武市、漳浦县、福清市、延平区10个县域，所占比例为37.04%，县域中没有国家旅游示范区创建单位。仓山区、龙文区、城厢区在全管理竞争力方面较为薄弱，体现在旅游微信公众号和旅游服务质量两个方面，3

个县域都位于城市主城区，是旅行社聚集、游客集散、商场汇集的区域，因此要提高全域旅游专业微信公众号的使用，完善游客旅游投诉的渠道，提高旅游服务质量和旅游信息化水平。南安市、漳浦县、福清市在全支持竞争力方面较为薄弱，主要体现在一般公共预算人均支出、每千人口医疗卫生机构床位数两个方面。3 个县域都是经济较为发达的区域，第二产业较为发达，正处于向第三产业转移的过程中，当前政府在公共服务方面支持旅游业发展的力度和水平尚不充分，政府对公共服务设施的配套和建设正在提升，3 个县域的全支持竞争力在未来将有较大的提升空间。邵武市和延平区在全时空竞争力方面较为薄弱，邵武市的夜光遥感指数排名为全省 67 名，夜光经济需要进一步加强；延平区的平均坡度较陡，适游面积受限，可以通过增加旅游业态提升全时空竞争力。荔城区在全产业竞争力方面较为薄弱，主要体现在人均旅游收入较低方面，可以通过提高游客停留时间增加旅游消费，提升竞争力；马尾区在全要素竞争力方面较为薄弱，主要体现在旅游接待能力较低方面，可以通过增加民宿设施等方式，提升竞争力。

2 项分类型竞争力较弱的县域有泉港区、上杭县、建宁县、长乐区、晋安区、霞浦县、新罗区、仙游县、惠安县 9 个县域，所占比例为 33.33%。其中，仙游县为第一批国家全域旅游示范区创建单位，建宁县为第二批国家全域旅游示范区创建单位。仙游县在全管理和全支持两个方面竞争力较为薄弱，全管理竞争力方面主要是亿元 GDP 生产安全事故死亡率较高，旅游生产安全水平有待进一步提升；全支持竞争力方面主要是人均 GDP 和一般公共预算人均支出两个指标竞争力较低，人均 GDP 排名为全省第 79 位，显示仙游县的经济发展水平较低，政府在公共服务方面支持旅游业发展的力度和水平严重不足，居民的消费水平有待进一步提高。建宁县在全产业和全要素竞争力方面较为薄弱，其中全产业竞争力方面 3 个指标均较低，特别是人均旅游收入排名全省第 55 位，可以通过提高游客停留时间增加旅游消费，提升竞争力；全要素竞争力中的旅游接待能力和公路密度两个指标竞争力较低，未来需要进一步加强旅游基础设施的建设，提升旅游通达性，完善民宿、旅行社的接待能力。

3 项分类型竞争力较弱的县域有梅列区、闽侯县、同安区 3 个县域，所占比例为 11.11%。其中，同安区为第二批国家全域旅游示范区创建单位。同安区在全产业、全管理、全支持 3 个方面的竞争力较为薄弱，特别是全管理竞争力排名全省第 81 位，原因主要是全域旅游微信公众号数量不足和旅游投诉的比例较高，未来应进一步加强旅游信息化建设，完善旅游投诉解决机制，提高旅游服务质量。

9.2.3 全域旅游竞争力弱的县域

福建省全域旅游竞争力弱的 47 个县域中已有 19.15% 县域为国家全域旅游示

范区创建单位，如屏南县、永春县、永定区、连城县、泰宁县是第一批国家全域旅游示范区创建单位，翔安区、德化县、武平县、尤溪县是第二批国家全域旅游示范区创建单位，如表 9-7 所示。

表 9-7　福建省全域旅游竞争力弱县域统计

市	县（市、区）	全域旅游竞争力排名	全时空竞争力排名	全产业竞争力排名	全要素竞争力排名	全管理竞争力排名	全支持竞争力排名
漳州市	南靖县	38	44	28	37	11	77
莆田市	秀屿区	39	15	71	27	49	69
泉州市	安溪县	40	62	43	21	22	67
宁德市	屏南县	41	63	76	39	9	38
泉州市	永春县	42	57	50	35	12	63
莆田市	涵江区	43	28	53	46	56	20
龙岩市	永定区	44	53	40	18	69	62
宁德市	蕉城区	45	76	17	58	50	30
福州市	罗源县	46	65	66	74	28	15
宁德市	福鼎市	47	42	74	17	30	73
龙岩市	连城县	48	56	47	31	52	44
龙岩市	长汀县	49	40	37	33	44	51
三明市	泰宁县	50	55	61	47	31	28
漳州市	长泰县	51	31	56	69	24	41
福州市	闽清县	52	68	29	76	43	19
三明市	永安市	53	72	59	41	51	29
泉州市	德化县	54	41	52	55	20	53
福州市	连江县	55	38	15	62	32	60
厦门市	翔安区	56	20	81	72	78	26
龙岩市	武平县	57	39	35	44	74	33
龙岩市	漳平市	58	80	26	67	36	39
南平市	浦城县	59	71	51	29	79	52
漳州市	龙海市	60	25	36	63	34	75

续表

市	县（市、区）	全域旅游竞争力排名	全时空竞争力排名	全产业竞争力排名	全要素竞争力排名	全管理竞争力排名	全支持竞争力排名
南平市	松溪县	61	50	62	42	80	31
南平市	建阳区	62	45	42	48	58	48
漳州市	云霄县	63	34	38	73	17	78
南平市	建瓯市	64	59	25	45	57	68
三明市	沙县	65	61	69	78	66	21
宁德市	柘荣县	66	58	83	56	75	22
三明市	清流县	67	43	44	82	48	42
三明市	将乐县	68	81	68	79	72	27
宁德市	周宁县	69	84	82	60	67	32
宁德市	福安市	70	70	72	54	35	57
南平市	顺昌县	71	66	27	71	60	56
宁德市	古田县	72	52	77	50	37	59
南平市	光泽县	73	78	80	84	46	36
三明市	明溪县	74	48	64	83	82	34
漳州市	诏安县	75	29	45	65	55	84
泉州市	洛江区	76	30	63	61	84	70
漳州市	平和县	77	60	48	57	45	80
三明市	大田县	78	75	67	80	33	65
三明市	三元区	79	67	46	75	71	61
漳州市	华安县	80	64	73	51	77	66
三明市	尤溪县	81	73	78	53	38	74
南平市	政和县	82	79	70	66	76	55
宁德市	寿宁县	83	82	84	59	53	54
三明市	宁化县	84	36	75	81	54	71

全域旅游竞争力弱的县域，在各类型竞争力中有 1 ~ 2 项竞争力较突出，则可能成为国家全域旅游示范区创建单位，如屏南县、南靖县、永春县、德化

县、尤溪县在全管理竞争力方面较强，翔安区在全时空竞争力方面较强，永定区和连城县在全要素竞争力方面较强，泰宁县和武平县在全支持竞争力方面较强。其他县域各个类型竞争力均较为薄弱，这不利于县域发展全域旅游。因此，全域旅游竞争力较弱的县域，应深入挖掘各县域在全时空、全产业、全要素、全管理和全支持领域的特色，采用差异化发展策略，推进地方全域旅游建设与发展。

9.3 分地区提升策略

9.3.1 沿海地区

福建省沿海地区55个县域中已有23.64%县域为国家全域旅游示范区创建单位，其中屏南县、永春县是第一批国家全域旅游示范区创建单位，翔安区、德化县是第二批国家全域旅游示范区创建单位，如表9-8所示。

表9-8 福建省沿海地区县域全域旅游竞争力统计

市（区）	县（市、区）	全域旅游竞争力排名	全时空竞争力排名	全产业竞争力排名	全要素竞争力排名	全管理竞争力排名	全支持竞争力排名
福州市	鼓楼区	2	1	3	2	16	1
	台江区	3	4	2	7	13	2
	仓山区	15	12	19	11	59	35
	马尾区	21	35	32	52	29	8
	晋安区	22	32	5	12	64	82
	长乐区	20	23	41	49	18	13
	福清市	36	26	9	34	40	83
	闽侯县	28	46	6	25	47	46
	连江县	55	38	15	62	32	60
	罗源县	46	65	66	74	28	15
	闽清县	52	68	29	76	43	19
	永泰县	33	54	49	40	7	47
平潭综合实验区		8	3	13	36	3	16

续表

市（区）	县（市、区）	全域旅游竞争力排名	全时空竞争力排名	全产业竞争力排名	全要素竞争力排名	全管理竞争力排名	全支持竞争力排名
厦门市	思明区	1	8	1	1	1	5
	海沧区	9	2	55	64	68	7
	湖里区	5	7	7	8	10	3
	集美区	32	22	33	32	42	43
	同安区	35	17	65	20	81	58
	翔安区	56	20	81	72	78	26
宁德市	蕉城区	45	76	17	58	50	30
	福安市	70	70	72	54	35	57
	福鼎市	47	42	74	17	30	73
	霞浦县	25	49	58	43	5	76
	古田县	72	52	77	50	37	59
	屏南县	41	63	76	39	9	38
	寿宁县	83	82	84	59	53	54
	周宁县	69	84	82	60	67	32
	柘荣县	66	58	83	56	75	22
莆田市	城厢区	24	33	14	15	63	37
	涵江区	43	28	53	46	56	20
	荔城区	16	16	57	16	41	11
	秀屿区	39	15	71	27	49	69
	仙游县	29	10	21	24	65	72
泉州市	鲤城区	4	6	23	4	15	4
	丰泽区	11	21	4	9	23	24
	洛江区	76	30	63	61	84	70
	泉港区	14	5	20	68	62	14
	石狮市	10	9	8	6	8	23
	晋江市	7	13	12	3	6	50
	南安市	23	27	22	13	25	79
	惠安县	34	19	60	28	26	64
	安溪县	40	62	43	21	22	67
	永春县	42	57	50	35	12	63
	德化县	54	41	52	55	20	53

续表

市（区）	县（市、区）	全域旅游竞争力排名	全时空竞争力排名	全产业竞争力排名	全要素竞争力排名	全管理竞争力排名	全支持竞争力排名
漳州市	芗城区	12	11	10	26	14	12
	龙文区	19	14	16	14	83	17
	龙海市	60	25	36	63	34	75
	云霄县	63	34	38	73	17	78
	漳浦县	31	24	34	19	19	81
	诏安县	75	29	45	65	55	84
	长泰县	51	31	56	69	24	41
	东山县	13	18	31	38	4	40
	南靖县	38	44	28	37	11	77
	平和县	77	60	48	57	45	80
	华安县	80	64	73	51	77	66

福建省沿海地区除宁德市外，均是经济较为发达的地区，特别是厦门市全域均为国家全域旅游示范区创建单位。厦门市应进一步凝练特色，借助国际化旅游城市的品牌，做好创新示范，成为福建省国家全域旅游示范区的标杆。

福州市作为省会城市，其“六区”的全域旅游竞争力均较强，有待进一步申报国家全域旅游示范区创建单位，其余的县域则需要参照永泰县的经验，补齐各类型的短板，进一步凝练特色。

泉州市是福建省GDP最高的城市，鲤城区、丰泽区、泉港区、石狮市和晋江市的全域旅游竞争力均较强，具备申报国家全域旅游示范区创建单位的基础，其他县域可以参照永春县和德化县的经验，补齐各类型的短板，进一步凝练特色。

漳州市是沿海地区农业最为发达的地区，旅游业发展的基础较好，但各县域的公共服务和配套设施较为薄弱，芗城区、龙文区具备全域旅游竞争力均较强，具备申报国家全域旅游示范区创建单位的基础，其他县域可以参照东山县的经验，补齐各类型的短板，进一步凝练特色。

莆田市是沿海地区面积最小的地市，荔城区全域旅游竞争力较强，具备申报国家全域旅游示范区创建单位的基础，其他县域可以参照仙游县的经验，补齐各类型的短板，进一步凝练特色。

宁德市是沿海地区经济发展最弱的地区，各县域全域旅游竞争力均为弱，其中霞浦县域旅游竞争力较好，具备申报国家全域旅游示范区创建单位的基础，其他县域可以参照屏南县的经验，补齐各类型的短板，进一步凝练特色。

9.3.2 内陆地区

福建省内陆地区 29 个县域中已有 24.14% 县域为国家全域旅游示范区创建单位，永定区、连城县、泰宁县是第一批国家全域旅游示范区创建单位，武平县、尤溪县是第二批国家全域旅游示范区创建单位，如表 9-9 所示。

表 9-9 福建省内陆地区县域全域旅游竞争力统计

市（区）	县（市、区）	全域旅游竞争力排名	全时空竞争力排名	全产业竞争力排名	全要素竞争力排名	全管理竞争力排名	全支持竞争力排名
龙岩市	新罗区	26	77	39	10	73	18
	永定区	44	53	40	18	69	62
	漳平市	58	80	26	67	36	39
	长汀县	49	40	37	33	44	51
	上杭县	17	47	54	23	27	9
	武平县	57	39	35	44	74	33
	连城县	48	56	47	31	52	44
三明市	梅列区	27	69	18	70	70	10
	三元区	79	67	46	75	71	61
	永安市	53	72	59	41	51	29
	明溪县	74	48	64	83	82	34
	清流县	67	43	44	82	48	42
	宁化县	84	36	75	81	54	71
	大田县	78	75	67	80	33	65
	尤溪县	81	73	78	53	38	74
	沙县	65	61	69	78	66	21
	将乐县	68	81	68	79	72	27
	泰宁县	50	55	61	47	31	28
	建宁县	18	37	79	77	61	6
南平市	延平区	37	74	24	30	21	49
	建阳区	62	45	42	48	58	48
	邵武市	30	51	30	22	39	25
	武夷山市	6	83	11	5	2	45
	建瓯市	64	59	25	45	57	68

续表

市（区）	县（市、区）	全域旅游竞争力排名	全时空竞争力排名	全产业竞争力排名	全要素竞争力排名	全管理竞争力排名	全支持竞争力排名
南平市	顺昌县	71	66	27	71	60	56
	浦城县	59	71	51	29	79	52
	光泽县	73	78	80	84	46	36
	松溪县	61	50	62	42	80	31
	政和县	82	79	70	66	76	55

内陆地区除了武夷山市全域旅游竞争力较强外，其他县域全域旅游竞争力均处于中、弱水平。

南平市仅有武夷山市 1 个国家全域旅游示范区创建单位，且武夷山市顺利通过国家文化和旅游部的验收和认定，成为第一批国家全域旅游示范区。延平区和邵武市在全域旅游竞争力方面有一定的优势，未来要关注全时空竞争力、全支持竞争力的提升，做好夜光经济和旅游公共服务设施的建设，进一步提升全域旅游竞争力。其他县域在全时空、全产业、全要素、全管理和全支持方面处于中、弱水平，需要进一步学习武夷山市的经验，补齐各类型的短板，进一步凝练特色。

龙岩市和三明市具有 3 个国家全域旅游示范区创建单位，龙岩市的武平县顺利通过国家文化和旅游部的认定，成为第一批国家全域旅游示范区。武平县需要在全管理方面进一步补齐短板，进一步加大旅游固定资产投入，提升全管理竞争力。永定区和连城县虽然是国家全域旅游示范区创建单位，但除了全要素竞争力有一定的优势外，其他类型竞争力均需要不同程度的提升，才能全面提升全域旅游竞争力。上杭县全域旅游竞争力较强，可以直接作为国家全域旅游示范区创建单位的后备单位。其他县域在全时空、全产业、全要素、全管理和全支持方面处于中、弱水平，需要进一步学习武平县的经验，补齐各类型的短板，进一步凝练特色。

三明市虽然有 3 个国家全域旅游示范区创建单位，但除建宁县全域旅游竞争力较强外，其他 2 个国家全域旅游示范区创建单位在分类型竞争力方面均比较薄弱。建宁县要加强全产业、全要素方面竞争力的培育，通过提高游客停留时间增加旅游消费，提升全域旅游竞争力。泰宁县则需要在全时空、全产业、全要素方面进一步提升竞争力，如通过增加夜间体验项目，提升旅游接待能力，进一步留住游客，增加旅游消费。尤溪县则需要稳扎稳打，进一步发挥全要素竞争力、全管理竞争力优势，下大力气补齐全时空竞争力、全产业竞争力、全支持竞争力短板，稳步提升竞争力。其他县域则需要进一步学习建宁县的经验，补齐各类型的短板，进一步凝练特色。

9.4 小　　结

第一，福建省全域旅游竞争力较强的县域主要分布在沿海地区。全域旅游竞争力为强的县域仅有10个，所占比例为11.90%，主要分布在厦门市、泉州市、福州市；全域旅游竞争力中等的县域有27个，所占比例为32.14%，主要分布在福州市、漳州市、泉州市等县域；全域旅游竞争力为弱的县域有47个，所占比例为55.96%，主要分布在三明市、南平市、宁德市、漳州市等县域。沿海地区比内陆地区有更多全域旅游竞争力为强的县域。

第二，福建省县域全域旅游竞争力的区域差异不显著。全域旅游竞争力变异系数为31.96%，显示各县域全域旅游竞争力差异不大。其中，全时空竞争力变异系数超过100%，显示福建省各县域全时空竞争力的变异程度较大，总体较不均衡；全要素、全管理、全支持竞争力变异系数虽然数值略高于全域旅游竞争力，但变异程度较小，总体较为均衡。

第三，福建省县域全域旅游的集聚明显。沿海地区形成福州市、厦门市–漳州市–泉州市2个热点区域，2个热点区域面积差异不大；福州市的热点区域以福州市市区为核心，北翼包括晋安区，南翼包括福清市；厦门市–漳州市–泉州市的热点区域以厦门市市区为核心，北翼包括晋江市，南翼包括龙海市，涉及县域较多。

第四，福建省全域旅游竞争力为强的10个县域中50%县域为国家全域旅游示范区创建单位，武夷山市不仅是第一批国家全域旅游示范区创建单位，还是国家第一批通过全域旅游示范区验收认定单位，但武夷山市在全时空竞争力和全支持竞争力方面较为薄弱，需要进一步对照国家指标，进行完善和提升；全域旅游竞争力中等的27个县域中已有22.22%县域为国家全域旅游示范区创建单位，分类型竞争力比较均衡的县域有丰泽区、芗城区、东山县、集美区、永泰县5个县域，其余22县域均有不同程度的差异化现象，需要进一步对照国家指标，进行完善和提升；全域旅游竞争力为弱的47个县域中已有19.15%县域为国家全域旅游示范区创建单位，各竞争力为弱的县域应该依据其在全时空、全产业、全要素、全管理和全支持领域特色，采用差异化发展策略，促进全域旅游的建设和发展。

第五，福建省沿海地区55个县域中已有23.64%县域为国家全域旅游示范区创建单位，内陆地区29个县域中已有24.14%县域为国家全域旅游示范区创建单位，两比例差异不大。沿海地区仅有永泰县通过国家全域旅游示范区的验收和认定，内陆地区有武夷山市和武平县 2 个县域通过国家全域旅游示范区的验收和认定。沿海地区经济较内陆地区发达，特别是第二产业比例较大，以旅游业为主的第三产业仍处于快速发展阶段，未来发展全域旅游大有可为；内陆地区经济基础较差，旅游业发展的各项基础设施和服务配套需继续补齐和完善，未来需要更多的人力、物力和财力的倾斜和配套，才能全面提升全域旅游竞争力。

10 县域创建国家全域旅游示范区的要点

10.1 国家全域旅游示范区创建相关标准解读

10.1.1 国家全域旅游示范区验收认定文件体系

国家全域旅游示范区验收认定系列文件包括《国家全域旅游示范区验收、认定和管理实施办法（试行）》（简称《办法》）、《国家全域旅游示范区验收标准（试行）》（简称《标准》）和《国家全域旅游示范区验收工作手册》（简称《手册》），《办法》《标准》《手册》构成一套全面管理国家全域旅游示范区的体系。

《办法》明确了国家全域旅游示范区验收认定和管理工作的基本依据、基本原则、职责分工、基本程序和标准要求，以及后续的监督管理要求等内容。《标准》是对国家全域旅游示范区各个方面全面验收的标准，除了7类基本的验收打分项之外，同时设计了创新加分项，以鼓励创建单位改革创新，并设计了扣分项目。《手册》则是对《标准》中涉及的基本项目、创新项目和扣分项目进行更具体的细化指标设计，明确了每一个项目的具体评价方式，是对国家全域旅游示范区进行验收认定的具体工作指南。

10.1.2 《办法》是顶层设计

《办法》规定了国家全域旅游示范区验收、认定和管理的框架，是国家全域旅游示范区验收工作的顶层设计，主要内容包括以下四个方面。

10.1.2.1 国家全域旅游示范区的概念

国家全域旅游示范区指将一定行政区划作为完整旅游目的地，以旅游业为优势产业，统一规划布局，创新体制机制，优化公共服务，推进融合发展，提升服务品质，实施整体营销，具有较强示范作用，发展经验具备复制推广价值，且经文化和旅游部认定的区域。该概念界定了国家全域旅游示范区的范围、核心要素、主管部门，为国家全域旅游示范区创建工作奠定了坚实的基础。

10.1.2.2 县域是创建的主体

国家全域旅游示范区验收以县级创建单位为基本单位。地级创建单位，其辖区内70%以上的县级创建单位通过验收后，方可向省级文化和旅游行政部门提出验收申请。省级创建单位在其辖区内70%以上的地级创建单位通过验收后，方可由省级人民政府向文化和旅游部提出认定申请。

全域旅游发展的核心在于充分调动基层的活力，强调在一定区域内通过发展旅游业带动经济社会的整体发展。国家全域旅游示范区创建单位包括省、地市、县3个不同行政区域层级，验收认定是以县级行政区为基本单位，通过“以旅游业为优势产业”的区县发挥活力，先行先试，带动全面深化改革。

10.1.2.3 八大验收内容

八个基本内容包括体制机制、政策保障、公共服务、供给体系、秩序与安全、资源与环境、品牌影响、创新示范，这是对国家全域旅游示范区的基本要求，是门槛条件。

10.1.2.4 三步验收程序

首先，由省级文化和旅游行政部门依据《标准》对创建单位进行初审验收，确定国家全域旅游示范区申请认定的单位，并提交至文化和旅游部进行认定审核。

其次，由文化和旅游部对省级文化和旅游行政部门提出的申请认定单位进行认定审核。

最后，文化和旅游部通过会议审核、第三方检查等方式综合确定国家全域旅游示范区公示名单。

10.1.3 《标准》是行为准绳

《标准》规定了国家全域旅游示范区验收的基本内容，指标包含7类基本项目、1类创新项目和1类扣分项目。7类基本项目合计1000分，创新项目合计200分，扣分项目合计100分。

7类基本项目及分值安排为体制机制（90分）、政策保障（140分）、公共服务（230分）、供给体系（240分）、秩序与安全（140分）、资源与环境（100分）、品牌影响（60分）。

同时，为鼓励创新，设计了200分创新加分项目，具体分值安排如下：体制机制创新（50分）、政策措施创新（30分）、业态融合创新（30分）、公共服务创新（40分）、科技与服务创新（20分）、环境保护创新（8分）、扶贫富民创新（12分）、营销推广创新（10分）。

《标准》还设计了100分扣分事项，涉及近三年发生安全生产事故（扣35分）、市场秩序问题（扣30分）、生态环境破坏（扣35分）。

《标准》还设计了一票否决项，对近三年发生重大安全事故、重大旅游市场投诉、重大生态环境破坏事项，以及“厕所革命”不达标的，予以一票否决。

10.1.4 《手册》是行动向导

《手册》是对《标准》的具体落实和细化，是对《标准》涉及的基本项目、创新项目和扣分项目进行更具体的指标设计，是对国家全域旅游示范区进行验收认定的详细打分手册和工作指南。

在验收过程中，按照文档检查、现场检查，以及文档、现场综合检查三种方式进行打分。打分方式为：文档检查项目采用得分方式；文档、现场综合检查项目采用先文档检查得分，再现场检查减分方式；现场检查项目采用减分方式；加分项目为加分方式。县、市级创建单位通过省级文化和旅游行政部门初审验收的最低得分为1000分。

10.2 国家全域旅游示范区创建注意事项

10.2.1 规划先行

10.2.1.1 对照《标准》找差距

发展全域旅游，规划先行。全域旅游发展规划不同于传统旅游发展规划，更不是景点旅游发展规划。对照7类基本项目、创新项目、扣分项目的标准，突出党政统筹、部门联动、旅游公共服务、共建共享、产业融合、旅游空间拓展、统一品牌和全域环境建设等反映全域化发展规律和发展特征，进一步凸显全域旅游理念和示范效应。

10.2.1.2 逐项提升有保障

全域旅游发展规划落地实施的根本保障是配套编制全域旅游实施方案和行动

计划（或任务分解）。对照标准制定旅游产品开发、公共服务、营销推广、市场治理、乡村旅游等旅游专项规划、实施计划或行动方案。在实行过程中，要求任务分工，责任明确，进度合理；资金到位，人大、政协督办年终考核；由政府印发或经人大审议，确保方案具有行政或法律约束力，并且实施方案或计划中项目、资金、政策等的落实结果在现场检查中得到验证。

10.2.1.3　多规融合谋创新

在“旅游+”“+旅游”过程中，协调各部门全面参与全域旅游。遵循旅游综合产业需要综合发展和综合治理的内在规律，从顶层设计上解决文化和旅游部门单打独斗，整合部门和行业资源，推动形成“共建、共享、共荣”的旅游发展机制。既要有多规融合的相关规划或方案，更要重视规划融合的实际落地效果，即“多规融合”催生了农旅融合、林旅融合、体旅融合等旅游融合的新业态，形成“行行为旅游，旅游为行行”的区域空间发展格局。

10.2.2　落地有声

10.2.2.1　有案可查

《办法》规定县级、地级创建单位的认定申请须由省级文化和旅游行政部门负责向文化和旅游部提交六份材料：①县级、地级创建单位的认定申请；②省级文化和旅游行政部门初审验收报告；③创建单位打分表及检查项目说明材料；④创建单位专题汇报文字材料；⑤创建单位全域旅游产业运行情况；⑥创建单位创建工作视频（10min以内）。

所有的材料务必确保不缺失、不空白、不夸张，字字有据可查，句句符合实际。

10.2.2.2　进出通畅

暗访由验收组自行安排检查行程和路线，重点对创建单位的产业融合、产品体系、公共服务体系、旅游环境等《标准》要求的内容进行检查，既是模拟外地游客开展全域旅游活动的过程，也是一次全域旅游实地对标和考核，具体体现在对县域各级旅游集散中心、交通系统、酒店餐饮服务、旅游景区服务、夜光经济活动、居民旅游氛围的实地体验和评估。因此，要确保高铁、动车站进出通畅，高速、国道沿线顺畅，景区内外交通流畅，夜间活动氛围舒畅。

10.3 小　结

第一，国家全域旅游示范区验收认定系列文件由《国家全域旅游示范区验收、认定和管理实施办法（试行）》《国家全域旅游示范区验收标准（试行）》《国家全域旅游示范区验收工作手册》三个文件组成。其中，《办法》是顶层设计，明确了国家全域旅游示范区验收认定和管理工作的基本依据、基本原则、职责分工、基本程序和标准要求，以及后续的监督管理要求等内容；《标准》是行为准绳，是对国家全域旅游示范区各个方面全面验收的标准，除了7类基本的验收打分项之外，同时设计了创新加分项，以鼓励创建单位改革创新，并设计了扣分项目；《手册》是行动向导，是对《标准》中涉及的基本项目、创新项目和扣分项目进行更具体的细化指标设计，明确了每一个项目的具体评价方式，是将来对国家旅游示范区进行验收认定的具体工作指南。

第二，国家全域旅游示范区的创建工作，要重点做好规划先行和落地有声两个环节。其中，规划先行要做好对照《标准》找差距、逐项提升有保障、多规融合谋创新；落地有声要做好材料有案可查、暗访进出通畅两个事项。

11　结论与讨论

11.1　主要结论

本书将全域旅游竞争力评价置于旅游目的地系统分析框架下，紧紧围绕县域是国家全域旅游示范区创建的主体，融合比较优势理论、竞争优势理论、产业结构演进理论、旅游目的地生命周期理论，采用文献分析、数理统计、实地调研等方法，评价福建省县域全域旅游竞争力，主要研究结论如下：

第一，基于旅游系统分析，融合国内外旅游竞争力指标体系的全时空、全产业、全要素、全管理、全支持指标体系，可以有效反映县域全域旅游竞争力，在理论上弥补了传统旅游竞争力模型在旅游系统时空“域”分析的不足；熵值法客观、有效地确定了全域旅游指标体系的权重，配合 TOPSIS 法能够科学、准确地评价福建省县域全域旅游竞争力，弥补传统旅游竞争力评价方法主观性较强、客观性不足的缺陷。

第二，福建省全域旅游竞争力较强的县域主要分布在沿海地区。全域旅游竞争力为强的县域仅有 10 个，所占比例为 11.90%，主要分布在厦门市、泉州市、福州市等；55.95% 县域全域旅游竞争力为弱，主要分布在三明市、宁德市、南平市等；沿海地区比内陆地区有更多全域旅游竞争力为强的县域，显示沿海地区县域比内陆地区县域有更好的发展全域旅游的条件。

第三，福建省县域全域旅游竞争力的区域差异不显著。全域旅游竞争力变异系数为 31.96%，显示各县域全域旅游竞争力差异不大。其中，全时空竞争力变异系数超过 100%，显示福建省各县域全时空竞争力的变异程度较大，总体较不均衡；全要素、全管理、全支持竞争力变异系数虽然超过全域旅游竞争力，但变异程度不大，总体较为均衡。

第四，福建省县域全域旅游竞争力的集聚明显。沿海地区形成福州市、厦门市–漳州市–泉州市 2 个热点区域，2 个热点区域面积差异不大；福州市的热点区域以福州市市区为核心，北翼包括晋安区，南翼包括福清市；厦门市–漳州市–泉州市的热点区域以厦门市市区为核心，北翼包括晋江市，南翼包括龙海市，涉及县域较多。

第五，福建省全域旅游竞争力为强的10个县域中已有50%县域为国家全域旅游示范区创建单位，武夷山市不仅是第一批国家全域旅游示范区创建单位，还是国家第一批通过全域旅游示范区验收认定的单位，但在全时空竞争力和全支持竞争力方面较为薄弱，需要进一步对照国家指标进行完善和提升；全域旅游竞争力中等的27个县域中已有22.22%为国家全域旅游示范区创建单位，丰泽区、芗城区、东山县、集美区、永泰县5个县域分类型竞争力比较均衡，其余22个县域的分类型竞争力均有不同程度的差异化现象，需要进一步对照国家指标进行完善和提升；全域旅游竞争力为弱的47个县域中已有19.15%县域为国家全域旅游示范区创建单位，各竞争力为弱的县域应该依据其在全时空、全产业、全要素、全管理和全支持领域的特色，采用差异化发展策略，进一步提升和完善。

第六，福建省沿海地区55个县域中已有23.64%县域为国家全域旅游示范区创建单位，内陆地区29个县域中已有24.14%县域为国家全域旅游示范区创建单位，两比例差异不大。沿海地区仅有永泰县通过国家全域旅游示范区的验收认定，内陆地区有武夷山市和武平县2个县域通过国家全域旅游示范区的验收认定。沿海地区经济较内陆地区发达，特别是第二产业比例较大，以旅游业为主的第三产业仍处于快速发展阶段，未来发展全域旅游大有可为；内陆地区经济基础较差，旅游业发展的各项基础设施和服务配套亟须补齐和完善，未来需要更多人力、物力和财力的倾斜和配套，才能全面提升全域旅游竞争力。

11.2 讨　论

11.2.1 县域全域旅游竞争力评价结果的客观性

从全域旅游竞争力评价结果来看，多数县域的竞争力评价与实际情况基本吻合，与旅游学界、业界的一般认知相符。例如，厦门市、武夷山市是福建省旅游发展最为成熟的区域，也是全域旅游竞争力名列前茅的区域；政和县、寿宁县、宁化县等县域的旅游业发展基础很差，全域旅游竞争力评价分值也比较低。

也有一些县域的评价结果出人意料，与直观感觉不太一样。例如，永定区、泰宁县是旅游业发展较好的区域，但全域旅游竞争力排名不高；武平县、尤溪县近三年发展全域旅游成效明显，变化很大，但全域旅游竞争力排名也靠后；石狮市似乎没有什么旅游知名度，但全域旅游竞争力排名较高，位列竞争力为强的10个县域之中。这是什么原因呢?

首先，县域全域旅游竞争力评价指标体系构成可能需要进一步完善和改进。

指标体系中，部分指标无法公开取得，如旅游安全指标，这会对福建省县域全域旅游竞争力评价的完整性产生影响。

其次，影响县域全域旅游发展的因素不仅取决于客观存在条件，还取决于县域党委、政府的认知与决心；不仅受县域自身的条件影响，也可能受外部交通、客源地、旅游集散等相关因素的影响。这些主观因素、客观因素，需要进一步遴选评价指标，进一步完善县域全域旅游评价指标体系。

即便如此，依据现有指标数据，仍然可以从不同角度，客观地反映各县域全域旅游发展条件与潜力，科学地评价福建省县域全域旅游竞争力优势和劣势，为福建省各级党委和政府发展全域旅游提供基础参考数据。

11.2.2 县域全域旅游竞争力评价指标分类的再思考

本书县域全域旅游竞争力评价指标体系从“五个全”的维度选择 19 个指标，每个指标都力图反映县域全域旅游竞争力某一方面的情况。为便于讨论，结合实践工作，也可以将 19 个指标分为三类：

第一类，“条件类指标”，主要反映县域全域旅游的发展条件，包括坡度、归一化植被指数、公路密度、人口密度、每千人口医疗卫生机构床位数、每万人口在校学生数 6 项指标，权重合计 39. 04% 。

第二类，“成效类指标”，主要反映县域旅游工作的成效，包括人均旅游收入、旅游接待能力、旅游服务质量、旅游固定资产投入产出比、旅游景区、旅游微信公众号、旅游生产安全 7 项指标，权重合计 30. 02% 。其中，“旅游景区指数”指标既反映旅游工作成效，也反映旅游发展水平。

第三类，“经济类指标”，主要反映县域经济发展水平，包括 GDP 增长率、人均 GDP、第三产业增加值占 GDP 的比例、社会消费品零售总额比例、一般公共预算人均支出、夜光遥感指数 6 项指标，权重合计 30. 94% 。经济发展水平，既为全域旅游发展创造条件，也在一定程度上体现旅游发展成效。

换一个角度思考，与现有的《国家全域旅游示范区验收标准（试行）》比较，这 19 个指标既反映全域旅游发展的条件与潜力，又反映全域旅游发展成效。因此，总体来看与实际验收工作要求比较契合。

各县域全域旅游竞争力排位，主要与全域旅游发展条件和县域经济发展水平相关。沿海地区和城市市区经济发展水平较高，人口较多，居民收入水平较高，经济活跃，会带来许多商务、会展游客，也会带动本地及周边旅游发展，发展全域旅游的条件相对要好。这也是城市市区与沿海经济发达地区全域旅游竞争力评价位次大都靠前的重要原因。在竞争力为强的前 10 个县域中，就有 9 个县域位于沿海经济发达地区，其中有6个是市区、2个是经济发达县域（晋江市、石狮市）；经济欠发达的山区县域只有武夷山市。竞争力中等的27个县域，有15个是市区；有22个在沿海地区，仅有5个在山区。竞争力为弱的47个县域中大都分布在三明市、南平市、龙岩市、宁德市等经济欠发达的地区；也有少数全域旅游发展条件不够优越的县域，能够充分发挥主观能动性，发挥各种独特优势，加大工作力度，取得较好成效，提升了全域旅游竞争力，如武平县、建宁县等。

11.2.3 县域全域旅游竞争力与旅游目的地影响力的关系

福建省在全国知名度较高的旅游目的地主要是厦门市和武夷山市，这两个旅游地旅游业发展起步早，成熟度较高，全国影响力较大，全域旅游竞争力也是名列前茅，县域全域旅游竞争力与旅游目的地影响力呈简单的正相关。厦门市不仅是全国著名旅游城市，也是世界有名的休闲城市，是福建省主要的旅游中心，对周边地区有较强的辐射带动作用，全域旅游竞争力为强的10个县域中，厦门市就有3个区，如全域旅游竞争力排名第1位的思明区，其旅游工作成效7项指标中有5项指标排名靠前，经济发展水平也是较强的。武夷山是全国知名旅游目的地，福建省重要旅游集散中心，全域旅游竞争力排名第6位，其发展全域旅游条件，除了归一化植被指数、旅游景区等指标排位靠前、优势明显外，多数指标都处在中间水平，凭借旅游发展厚实基础，旅游工作成效指标大都靠前，拉高了全域旅游竞争力水平。

一些旅游业发展起步较早、在福建省有一定影响力的传统旅游目的地，如南靖县、屏南县、永定区、福鼎市、连城县、泰宁县等县域，全域旅游竞争力评价排名在第38位至第50位，竞争力处于弱水平。这些县域大都地处山区，全域旅游发展条件一般，经济发展水平也不靠前，旅游发展虽有一定基础，但成效明显不如厦门市和武夷山市，很难提升全域旅游竞争力排名。由此可见，传统旅游目的地发展全域旅游，仍存在许多问题，要在社会、经济、生态等方面实现全面协调发展。

少数作为后起之秀的旅游目的地，凭借较好的全域旅游发展基础和服务设施条件，结合政策上对旅游发展的重视，加大旅游业发展力度，显著提升了县域全域旅游竞争力。例如，平潭综合实验区借助政策优势，发挥海岛资源优势，以建设国际旅游岛为目标，加大旅游投入，加强旅游营销，旅游发展成效明显，全域旅游竞争力排名第8位，成为竞争力强的县域。霞浦县充分发挥滩涂摄影资源优势，加大旅游投入，改善接待条件，旅游发展成效明显，成为全国知名滩涂摄影旅游目的地，全域旅游竞争力排名第25位。邵武市近年来加大旅游发展力度，工作成效较明显，超过一些传统旅游目的地，全域旅游竞争力评价排名 30 位。

由此可见，全域旅游竞争力与县域旅游目的地影响力密切相关。提升县域旅游知名度与影响力，既依赖全域旅游基础和服务设施条件，更需要在政策上加大旅游发展的工作力度，提升旅游发展成效。

11.2.4 县域全域竞争力与全域旅游示范区创建单位的关系

福建省全域旅游示范区创建单位共有 24 个。其中，国家全域旅游示范区创建单位 15 个，为厦门市、平潭综合实验区、武夷山市、泰宁县、尤溪县、建宁县、永定区、连城县、武平县、永春县、德化县、永泰县、仙游县、东山县、屏南县；省级全域旅游示范区创建单位 9 个，为集美区、周宁县、福鼎市、南靖县、华安县、永安市、邵武市、建阳区、城厢区。除了厦门市是副省级城市之外，其他 23 个均为县级创建单位（平潭综合实验区也可视为县域）。设区市要成为全域旅游示范区，其所辖县域必须有 70% 成为全域旅游示范区，厦门市 6 个区，至少有 5 个区要创建全域旅游示范区。

全域旅游示范区创建单位在全域旅游竞争力评价排名中的分布情况，竞争力为强的 10 个县域中，有 5 个为全域旅游示范区创建单位，所占比例为 50%，其中武夷山市已成为首批国家全域旅游示范区；竞争力中等的 27 个县域中，有 8 个为全域旅游示范区创建单位，所占比例为 29.6%，其中永泰县已成为国家全域旅游示范区；竞争力为弱的 47 个县域中，也有 14 个为全域旅游示范区创建单位，所占比例为 29.8%，其中武平县已成为国家全域旅游示范区。

全域旅游示范区创建单位实行申报制，只要提出创建申请，经过文化和旅游部认可，就可以成为全域旅游示范区创建单位。因此，是否成为全域旅游示范区创建单位，主要取决于当地党委、政府主要领导的认知与决心。但申报也要具备一定的条件，各创建单位都有各自的优势条件。从全域旅游竞争力较弱的 14 个全域旅游示范区创建单位的全域竞争力指标来看，归一化植被指数大多较高，显示这些县域生态资源条件是其主要优势。

全域旅游示范区创建工作是否取得成效、能否通过验收，主要是取决于各创建单位党委、政府是否真正采取了有效措施开展创建工作。从 15 个国家全域旅游示范区创建单位总体情况来看，全域发展条件并不优越，但全域旅游竞争力排位较后的尤溪县、武平县等县域的党委、政府主要领导高度重视发展全域旅游，三年创建成效明显，验收得分较高；而有些竞争力排位较前的全域旅游示范区创建单位的党委、政府不够重视发展全域旅游，举措不力，验收得分不高，全域旅游示范区创建成效不理想。

上述分析充分说明，福建多数县域都具备条件发展全域旅游。全域旅游竞争力排位靠前的县域，具有较好的全域旅游发展条件和潜力，也可以应当发展全域旅游。排位靠后的县域，尽管全域旅游发展条件总体不够优越，但通过发挥独特优势，改变不利条件，也可以发展全域旅游。因此，只要各地的党委、政府足够重视发展全域旅游，通过后续的努力弥补先天不足的劣势，全域旅游的发展就一定能够取得良好成效。

参考文献

把多勋，徐金海，杨志国 . 2014. 甘肃省 14 城市旅游竞争力比较研究 [J]. 干旱区资源与环境，28（7）：194-199.

白彩全，易行，何晨 . 2017. 夜间灯光遥感数据应用研究的文献计量分析——以美国国防气象卫星计划运行线扫描系统为例 [J]. 测绘科学，（8）：120-127.

保继刚，楚义芳 . 2002. 旅游地理学（修订版）[M]. 北京：高等教育出版社 .

毕晓丽，王辉，葛剑平 . 2005. 植被归一化指数（NDVI）及气候因子相关起伏型时间序列变化分析 [J]. 应用生态学报，16（2）：284-288.

陈灿平，刘梅，张国峰，等 . 2011. 居民收入增长、金融资产发展与国内旅游消费的动态关系 [J]. 财经科学，（9）：25-31.

陈丹路，卞显红 . 2015. 长江三角洲农村居民人均旅游花费合理模拟及空间差异研究 [J]. 旅游论坛，（2）：31-41.

陈沛然，张落成 . 2017. 广东省城市旅游竞争力评价与发展对策 [J]. 中国科学院大学学报，34（6）：701-711.

陈永发 . 2014. 旅行社经营与管理 [M]. 3 版 . 北京：高等教育出版社 .

程乾，方琳 . 2015. 生态位视角下长三角文化旅游创意产业竞争力评价模型构建及实证 [J]. 经济地理，35（7）：183-189.

成伟光，李志刚，简王华 . 2005. 论旅游产业核心竞争力 [J]. 人文地理，20（1）：53-56.

董亚娟 . 2016. 国外近 30 年旅游交通研究述评与展望 [J]. 社会科学家，（8）：89-93.

董锁成，李雪，张广海，等 . 2009. 城市群旅游竞争力评价指标体系与测度方法探讨 [J] . 旅游学刊，24（02）：30-36.

范长煜，朱艳婷，高雅静 . 2016. 大数据在社会科学中的价值：以 DMSP/OLS 夜间灯光数据为例 [J]. 华东理工大学学报（社会科学版），31（1）：1-9.

方法林，尹立杰，张郴 . 2013. 城市旅游综合竞争力评价模型建构与实证研究——以长三角地区 16 个城市为例 [J]. 地域研究与开发，32（1）：92-97.

冯庆，孙根年 . 2016. 我国八大区人均 GDP 及城市化对居民国内旅游的影响 [J]. 地域研究与开发，35（4）：92-98.

冯学钢，沈虹，胡小纯 . 2009. 中国旅游目的地竞争力评价及实证研究 [J]. 华东师范大学学报（哲学社会科学版），41（5）：101-107.

傅云新，胡兵，王烨 . 2012. 中国 31 省市旅游竞争力时空演变分析 [J]. 经济地理，32（6）：144-149.

高鸿业 . 2016. 西方经济学 [M]. 北京：中国人民大学出版社 .

葛美玲，封志明 . 2008. 人口密度分级与人口重心曲线 [C] //中国人口学会 . 改革开放与中国人口发展：中国人口学会年会（2008）论文集 . 北京：社会科学文献出版社 .

郭长江，崔晓奇，宋绿叶，等 . 2007. 国内外旅游系统模型研究综述 [J]. 中国人口 · 资源与环境，17（4）：101-106.

郭向阳，明庆忠，穆学青，等 . 2017. 云南省边境地区州市旅游竞争力差异与整合研究 [J].

世界地理研究，(5)：147-156.
何满喜 . 2010. 旅游经济与 GDP 的相关性研究［J］. 生态经济，(8)：34-36.
黄松，李燕林，戴平娟 . 2017. 智慧旅游城市旅游竞争力评价［J］. 地理学报，72（2）：242-255.
黄秀娟 . 2008. 旅游资源影响国际旅游竞争力的经济分析［J］. 资源科学，30（11）：1768-1775.
黄燕琳 . 2013. 区域旅游业竞争力评价指标体系的构建［J］. 统计与决策，(5)：73-76.
黄耀丽，吴兆宁，郑坚强 . 2006. 基于区域竞争力对比的新疆旅游资源开发分析［J］. 干旱区地理，29（3）：403-410.
贾艳红，赵军，南忠仁，等 . 2006. 基于熵权法的草原生态安全评价——以甘肃牧区为例［J］. 生态学杂志，25（8）：1003-1008.
李春晖，杨志峰 . 2004. 黄河流域 NDVI 时空变化及其与降水/径流关系［J］. 地理研究，23（6）：753-759.
李德仁，李熙 . 2015. 论夜光遥感数据挖掘［J］. 测绘学报，44（6）：591-601.
李发明，王婷婷 . 2016. 基于 GIS 分析的山地旅游景观设计研究——以蓟县玉龙滑雪场二期开发为例［J］. 建筑与文化，(10)：180-181.
李九全 . 2008. 陕西省城市竞争力及其通达性比较研究［J］. 地理科学，28（4）：471-477.
李民赞 . 2006. 光谱分析技术及其应用［M］. 北京：科学出版社 .
李松柏 . 2014. 环太湖城市旅游竞争力与区域旅游合作研究［J］. 经济地理，34（2）：180-186.
李文亮，翁瑾，杨开忠 . 2005. 旅游系统模型比较研究［J］. 旅游学刊，20（2）：20-24.
李文龙，吕君，王珊 . 2019. 内蒙古入境旅游目的地竞争力空间格局特征与影响因素［J］. 干旱区地理，42（2）：404-413.
李小建，李国平，曾刚，等 . 2018. 经济地理学［M］. 3 版 . 北京：高等教育出版社 .
李雪，董锁成，张广海，等 . 2008. 山东半岛城市群旅游竞争力动态仿真与评价［J］. 地理研究，27（6）：244-255.
李艺 . 2018. 京津冀旅游竞争力与辐射效应研究［D］. 北京：首都经济贸易大学 .
厉新建，马蕾，陈丽嘉 . 2016. 全域旅游发展：逻辑与重点［J］. 旅游学刊，31（9）：22-24.
厉新建，张凌云，崔莉 . 2013. 全域旅游：建设世界一流旅游目的地的理念创新——以北京为例［J］. 人文地理，28（3）：130-134.
林刚，龙雄彪 . 2000. 桂林旅游业对国民经济贡献的测算［J］. 桂林旅游高等专科学校学报，(3)：16-17.
林明水，廖茂林，王开泳 . 2018a. 国家全域旅游示范区竞争力评价研究［J］. 中国人口资源与环境，28（11）：83-90.
林明水，林金煌，王新歌，等 . 2018b. 省域乡村旅游扶贫重点村生态脆弱性评价——以福建省为例［J］. 生态学报，38（19）：7093-7101.
林明水，谢红彬 . 2010. 旅游地生命周期理论中关于成长的若干思考［J］. 山西师范大学学报（自然科学版），24（3）：123-128.

林森，田永中，刘心怡，等. 2013. 基于GIS技术的旅游项目选址评价研究——以涪陵区蔺市镇梨香溪为例［J］. 教师教育学报，11（1）：1-5.
林晓华，陈秀琼. 2015. 基于微信公众号平台的旅游市场O2O电子商务应用探讨——以厦门为例［J］. 企业经济，（12）：136-139.
刘丹丽，汪侠，吴小根，等. 2018. 全球贫困国家旅游竞争力与经济发展的耦合协调度及时空变化［J］. 地理科学进展，37（10）：1381-1391.
刘丹丽. 2019. 发展中国家旅游竞争力：时空变化及其与经济发展的关系［D］. 南京：南京大学.
刘华军，杜广杰. 2017. 中国经济发展的地区差距与随机收敛检验——基于2000～2013年DMSP/OLS夜间灯光数据［J］. 数量经济技术经济研究，（10）：44-60.
刘纪远，岳天祥，王英安，等. 2003. 中国人口密度数字模拟［J］. 地理学报，58（1）：17-24.
刘民坤，蒋丽玲. 2017. 旅游业对经济增长的贡献研究评述［J］. 旅游学刊，32（4）：33-42.
刘少华，严登华，史晓亮，等. 2014. 中国植被NDVI与气候因子的年际变化及相关性研究［J］. 干旱区地理，37（3）：480-489.
刘文彬，梁明珠. 2010. 我国城乡居民人均GDP与旅游消费关系的定量分析［J］. 特区经济，（5）：149-150.
刘晓欣，胡晓，周弘. 2011. 中国旅游产业关联度测算及宏观经济效应分析——基于2002年与2007年投入产出表视角［J］. 旅游学刊，26（3）：31-37.
刘学军，龚健雅，周启鸣，等. 2004. 基于DEM坡度坡向算法精度的分析研究［J］. 测绘学报，33（3）：258-263.
刘洋. 2014. 旅游业安全生产管理现状及对策研究［J］. 中外企业家，（6）：188-189.
刘又堂. 2016. 全域旅游视阈下旅游目的地功能变化［J］. 社会科学家，（10）：90-94.
刘中艳，李明生. 2013. 旅游产业集群竞争力测度的GEMS模型构建及应用［J］. 经济地理，33（11）：187-192.
刘中艳，罗琼. 2015. 省域城市旅游竞争力测度与评价——以湖南省为例［J］. 经济地理，35（4）：186-192.
鲁评，鄢运威，王小娟，等. 2018. 河南省医疗卫生机构床位利用效率分析［J］. 中国卫生资源，21（6）：521-524，532.
鲁宜苓，孙根年. 2017. 公路何以成为旅游资源［J］. 公路，（3）：201-206.
罗文斌，徐飞雄，贺小荣. 2012. 旅游发展与经济增长、第三产业增长动态关系——基于中国1978～2008数据的实证检验［J］. 旅游学刊，27（10）：20-26.
龙江智. 2010. 旅游竞争力评价范式：反思与启示［J］. 旅游科学，24（02）：26-39.
廖远涛，顾朝林，林炳耀. 2004. 新城市竞争力模型：层次分析方法［J］. 经济地理，（01）：39-42.
麻学锋，刘雨婧. 2015. 张家界旅游竞争力时空演化及结构协调性与合理性［J］. 统计与信息论坛，30（9）：81-88.
马晓龙，曹杏娟. 2013. 省域旅游竞争力的空间格局与形成机理研究［J］. 旅游科学，27（2）：

14-23.
马晓龙，金远亮．2016．张家界城市旅游发展的用地选择特征与成因［J］．地域研究与开发，35（1）：127-131，180.
马勇．2018．旅游接待业［M］．武汉：华中科技大学出版社．
孟祥君，王洪桥，徐明海．2012．旅游行业上市公司成长与GDP相关关系实证分析［J］．商业时代，（34）：59-60.
倪金星，杨剑，徐冬冬，等．2016．基于DMSP/OLS夜间灯光数据的中国经济空间格局［J］．华中师范大学学报（自然科学版），（6）：930-936.
潘思东．2017．基于夜光遥感和小区POI的住宅发展与经济增长的空间耦合研究［J］．地球信息科学学报，19（5）：646-652.
朴世龙，方精云．2001．最近18年来中国植被覆盖的动态变化［J］．第四纪研究，21（4）：294-302.
屈妮娜．2016．秦巴山脉重庆片区旅游竞争力评价与提升研究［D］．重庆：西南大学．
曲颖，李天元．2013．旅游市场营销学［M］．北京：中国人民大学．
邵宗杰．1996．万人中在校生数能代表学校教育事业的普及程度和发展水平吗？［J］．浙江统计，（7）：11-14.
时雨晴，钟林生，陈田．2014．中国陆地边境县域旅游竞争力评价［J］．资源科学，36（6）：1133-1141.
史春云，张捷，朱传耿，等．2006．基于WTTC数据库的旅游竞争力测度与分析［J］．经济地理，26（2）：326-330.
宋善海，王塑，陈艳，等．2019．县域夜光遥感指数与生态环境状况指数相关性研究——以贵州省为例［J］．贵州科学，37（1）：41-48，79.
苏建军，孙根年，王丽芳．2011．1982年以来中国旅游业对第三产业的关联带动性分析［J］．地理科学进展，30（8）：1047-1055.
苏伟忠，杨英宝，顾朝林．2003．城市旅游竞争力评价初探［J］．旅游学刊，（3）：38-42.
孙根年．2000．国家区域公路网密度与人口密度、人均GNP关系的统计分析［J］．西南交通大学学报，35（2）：220-223.
孙根年，余志康．2018．我国避暑胜地形成机制及旅游竞争力的分析［J］．西北大学学报（自然科学版），48（1）：149-156.
孙黄平，张允翔，申鹏鹏，等．2017．基于熵权集对分析的新阶段城市群旅游竞争力研究——以长三角城市群为例［J］．资源开发与市场，33（2）：214-218.
孙艳，彭阳阳．2016．我国社会消费品零售总额的分析预测［J］．统计与决策，（18）：90-94.
汤国安，宋佳．2006．基于DEM坡度图制图中坡度分级方法的比较研究［J］．水土保持学报，（2）：157-160，192.
汤国安，赵牡丹，杨昕，等．2010．地理信息系统［M］．2版．北京：科学出版社．
唐健雄，黄江媚，何倩，等．2016．旅游微信公众号空间布局与受众偏好研究——以浙江省为例［J］．经济地理，36（9）：192-199.
唐秀美，郜允兵，刘玉，等．2017．京津冀地区县域人均GDP的空间差异演化及其影响因素［J］. 北京大学学报（自然科学版），(6)：104-113.
田里 . 2018. 旅游经济学［M］. 3 版 . 北京：高等教育出版社 .
万绪才，李刚，张安 . 2001. 区域旅游业国际竞争力定量评价理论与实践研究——江苏省各地市实例分析［J］. 经济地理，21（3）：355-358.
汪德根，陈田 . 2011. 基于竞争力评价的区域旅游产业发展差异——以中国东部沿海三大旅游圈为例［J］. 地理科学进展，30（2）：249-256.
汪侠，刘丹丽，沈丽珍，等 . 2018. 贫困国家旅游竞争力时间变化及其影响因素［J］. 资源科学，40（2）：369-380.
王婧，张松 . 2019. 滇中城市旅游竞争力评价及其空间格局分析研究［J］. 城市建筑，16（4）：99-101.
王琪延，黄羽翼 . 2014. 提升北京旅游竞争力问题研究［J］. 北京第二外国语学院学报，36（11）：1-8.
王庆生，陈一静，胡默言 . 2005. 河南省地域旅游系统分析［J］. 地域研究与开发，24（4）：92-95.
王群，丁祖荣，章锦河，等 . 2006. 旅游环境游客满意度的指数测评模型——以黄山风景区为例［J］. 地理研究，25（1）：171-181.
王生鹏，杨莎莎，曾鹏 . 2009. 甘肃旅游竞争力空间维度研究——肃旅游竞争力系列研究［J］. 干旱区资源与环境，23（12）：193-200.
王帅 . 2019. 基于时序全局主成分分析法的长江经济带旅游竞争力差异研究［D］. 上海：上海师范大学 .
王志刚 . 2013. 地方财政收入与支出结构的多维度分析［J］. 财政研究，(10)：54-59.
温碧燕，梁明珠 . 2007. 基于因素分析的区域旅游竞争力评价模型研究［J］. 旅游学刊，22（2）：18-22.
吴必虎，黄潇婷 . 2013. 旅游学概论［M］. 北京：中国人民大学出版社 .
吴军 . 2006. 突发事件影响下的区域旅游竞争力——以山东省为例［J］. 经济地理，（s2）：38-43.
吴明隆 . 2010. 问卷统计分析实务：SPSS 操作与应用［M］. 重庆：重庆大学出版社 .
吴姗姗，张凤成，曹可 . 2014. 基于集对分析和主成分分析的中国沿海省海洋产业竞争力评价［J］. 资源科学，36（11）：2386-2391.
吴忠观 . 1997. 人口科学辞典［M］. 成都：西南财经大学出版社 .
伍延基 . 2004. 旅游服务质量的现状及其主要制约因素［J］. 旅游学刊，(5)：7.
谢亚欣，林明水，张帆亮，等 . 2019. 县域旅游景区（点）竞争力综合评价研究［J］. 城市，(7)：14-22.
徐康宁，陈丰龙，刘修岩 . 2015. 中国经济增长的真实性：基于全球夜间灯光数据的检验［J］. 经济研究，50（9）：17-29，57.
徐荣林，王建琼 . 2016. 基于员工视角的景区旅游服务质量实证研究［J］. 旅游科学，（4）：86-94.
许海龙 . 2015. 基于灰色评价模型的欧盟文化旅游业竞争力评价与启示［J］. 统计与决策，

(14): 49-52.
许贤棠，胡静，刘大均. 2015. 中国省域旅游业的竞争力评价及空间格局［J］. 经济管理，(4): 126-135.
许宪春. 2019. 中国国内生产总值使用核算研究［J］. 经济学报，6（2）: 1-26.
薛刚，孙根年，余志康. 2018. 我国避暑胜地形成机制及旅游竞争力的分析［J］. 西北大学学报（自然科学版），48（01）: 149-156.
杨广虎. 2009. 营销创新的新模式：旅游事件与新闻传播［J］. 今传媒，(12): 126-127.
杨展，胡晓，陈饶，等. 2017. 我国基层医疗卫生资源配置公平性研究［J］. 中国卫生资源，20（2）: 106-109，122.
杨兆升. 1996. 运输系统规划与模型［M］. 北京：人民交通出版社.
叶莉，陈修谦. 2013. 基于旅游竞争力评价的中国与东盟国家旅游贸易互动分析［J］. 经济地理，33（12）: 177-181.
于光远. 1992. 经济大辞典［M］. 上海：上海辞书出版社.
岳川江，吴章文，郑天翔，等. 2010. 滨海城市旅游竞争力评价研究［J］. 自然资源学报，(5): 795-801.
杨振之. 2016. 全域旅游的内涵及其发展阶段［J］. 旅游学刊，31（12）: 1-3.
臧德霞，黄洁. 2006. 关于“旅游目的地竞争力”内涵的辨析与认识［J］. 旅游学刊，21（12）: 29-34.
张补宏，伍卓深. 2007. 基于政府主导的城市旅游竞争力评价模型［J］. 地理与地理信息科学，23（6）: 105-107.
张春霞. 2003. 旅游目的地竞争力理论研究［D］. 北京：北京第二外国语学院.
张付娟. 2014. 中国城镇化区域差异及其经济基础研究［D］. 西安：西北大学.
张广海，王佳. 2013. 我国旅游资源竞争力综合评价及其开发类型研究［J］. 中国海洋大学学报（社会科学版），(2): 43-50.
张海洲，虞虎，徐雨晨，等. 2019. 台湾地区民宿研究特点分析——兼论中国大陆民宿研究框架［J］. 旅游学刊，34（1）: 95-111.
张河清，何奕霏，田晓辉. 2012. 广东省县域旅游竞争力评价体系研究［J］. 经济地理，32（9）: 172-176.
张洪，张燕. 2010. 基于加权 TOPSIS 法的旅游资源区际竞争力比较研究——以长江三角洲为例［J］. 长江流域资源与环境，(5): 31-36.
张辉，岳燕祥. 2016. 全域旅游的理性思考［J］. 旅游学刊，31（9）: 13-14.
张津航. 2017. 信息化发展对生活的影响［J］. 通讯世界，(23): 367-367.
张丽峰. 2008. 我国城镇居民旅游消费对经济增长影响的实证分析［J］. 消费经济 24（5）: 71-74.
张凌云，房蕊. 2011. 日本出国旅游需求与人均 GDP 关系实证研究——兼议对我国出境旅游发展的启示［J］. 旅游科学，25（3）: 24-34.
张文晓，穆怀中. 2012. 中国城市绿色第三产业比重研究［J］. 技术经济与管理研究，(5): 113-118.

张争胜，周永章 . 2005. 城市旅游竞争力的实证研究——以广东省为例 [J]. 资源开发与市场，21 (1)：13-16.

赵传松，任建兰 . 2018. 全域旅游视角下中国旅游业与区域发展耦合协调及预测研究 [J]. 经济问题探索，(3)：66-74.

赵春莲 . 2016. 丝绸之路甘肃段旅游目的地竞争力研究 [D]. 兰州：西北师范大学 .

张文晓，穆怀中 . 2017. 中国城市绿色人口密度研究 [J] . 技术经济与管理研究，(5)：113-118.

赵蕾 . 2012. 提升黑龙江省旅游产业竞争力研究 [J]. 学理论，(16)：72-73.

郑家亨 . 1995. 统计大辞典 . [M] 北京：中国统计出版社 .

郑向敏 . 2009. 旅游安全概论 [M]. 北京：中国旅游出版社 .

郑向敏 . 2014. 酒店管理 [M]. 北京：清华大学出版社 .

钟敬秋，李悦铮，江海旭，等 . 2013. 中国主要沿海城市旅游竞争力定量研究 [J]. 世界地理研究，22 (3)：136-144.

周常春，保继刚 . 2005. 肇庆城市旅游竞争力研究——兼论城市旅游竞争力的分析框架 [J]. 地域研究与开发，24 (2)：78-83.

周礼，蒋金亮 . 2015. 长三角城市旅游竞争力综合评价及其空间分异 [J]. 经济地理，35 (1)：173-179.

朱应皋，万绪才 . 2005. 中国旅游业国际竞争力综合评价 [J]. 人文地理，20 (1)：57-61.

朱土兴 . 2013. 中国第三产业比重提升动力估计：1980 – 2010 [J] . 财贸经济，(05)：114-121.

祝晔 . 2016. 城市旅游竞争力空间格局及形成机理研究——以江苏省为例 [J]. 技术经济与管理研究，(12)：121-126.

卓莉，陈晋，史培军，等 . 2005. 基于夜间灯光数据的中国人口密度模拟 [J] . 地理学报，(02)：266-276.

Bang D，Wang N B，Yang X H，et al. 2003. Study on the interaction between NDVI profile and the growing status of crops [J]. Chinese Geographical Science，13 (1)：62-68.

Benedetti J，Çakmak E，Dinnie K. 2011. The competitive identity of Brazil as a Dutch holiday destination [J]. Place Branding and Public Diplomacy，7 (2)：107-115.

Boroomand B，Kazemi A，Ranjbarian B. 2019. Designing a model for competitiveness measurement of selected tourism destinations of Iran (the model and rankings) [J]. Journal of Quality Assurance in Hospitality & Tourism，20 (3)：1-16.

Buhalis D. 2000. Marketing the competitive destination of the future [J]. Tourism Management，21 (1)：97-116.

Butler R W. 1980. The concept of a tourist area cycle of evolution：implications for management of resources [J]. Canadian Geographer，24：5-12.

Chen X，Nordhaus W D. 2011. Using luminosity data as a proxy for economic statistics [J]. Proceedings of the National Academy of Sciences of the United States of America，108 (21)：8589-8594.

Cracolici M F, Nijkamp P, Rietveld P. 2008. Assessment of tourist competitiveness by analysing destination efficiency [J]. Tourism Economics, 14 (2): 325-342.

Croes R. 2011. Measuring and explaining competitiveness in the context of small island destinations [J]. Journal of Travel Research, 50 (4): 431-442.

d'Hauteserre A M. 2000. Lessons in managed destination competitiveness: the case of Foxwoods Casino Resort [J]. Tourism Management, 21 (1): 23-32.

Duede E, Zhorin V. 2016. Convergence of economic growth and the great recession as seen from a celestial observatory [J]. EPJ Data Science, 5 (1): 1-19.

Dupeyras A, MacCallum N. 2013. Indicators for measuring competitiveness in tourism: a guidance document [J]. OECD Tourism Papers. New York: OECD Publishing.

Dwyer L, Forsyth P, Rao P . 2000. The price competitiveness of travel and tourism: a comparison of 19 destinations [J]. Tourism Management, 21 (1): 9-22.

Enright M J, Newton J. 2005. Determinants of tourism destination competitiveness in Asia Pacific: comprehensiveness and universality [J]. Journal of Travel Research, 43 (4): 339-350.

Go F M, Govers R. 2000. Integrated quality management for tourist destinations: a European perspective on achieving competitiveness [J]. Tourism Management, 21 (1): 79-88.

Goffi G, Cucculelli M, Masiero L. 2019. Fostering tourism destination competitiveness in developing countries: the role of sustainability [J]. Journal of Cleaner Production, 209: 101-115.

Gomezelj D O, Mihalic T. 2008. Destination competitiveness- applying different models, the case of Slovenia [J]. Tourism Management, 29 (2): 294-307.

Gooroochurn N, Sugiyarto G. 2005. Competitiveness indicators in the travel and tourism industry [J]. Tourism Economics, 11 (1): 25-43.

Gunn C A. 1993. Tourism Planning: Basics, Concepts, Cases [M]. 3rd ed. New York: Routledge.

Gunn C A. 2002. Tourism Planning: Basics, Concepts, Cases [M]. 4th ed. New York: Routledge.

Hassan S S. 2000. Determinants of market competitiveness in an environmentally sustainable tourism industry [J]. Journal of Travel Research, 38: 239-245.

Huang J H, Peng K H. 2012. Fuzzy rasch model in TOPSIS: a new approach for generating fuzzy numbers to assess the competitiveness of the tourism industries in Asian countries [J]. Tourism Management, 33 (2), 456-465.

Iunius R, Cismaru L, Foris D. 2015. Raising competitiveness for tourist destinations through information technologies within the newest tourism action framework proposed by the European Commission [J]. Sustainability, 7 (9): 12891-12909.

Mellander C, Stolarick K, Matheson Z, et al. 2013. Night-Time light data: a good proxy measure for economic activity? [J]. Working Paper Series in Economics and Institutions of Innovation, 10 (10): e0139779.

Mendola D, Volo S. 2017. Building composite indicators in tourism studies: measurements and applications in tourism destination competitiveness [J]. Tourism Management. 59: 541-553.

Morrison A. 2004. 旅游服务营销 [M]. 朱虹, 党宁, 吴冬青等译. 北京: 电子工业出版社.

Porter M E. 1990. The competitive advantage of nations [J]. Harvard Business Review, (3-4): 72-91

Ritchie J R B, Crouch G I. 2003. The Competitive Destination: a Sustainable Tourism Perspective [M]. Cambridge: CABI Publishing.

Scott B R, Lodge G C. 2009. US Competitiveness in the World Economy [M]. Boston: Harvard Business School Press.

Thomas G, Morgan J, Henderson-Sellers A. 2012. The UK space initiative: remote sensing of the atmosphere and the atmosphere/ocean interface [J]. Weather, 41 (11): 361-363.

Tucker J. 1979. Red and photographic infrared linear combinations for monitoring vegetation [J]. Ranote Sensing of the Environment, 8: 127-150.

Wu J, He S, Peng J, et al. 2013. Intercalibration of DMSP-OLS night-time light data by the invariant region method [J]. International Journal of Remote Sensing, 34 (20): 7356-7368.

Wu W, Zhao H, Wang H, et al. 2016. The research of China urban efficiency based on Suomi-NPP night-time light data [J]. Procedia Environmental Sciences, 36: 146-153.

Zhang J, Gu C L, Gu L W, et al. 2011. The evaluation of tourism destination competitiveness by TOPSIS & information entropy: a case in the Yangtze River Delta of China [J]. Tourism Management, 32 (2): 443-451.

Zhu Y, Zhu Q, Zhu Z. 2014. Modeling, evaluation and analysis of tourism destination competitiveness: a case study of the Yangtze River Delta of China [J]. Asia Pacific Journal of Tourism Research, 19 (8): 932-949.

后　　记

时光荏苒，转眼入行近二十年。作为福建省旅游业发展的一名参与者，本人一直想能否从旅游学界的视角，为旅游业界提供一套发展县域旅游的客观、科学的基础数据？天道酬勤，恰逢“发展全域旅游”成为国家战略，巧遇福建省社会科学研究基地重大项目《县域全域旅游竞争力评价与提升策略研究》项目的理论支持，永泰县、闽清县全域旅游总体规划的实践支撑，在多方无私的数据支持下，历时两年多，项目组终于完成多年夙愿，聊以慰藉，冀以能为福建省县域全域旅游发展贡献绵薄之力。

在此，首先感谢福建师范大学竞争力研究中心，为本书提供了项目平台支持，使得项目组成员能够潜心撰写，激扬文字。其次，感谢中国社会科学院城市与环境研究所廖茂林博士，为项目开展提供了技术指导，使得主要技术路线得以充分完善并公开发表；感谢福建师范大学郑碧强教授，为项目开展提供了顶层设计，使得数据收集工作顺利开展；感谢福建省文化和旅游厅的相关职能部门，提供了可靠的数据支持，使得评价工作顺利开展；感谢福建师范大学研究生柯营营、李春莹在文献综述、专家咨询、资料整理等方面所做出的贡献，感谢福建师范大学本科生谢亚欣、张帆亮、包蕾、吴珍娜团队在旅游景区竞争力数据收集和整理方面所做出的贡献；感谢郑维荣老师，对全文仔细校阅，并亲自作序推荐；感谢中国科学院地理科学与资源研究所旅游与社会文化地理研究室、福建师范大学旅游学院为本书提供了撰写平台和经费支撑。

由于水平有限，书中难免存在缺点和疏漏，敬请广大读者批评指正！

林明水

2019 年 12 月于长安山